THE GUIDE FOR RECOMMENDED POSTGRADUATE

保研一本通

保研岛团队

中国科学技术大学出版社

内容简介

作为保研生与家长的专业指导手册,《保研一本通》是保研岛运营与教研团队基于近十年来保研形势分析、专业内容沉淀及教学实践经验的结晶。它涵盖了保研规划与申请过程中的策略制定、科研竞赛背景提升、具体申请考核环节应对等方面。

本书为大家详细解读了保研的关键流程、各个阶段以及每个阶段的核心任务,帮助大家迅速搭建关于保研的认知框架和概念体系。同时,针对保研过程中的关键板块,本书提供了信息搜集、材料准备、联系导师、择校定位、笔/面试攻略、offer选择与系统填报等环节的经验和方法。此外,本书还关注了近年来保研中出现的新政策和新形势,例如国优计划、强基转段、工程硕博等,帮助保研生和家长更好地把握保研动态,利用政策优势,实现升学读研的目标。

图书在版编目(CIP)数据

保研一本通/保研岛团队编.—合肥:中国科学技术大学出版社,2024.6(2025.2重印)
ISBN 978-7-312-06001-4

Ⅰ.保… Ⅱ.保… Ⅲ.硕士生入学考试—自学参考资料 Ⅳ.G643

中国国家版本馆CIP数据核字(2024)第109797号

保研一本通
BAOYAN YI BEN TONG

出版	中国科学技术大学出版社 安徽省合肥市金寨路96号,230026 http://press.ustc.edu.cn https://zgkxjsdxcbs.tmall.com
印刷	安徽省瑞隆印务有限公司
发行	中国科学技术大学出版社
开本	787 mm×1092 mm 1/16
印张	19
字数	398千
版次	2024年6月第1版
印次	2025年2月第2次印刷
定价	56.00元

前　　言

近年来,受到保研名额大幅增加、考研难度逐年提高以及社会就业压力导致学历贬值的影响,保研已从一种鲜为人知的升学途径迅速转变为广受关注和青睐的"龙门",成为本科生升研的三大主流路径之一。

保研的热度源于多种因素:首先,保研制度本身具有显著优势,它为本科生提供了进入名校深造的绝佳途径。保研生拥有更大的选择权,可以自由申请和挑选院校。保研的收益和结果通常是可预测和可控的,通过保研实现院校层次和学历的双重提升并非天方夜谭。其次,与留学相比,保研的优势近年越发凸显。保研的费用要低得多,研究生阶段的生活适应成本、求职时遭受的隐性歧视和舆论压力也相对较低。相较于考研,保研生可以避免初试"百里挑一"的激烈竞争。他们只需向目标院校提交申请,并通过一定的考核,即可获得录取资格。最后,保研顺应了政策趋势。一方面,近年来全国高校的保研名额大幅增加,许多名校的保研率已超过30%,清华大学等顶级学府的保研率甚至达到了60%。另一方面,教育部积极推动和改进强基转段、工程硕博、国优计划等专项计划,旨在培养特定领域的优秀人才。总体来看,获取保研资格的难度逐年降低,同时进入好学校、参与好项目的机会也在增多。

尽管保研拥有许多优势,并处于极佳的发展机遇之中,但其所面临的挑战与压力同样不容小觑。从大一、大二初期为获取保研资格所做的努力,到夏令营、预推免等阶段的信息搜集、文书写作、院校投递、导师联系、考核准备等一系列难关,再到填报推免服务系统的最终抉择,保研的每一步都充满了选择和考验。有人认为保研是一场信息战,有人将其比作拉力赛,还有人将其形容为"三分天注定,七分靠打拼"。保研如同我们的"第二次高考",是改变命运的机会。你可以从"双非"逆袭至985高校,从普通院校跻身清华大学、北京大学、复旦大学、上海交通大学等高校;但与高考不同的是,保研是一场全方位、多面向、充满变数的综合竞争。即使是专业第一,也可能无法如愿以偿,而offer大满贯选手也可能功败垂成。随着越来越多的名校生参与保研竞争、越来越多的家长关注保研、越来越多的高校重视保研,保研已经成为

"内卷化"竞争的一个焦点区域。在这场没有硝烟的竞争中，每一位参与者都如同棋局中的"过河卒"，无法后退，只能前进——若选择放弃，则意味着多年心血和坚持的浪费；若决定前进，则需要继续付出更多的努力。

由此，《保研一本通》应运而生，汇集了保研岛运营团队三十余人自2015年至今的心得，以及逾百人全职教研团队在科研论文、专业背景提升、保研择校与定位、全阶段申请考核指导方面的专业经验。本书基于保研岛新媒体的内容矩阵，经过多年锤炼，旨在解决学生在保研过程中的疑惑，帮助他们洞悉形势，提供切实、严谨、可靠的指导和分析。它紧密结合近几年保研的特征与形势变化，囊括了保研准备工作中各维度和全流程的关键技巧和策略，是每一位关注保研的学生和家长都不容错过的指南。

在内容和章节的编排上，本书兼顾专业性与可读性，以保研流程为线索，引导读者逐步了解保研常识与新形势，从大学早期开始争取保研资格，到大三暑假至大四开学期间抓住夏令营和预推免的关键阶段，直至顺利填报志愿，最后站在新的起点去思考未来的读研安排与职业规划。在内容撰写和素材搜集上，本书综合运用了图表、数据、案例和附录素材等，帮助读者深入感受保研氛围，直观地理解保研过程中的各种关卡、流程和技巧。在阅读方式上，读者既可以选择一次性读完，也可以将此书作为工具书，随用随查，细读所需章节。

在保研的征途上，我们都是探索者，追求卓越，坚韧不拔，追寻心中所爱，期待实现梦想。愿每位保研生的梦想都能开花结果！愿《保研一本通》带给大家希望与支持！

编 者

2024年3月9日

目 录

前言 ……………………………………………………………………………（ⅰ）

绪论 ……………………………………………………………………………（ 1 ）

第1章 推免详解 ………………………………………………………………（ 5 ）
   1.1 推免基本常识 …………………………………………………………（ 5 ）
   1.2 保研途径 ………………………………………………………………（ 9 ）
   1.3 招生形式 ………………………………………………………………（ 21 ）
   1.4 项目类型 ………………………………………………………………（ 25 ）
   1.5 保研时间线（以四年制为例）…………………………………………（ 33 ）

第2章 保研新形势 ……………………………………………………………（ 43 ）
   2.1 特殊的保研计划 ………………………………………………………（ 43 ）
   2.2 保研趋势预测 …………………………………………………………（ 48 ）

第3章 如何获得保研资格？……………………………………………………（ 54 ）
   3.1 保研名额分配流程和影响保研率的因素 ……………………………（ 54 ）
   3.2 保研加分政策详解 ……………………………………………………（ 57 ）
   3.3 保研加分项 ……………………………………………………………（ 64 ）
   3.4 注意事项 ………………………………………………………………（ 82 ）

第4章 如何获得目标院校offer？………………………………………………（ 85 ）
   4.1 院校招生政策详解 ……………………………………………………（ 85 ）
   4.2 信息搜集 ………………………………………………………………（ 95 ）
   4.3 材料准备 ………………………………………………………………（ 98 ）
   4.4 联系导师 ………………………………………………………………（106）
   4.5 定位投递攻略 …………………………………………………………（113）
   4.6 笔试攻略 ………………………………………………………………（121）
   4.7 面试攻略 ………………………………………………………………（125）
   4.8 机试攻略 ………………………………………………………………（140）

4.9　offer 抉择 ··· (144)

4.10　心态调整 ··· (151)

第 5 章　九推志愿填报指南 ··· (154)

5.1　系统填报政策解读 ··· (154)

5.2　系统填报具体流程 ··· (158)

5.3　系统填报注意事项 ··· (163)

5.4　系统填报常见问题解答 ··· (167)

第 6 章　获得拟录取通知后的建议 ··· (171)

6.1　影响最终录取结果的因素 ··· (171)

6.2　保研后规划 ·· (175)

6.3　研究生规划 ·· (181)

第 7 章　推免过程中面临的抉择 ··· (193)

7.1　选择保研还是考研？保研边缘人如何准备？ ····································· (193)

7.2　选择保研还是留学？保研和留学可以同时准备吗？ ······························· (196)

7.3　获得更好的留学 offer 后可以放弃保研吗？ ······································· (198)

7.4　选择本专业保研还是跨专业保研？ ··· (199)

7.5　选择学硕、专硕还是直博？ ··· (202)

7.6　是否选择特殊专项计划（工程硕博或国优计划）？ ································· (203)

7.7　夏令营和预推免冲突，如何选择？ ··· (205)

7.8　优先参加期末考试还是夏令营？ ··· (206)

7.9　选择名校弱专业还是弱校强专业？ ··· (207)

7.10　选择冲刺九推还是接受现有 offer？ ··· (209)

第 8 章　保研经验帖 ··· (212)

8.1　经济管理类经验帖 ··· (212)

8.2　法学类经验帖 ·· (216)

8.3　计算机类经验帖 ·· (220)

8.4　公共管理类经验帖 ··· (223)

8.5　新闻传播类经验帖 ··· (227)

8.6　外语类经验帖 ·· (230)

8.7　汉语言文学类经验帖 ··· (236)

8.8　电子信息经验帖 ·· (241)

8.9　医学经验帖 ·· (245)

8.10 家长专访 ·· (249)

附录 A 《全国普通高等学校推荐优秀应届本科毕业生免试攻读硕士学位研究生工作管理办法(试行)》 ·· (255)

附录 B 《教育部办公厅关于进一步完善推荐优秀应届本科毕业生免试攻读研究生工作办法的通知》 ·· (261)

附录 C 985、211高校以及"双一流"建设高校与学科名单 ·························· (264)

附录 D 研究生教育学科专业目录(2022年) ·· (275)

附录 E 成功案例 ·· (282)

    E.1 文商科保研案例 ··· (282)

    E.2 理工科保研案例 ··· (287)

附录 F 保研岛公众号矩阵 ·· (293)

绪　　论

保研①不仅仅是为了攻读研究生学位,更关乎未来的发展,它影响着成千上万名学生的人生轨迹。同时,保研的低容错率使得任何微小的失误都可能被放大,进而影响保研结果。保研的成败,以及未来的去向,往往取决于每个阶段和环节的细节。正是出于这样的考虑,我们推出了《保研一本通》,旨在分享知识,解答保研过程中的疑惑。

1. 保研形势——竞争有多激烈？

保研竞争的激烈程度已广为人知。近几年,虽然保研名额显著增加,新计划、新政策也相继推出,但顶尖院校的录取名额却未见相应增长。同时,越来越多的本科生和家长关注保研,从大一起,家长和学生便开始共同努力,这导致保研的竞争难度逐年上升。

竞争的压力和难度是多方面且立体的:首先,保研的准备过程就是一场长周期和全方位的挑战,从基础的专业知识学习和保研资格获取,到综合性的语言成绩、科研论文、专业竞赛,再到极富挑战的文书准备、申请择校、联系导师、笔/面试考核等,每一环都充满了考验;其次,保研过程的不确定性强,个人实力与努力无疑是重要因素,但信息搜集、策略选择、面试表现、偶然因素和运气等也是非常关键的,有时它们甚至可能成为决定性因素;再次,保研形势和政策变化快,每年的整体竞争情况、专业热度、院校招生门槛与难度等都在不断变化,新计划、新政策、新方案也层出不穷,对这些变化的把握与理解会直接或间接地影响保研结果与去向;最后,需要强调的是,保研失败的结果是不可逆的,保研不同于考研可以多次尝试,也不像留学、求职有多次机会,每个学生只有一次评定保研资格的机会,一旦失去或未拿到保研资格,或者在推免服务系统②关闭前未能获得接收单位的录取资格,便意味着保研失败,保研资格将不再保留,只能寻找其他途径。

"覆巢之下无完卵",即便是清华大学、北京大学等顶尖院校的本科生,也会为了留校或加入实验室而焦虑,其他学校的学生就更不用说了。既然我们意图享受保研制度的优势与

---

① 保研是一种免去学生参加初试等程序的选拔方式,即学校依据学生的学业成绩和综合素质进行评估,并在规定范围内直接选拔优秀学生进入研究生阶段学习。保研制度详见《教育部办公厅关于进一步完善推荐优秀应届本科毕业生免试攻读研究生工作办法的通知》(教学厅〔2014〕5号)和《教育部办公厅关于进一步规范和加强推荐优秀应届本科毕业生免试攻读研究生工作的通知》(教学厅〔2020〕12号)。

② 推免服务系统是一个全国性的平台,专门用于管理并公开那些获得推荐免试资格的研究生(无须参加初试,可直接进入研究生阶段)的信息,网址为 https://yz.chsi.com.cn/tm/。

红利,就必须接受其带来的激烈竞争和压力。这是所有考虑保研的学生与家长的共识。

2. 目的与价值——我们为什么要出书?

出书不是一件轻松的事情,特别是出版一本既细致、翔实又接地气的保研领域专业书,这无疑是一项艰巨且复杂的工程。可以说,保研岛团队近十年的努力与智慧都凝结在《保研一本通》这本书中。保研岛团队在多年积累保研信息、汇总经验、分析形势、研判政策的努力之后,才决定出版《保研一本通》。这一决定不仅是为了提升品牌形象、宣传保研岛平台,还蕴含着至少三层由浅入深的目标与价值。

一是基础知识扫盲,帮助大家了解保研。尽管"保研"这个概念逐渐为人所知,但从实际情况来看,仍有不少学生与家长对保研知之甚少,甚至有些困惑。这种情况导致他们在保研准备的早期蓄力阶段就处于迷茫状态,甚至在最关键的冲刺阶段也无法把握重点,盲目地"眉毛胡子一把抓"。保研岛团队希望以《保研一本通》为桥梁,连接更多追求名校的保研生与家长,助其迅速建立起关于保研的认知框架和概念体系,让学生与家长能够熟悉保研中的各类专有名词、概念和行话,大致了解保研的关键流程、各个阶段以及每个阶段的核心任务,明确各阶段的轻重缓急。

二是积累专业经验,提供实用指南。如前所述,信息搜集、策略选择、面试表现等对保研至关重要。结合保研岛团队多年的运营经验、规划咨询和教研服务,本书深入剖析了关键环节和板块,内容全面且重点突出。从基础知识普及、形势分析到保研资格获取,再到目标院校的(预)录取资格获取,书中详细介绍了信息搜集、材料准备、导师联系、定位择校、笔/面试考核、心态调节等攻略,同时还涵盖了最终阶段的 offer 选择、系统填报、研究生规划等策略,提供了集专业性、实操性和可读性于一体的经验和方法,旨在成为每位保研生与家长的全方位指南。在保研过程中遇到的大部分问题,读者都可以在本书中找到解答、灵感和指导帮助。

三是深入理解保研的核心,拓宽选择的视野。与市面上保研类出版物不同,本书并不是简单的教科书式的"教条"汇总,不仅仅告诉读者"如何做",而是深入分析各类政策与形势、流程与环节、矛盾与抉择背后的潜在初始动机、核心冲突和破题关键,帮助读者更深入地感知保研的核心,拓宽视野,大胆选择。要做到粗中有细,知道"是什么""为什么""怎么做",达到"知其何以为而为之"的状态和境界。

3. 内容与逻辑——如何读懂《保研一本通》?

本书阅读门槛极低,通过浏览目录,便可知道其梗概和结构。然而,在开始阅读之前,编者团队将为大家说明书中的内容与逻辑。

(1) 章节设置与阅读建议

在章节设置方面,本书采用"总—分—总"结构:先通过详细解读保研制度和分析当前形势,帮助读者快速了解保研流程与概念,并对近几年出现的新政策和计划有基本的认识,同时对未来几年保研名额、保研加分、招生趋势等方面作出主观判断;再以保研流程为核心,深入解析各个阶段,如保研资格与加分、目标院校录取通知书的获取、推免志愿填报、保研后的规划,为保研生和家长提供具体可行的操作方案、建议和指导;最后以推免过程中的关键选择为重点,串联并整合书中的核心内容,实现不同形式的总结,并结合各主要学科领域的精华经验帖,通过案例让读者深刻理解保研的政策优势、竞争压力及策略技巧的重要性。

在阅读建议方面,读者可以选择顺序阅读或者灵活跳读。对于保研知识尚浅的读者,建议从头到尾仔细地阅读;而对有一定基础的读者,则可以挑选自己感兴趣的内容和章节深入阅读。在阅读过程中,如果遇到不熟悉或难以理解的概念,读者可以参考本书其他相关章节,或者利用网络资源进行查询,以加深理解。

(2) 各章节内容简要梳理

第 1 章:推免详解。本章解读通用保研政策,介绍保研的基本常识,并梳理时间节点和关键事件。

第 2 章:保研新形势。本章解读特殊保研政策,并结合当前形势,作出精准的保研预测。

第 3 章:如何获得保研资格。本章介绍获取保研资格的流程,以及需要注意的各种事项。

第 4 章:如何获得目标院校 offer。本章提供保研成功过程中各个环节的准备攻略,重点列出信息搜集、材料准备、定位择校、笔/面试考核、联系导师等方面的流程技巧。

第 5 章:九推志愿填报指南。本章解读推免服务系统填报政策,并介绍系统填报的流程、注意事项和常见问题,同时还列举一些可能的保研捡漏方法与途径。

第 6 章:获得拟录取通知后的建议。本章梳理影响最终录取结果的各种特殊情况,并提供针对性建议。

第 7 章:推免过程中面临的抉择。本章详细对比保研过程中面临的各种决策的成本和得失,并提供相应的选择建议。

第 8 章:保研经验帖。本章包括经济管理、法学、计算机、公共管理、新闻传播、外语和汉语言、电子信息、医学等学科的保研经验分享,并提供家长视角下的保研经验。

附录整理并汇总各类政策文件和官方信息,以方便读者随时查阅。

4. 要付出多少努力,才能走通保研这条路?

所有准备参加保研的学生和家长都在探索一个关键问题:究竟需要付出多少努力,才能顺利通过保研这条路?

这个问题的答案是复杂的,涉及多个方面。从时间上来看,大多数学生需要三年的时间来准备,而对于医学、土木工程等专业或转专业的学生,这个时间可能延长至四年。从保研条件上来看,学生需要同时获得保研资格和录取 offer。持之以恒的努力可助你获得保研资格,而夏令营、预推免和九月推免则是争夺顶尖学府 offer 的关键时期。从流程上来看,保研生需经历夏令营、预推免和九月推免等阶段,并完成信息搜集、文书撰写、投递择校、导师联系、笔/面试考核等一系列环节。从压力上来看,保研生常常面临自我压力、外界期望以及形势变化等多重挑战……

  关于这个问题,编者团队无法为大家提供更详细的信息或量化标准。大家也无须急于追求一个确切的答案,因为保研本身就是一个"如人饮水,冷暖自知"的过程。无人能代替你感知冷暖、承受风寒,也无法帮你规避挑战、逃避困难。保研成功所需付出的努力和时间,以及需承受的苦难和委屈,都只能由各位保研生自己去探寻和解锁答案。保研岛所能提供的,便是成为那一汪水、一口井、一眼泉,为你提供知识、经验、能量和陪伴。

  现在,请随保研岛一起走进保研、感知保研、理解保研,开启你的保研之旅。

第 1 章 推 免 详 解

保研究竟是什么？哪些保研常识需要提前了解？本章将解读教育部现行推免政策，并介绍保研的 13 种途径、2 类特殊保研项目、6 种推免招生形式以及时间节点与关键特点，还将对比剖析 6 种项目类型(学硕、专硕、学博、专博、硕博连读和直博)的区别，最后将梳理从大一到大三每个时间节点的关键事件。通过本章的阅读，希望大家能够选择最适合自己的保研路线，从而步步为营，马到功成。

1.1 推免基本常识

1.1.1 概念

推免(保研)，全称是推荐优秀本科应届毕业生免试攻读硕士学位研究生，意指学生无须参加每年 12 月的全国硕士研究生招生考试(初试)，直接获得复试资格。一旦顺利通过复试，便可被录取攻读研究生。

通过这种方式录取攻读研究生，应按照《全国普通高等学校推荐优秀应届本科毕业生免试攻读硕士学位研究生工作管理办法(试行)》(见附录 A)的规定执行。流程一般包括：院校发布保研办法(或保研简章)；学生准备申请材料、网上报名与寄送材料；院校通知学生参营，学生参加院校考核，院校公布预录取结果；院校、学生双方确认正式录取等。

1.1.2 条件

保研的两个必要条件是获得本科学校的保研资格和接收目标学校的录取通知。针对应届毕业生，本科学校会在 9 月的第二或第三周评定保研资格，而获得录取通知的途径主要有以下三种：参加夏令营(一般在暑假举行)；预报名/预推免(8 月底到 9 月中下旬)；正式推免(9 月底到 10 月初)。此外，如果能够提前联系到很有影响力的导师，也可能获得预录取的承诺。不管通过哪种渠道获得录取机会，所有候选人都必须在9月底开放的推免服务系统中填报志愿，并按要求确认待录取通知。

1.1.3 现行保研政策解读

所有具备推荐免试生资格的高校必须遵循教育部在2014年发布的《教育部办公厅关于进一步完善推荐优秀应届本科毕业生免试攻读研究生工作办法的通知》。与之前的规定相比，该通知明确了以下几点：信息必须公开透明；推免生自主报考；高校不能擅自设定留校名额限制；不得限制报考类型。除了这些新规定，当前的推免志愿填报也采用了平行志愿的方式。接下来，本节将对新规定的一些重要内容进行解读。

1. 推免政策解读

（1）自由选择保内还是保外

规定指出，所有推免生均可自主选择报考的招生单位和专业。除特殊专项政策（如强基计划、支教保研、行政保研等）外，所有具有推免资格的学生均可向任意符合条件的招生单位提出申请。高校不再设置留校限额，也不得自行设置留校限额。高校应充分尊重并维护考生自主选择志愿的权利，不得将是否报考本校作为遴选推免生的条件，也不得以任何其他形式限制推免生自主报考。

（2）自由选择学硕还是专硕

教育部给高校分配推免名额时，不再区分学术学位和专业学位。同时，推荐高校也不得限制本校学生在推免时选择学术学位或专业学位的报考类型。

（3）推荐和接收工作互不交叉

规定指出，推荐和接收工作分为互不交叉的两个阶段。推荐工作，即确定保研资格，一般于每年9月25日前完成，随后进入接收录取工作。接收录取，即正式的推免招生，于每年10月20日前结束。[①] 在推荐阶段，招生单位不得与考生签订接收录取协议；在接收阶段，不得开展推荐工作。

显然，严格执行新的推免规定，可以实现学生和高校之间的双向选择，提高自由度。这样不仅有助于优秀人才的流动，还能让优秀高校更容易获取新鲜血液。但同时需要注意，这一制度也可能加剧保研招生竞争的"马太效应"。由于在资金、设备和师资等方面的优势，一流高校可以吸引更多优秀的学生，而普通高校的研究生教育则可能在这些方面与一流高校

[①] 一般来说，推免服务系统于每年9月28日开通志愿填报功能，至10月20日关闭。但教育部会根据情况进行调整。例如，2020年受疫情影响，正式推免接收录取工作时间有所延迟，推免服务系统开放时间从9月28日被调整为10月12日。2021年和2022年均于9月28日开放推免服务系统，而2023年由于强基计划首年转段和教育部保研名额下发延迟，推免服务系统于9月29日开放，至10月20日关闭。具体时间以教育部官方通知为准（研招网网址：https://yz.chsi.com.cn/）。

存在巨大的差距。因此,为了吸引优质的保研生源,普通高校也会采取应对措施。

2. 推免服务系统解读

(1) 推免志愿填报必须通过推免服务系统

教育部建立"全国推荐免试攻读研究生(免初试、转段)信息公开管理服务系统"(简称推免服务系统),作为统一的推免工作信息备案公开平台和网上报考录取系统。

推免生(含推免硕士生和直博生)的资格审核确认、报考、录取以及备案公开等相关工作均须通过推免服务系统进行。最终的推免生名单以推免服务系统的备案信息为准。未经推荐高校公示和推免服务系统备案的推免过程会被认定为无效推免。

推免生可以通过推免服务系统查询招生单位的推免生章程和专业目录,填写志愿,以及接收并确认招生单位发出的复试及待录取通知。

(2) 推免志愿为平行志愿

在推免服务系统中,推免志愿采用平行志愿方式。这不同于梯度志愿,理论上平行志愿不区分先后顺序。具体规则如下:

1) 学校限制

志愿之间是平行关系。考生可以同时填报三个志愿,可以选择为不同学校各填报一个专业,或者为同一所学校填报三个专业。在考生确认最终的待录取通知之前,这三个志愿相互独立,互不影响。每个志愿对应的招生单位都可以向考生发送复试通知和待录取通知。

2) 时间限制

考生在填写并提交志愿后,系统会向招生单位推送其信息,招生单位根据考生的基本信息进行初步筛选,确定复试名单,并发出复试通知及待录取通知。如果考生在规定时间内未确认复试通知及待录取通知,则视为自动放弃。各学校对确认时限有不同的要求,考生需要注意。对于普通推免资格考生,每个志愿在提交后的48小时内不允许修改。在此期间,招生单位会下载报名信息并决定是否允许考生参加复试。若在志愿提交48小时后,考生仍未收到复试通知,复试未通过,或拒绝待录取通知,推免生可以继续填报其他志愿。若在志愿提交48小时内,招生单位通过系统明确拒绝推免生申请,推免生可继续填报其他志愿。[①] (需要特别说明的是,如果在提交志愿后,推免生拒绝复试通知或者待录取通知,该志愿会不会被锁定48小时?根据往年实际操作情况,如果推免生拒绝复试通知或者待录取通知,该志愿仍然会被锁定48小时,若想提前解除限制,则需要联系该志愿对应的招生老师协助释放该志愿。)

3) 待录取限制

虽然考生可以填报三个平行志愿,也可以接收多个复试通知,但考生只能接受一个待录

---

① 相关规定详情可参考研招网:https://yz.chsi.com.cn/help/tm.jsp。

取通知,一旦该通知被确认,将无法更改(除非对方院校招生办同意撤销)。

总的来说,平行志愿既带来优势也带来挑战。对于顶尖的学生,这提供了更广泛的选择;但对于那些非顶尖的推免生,则可能带来不利的影响。考虑到贸然填报的风险,有些同学可能会选择留在本校或者接受保底 offer,从而错过更高层次院校的 offer。

1.1.4 保研新词汇

保研生在交流中,经常使用一些缩写和简称。表 1.1 所示是常见的保研新词汇。

表 1.1

词 汇	解 释
offer	一般指获得目标院校的录用通知,如夏令营的优秀营员、预推免的拟录取资格
rank/rk	专业排名,一般指加权或绩点排名。排名越靠前,越容易获得保研资格、入营资格以及优秀营员 offer
bg	background,指背景信息,一般包括本科院校、成绩排名、英语四六级成绩、科研经历、比赛获奖情况等
学校 title	指学校知名度、声誉和地位,如 985、211、"双一流"高校等。学生在选择学校时会考虑学校 title
oq	over-qualified,指申请学生的综合能力显著高于院校的保研生源平均水准。院校可能会考虑到,此类学生即使报名,最终也不太可能选择该校,因此会直接拒掉此类学生
bar	招生门槛,涉及多个方面,包括学生的本科背景、成绩排名等
ap	assistant professor,助理教授
wl	waiting list,指夏令营优秀营员的候补名单或最终录取的候补名单
强 com	强 committee,指在夏令营入营录取中,教务老师/推免招生组话语权强,而导师话语权弱。在这种情况下,联系导师不是必要的,但如果你有心仪的导师,也可以主动联系
弱 com	弱 committee,指在夏令营入营录取中,教务老师/推免招生组话语权弱,而导师话语权强。在这种情况下,入营或者考核前,联系导师是非常必要的
套磁	通过邮件与意向学校的目标导师联系,从而提高录取概率的一种方式。如果申请弱 com 的项目,则套磁很重要
鸽导	该词源自网络用语"放鸽子",指学生在与导师达成初步意向后没有选择这位导师
海王	学生手握多个 offer,但仍未拒绝其他院校的 offer;或者学校发出大量 offer,导致获得优秀营员资格的人数远多于最终被录取的人数
优营	夏令营优秀营员,一般可视作 offer,与合格营员、不合格营员属于同层次概念

续表

词汇	解释
优营效力	优秀营员的效力程度。每个学校的优营效力不同,有些学校的优秀营员代表一定会被录取,而有些学校的优秀营员没有效力,还需要参加后续考核
夏0营	在夏令营中一个offer都没有拿到
预推免	在推免服务系统开放前实施的保研招生方式,时间在夏令营之后,正式推免之前,集中在8月底到9月中下旬
九推	全称是九月正式推免。具有双重含义: 第一重含义为填写推免服务系统,即在每年9月份,符合条件(获得本校推免名额和接收offer)的学生在推免服务系统(一般9月底开放)上填写志愿并确认offer。 第二重含义为参与九推招生,在推免服务系统开放时还没有offer的推免生需要进行申请投递、参与考核,以争取offer
十推	指2020年推免服务系统在10月12日开放,也指10月份参加的正式推免
拟录取	在推免服务系统上填报志愿后,院校通常会发出拟录取通知。这些通知经教育部认可,具有非常强的效力。但拟录取并不等同于正式录取。如果推免生在后续过程中触犯禁忌,如不能完成毕业要求或在最后一学年挂科,录取资格也可能被取消
全聚德/全拒得	全部被拒,没有一个offer
捡漏	获得意外的或者难度很高的offer。一般指院校在启动推免服务系统后因招生计划未完成而进行了补录,在这种情况下学生有机会获得高价值offer
价值洼地	某个保研项目当前的潜力被低估,未来有很不错的发展价值,或者该项目入营和优营资格的获取相对容易,因此值得优先考虑尝试
工程硕博	工程硕博由学校与企业共同承担培养工作,培养过程采取工学交替模式。学生在毕业后可获得工程硕士或工程博士学位

1.2 保研途径

1.2.1 常规保研/普通保研

常规保研是指根据各院校相关推免办法规定的遴选条件,将本科阶段的学业成绩或综合成绩作为推免工作的基础遴选指标,从全体应届本科毕业生中选拔优秀学生进入硕士阶段学习的推荐方式。这类保研途径通常不限制学生的保研去向,是学校选拔推荐推免生的主要方式,也是应用最广泛的保研方式。

常规保研注重对学生本科阶段学习情况的过程性评价,通常涵盖申请者的学习、科研、社会活动等在校全面表现。各高校根据自行制定的推免加分细则,对学生的科研成果、竞赛获奖、参军服役、国际组织实习等方面的荣誉进行审核鉴定,并在必修课学分加权平均成绩基础上进行加分后排名,按照排名从高到低分配保研名额。

需要注意的是,各个高校的保研资格评定细则可能有所不同。部分院校,如北京大学、中国美术学院等,可能只根据学生的学业成绩来评定保研资格。同学们需要仔细查阅本校本院近年保研资格评定细则。

1.2.2 支教保研

支教保研,全称为"中国青年志愿者扶贫接力计划研究生支教团",是一项团中央扶持落后地区教育的专项计划。该计划始于1999年,有关高校通过"公开招募、自愿报名、择优选拔"的方式,每年招募一批优秀应届本科毕业生和部分在读研究生。这些学生将前往西部贫困地区的基层中小学校开展为期一年的支教工作和力所能及的社会扶贫、志愿服务、各类公益活动,同时按照当地团组织的安排可兼任乡镇或学校团委副书记,参与团的基层组织建设和基层工作。支教保研推荐免试研究生的招募名额由教育部专项提供,不会占用高校当年计划内的推荐指标。

支教保研的要求通常包括:被推荐的学生应具有较高的思想政治素质和专业水平,有奉献精神和丰富的志愿服务经验,愿意并能够为西部教育事业作出贡献。此外,选拔对学生的综合成绩有一定的要求,中共党员和学生干部优先,具有科技或文艺特长的学生优先。同时,学生还应遵守所在高校的其他补充要求。

支教的地区和学校由所在学校确定。支教一年后可享受团中央给予的一系列政策,其中包括保研资格。需要注意的是,通常情况下,支教保研仅限于本校。各高校的支教保研规则可能有所不同,因此需要仔细查阅本校近年来的支教保研规则。

1.2.3 工作/行政保研

工作/行政保研是部分院校为本科期间有相关学工经历且表现优秀的学生提供的一种保研途径,同时这也是一些优秀高校留住人才的方式。

部分高校每年从应届本科毕业生中选拔优秀学生,为他们保留一至两年的研究生入学资格。这些学生将担任学生辅导员或机关工作职位(有时可能借调至校外教育行政机关)。此政策一般适用于具有学生干部经验或社会实践表现突出且有志于建设高校行政事业的学生。部分高校要求申请者的政治面貌为预备党员或党员。工作/行政保研推免生的综合成绩可能略低于院系推免指标要求的最低标准,但凭借其突出的学生工作能力与社会实践能力,他们仍符合免试攻读研究生的条件,因此可以获得相应的机会。

工作/行政保研的流程大致为:学生个人提出申请,参加学校组织的考核环节,之后从中选拔出一部分学生获得行政保研免试攻读研究生的资格。这类资格的类型通常只能用于保送本校,学生需要自行联系导师,而工作岗位则由学校统一安排。

注意:各个高校的工作/行政保研规则可能有所不同,需要仔细查阅本校近年来的工作/行政保研规则。

1.2.4 特长生保研

1. 特殊学术专长保研/科创保研

此种方式旨在鼓励在学术科研和专业竞赛中获得突出成就的本科生,例如以第一或第二作者身份发表高水平学术论文、成功申请发明专利、参与省市级以上科研学术竞赛并获得突出奖励的本科生等。这部分学生的综合成绩可能略低于所在院系推免指标要求的最低综合成绩标准,但其突出的学术科研能力与培养潜质符合免试攻读研究生的条件,因此给予相应的免试攻读研究生机会。

关于特殊学术专长保研,各院校对竞赛、发明专利、科研论文的要求可能有所不同。学校每年会下发相关文件,列举出学校承认的推荐条件,如国家级竞赛获奖、作为第一发明人的国家级专利或作为第一作者的论文被学校认可的刊物收录。每个院系的承认竞赛、具体规定和流程都可能不同,因此大家需要了解自己院校的保研政策。此外,很多学校还要求成绩排在班级前30%至50%,其他附加条件也应结合所在院校的具体要求。需要注意的是,竞赛保研政策正在逐年收紧,部分院校从2020年开始已经取消了竞赛保研,并将其作为竞赛加分的手段纳入保研资格评定中。因此,大家应密切关注本校本院的政策,以防努力白费。

特殊学术专长保研流程大致为:学生个人申请,参加学校组织的考核环节,从中选拔出一部分学生获得免试攻读研究生资格,通常只能保送本校,具体政策需看各院校的规定。

2. 艺术特长生保研

此种方式旨在鼓励在学术科研和专业竞赛中获得突出成就的本科生,例如以第一或第二作者身份发表高水平学术论文、成功申请发明专利、参与省市级以上科研学术竞赛并获得突出奖励的本科生等。这部分学生的综合成绩可能略低于所在院系推免指标要求的最低综合成绩标准,但其突出的学术科研能力与培养潜质符合免试攻读研究生的条件,因此给予相应的免试攻读研究生机会。

关于特殊学术专长保研,各院校对竞赛、发明专利、科研论文的要求可能有所不同。学校每年会下发相关文件,列举出学校承认的推荐条件,如国家级竞赛获奖、作为第一发明人的国家级专利或作为第一作者的论文被学校认可的刊物收录。每个院系的承认竞赛、具体规定和流程都可能不同,因此大家需要了解自己院校的保研政策。此外,很多学校还要求成绩排在班级前30%至50%，其他附加条件也应结合所在院校的具体要求。需要注意的是，竞赛保研政策正在逐年收紧，部分院校从2020年开始已经取消了竞赛保研，并将其作为竞赛加分的手段纳入保研资格评定中。因此，大家应密切关注本校本院的政策，以防努力白费。

特殊学术专长保研流程大致为：学生个人申请，参加学校组织的考核环节，从中选拔出一部分学生获得免试攻读研究生资格，通常只能保送本校，具体政策需看各院校的规定。

3. 体育特长生保研

体育特长生保研计划，又称"高水平运动员招生"，是指经教育部批准的招生高校根据本校高水平运动队项目建设需要，推进素质教育，特招有体育项目特长且符合高等学校年度招生工作规定的学生。

在2022年之前，体育特长生通常是单列推免名额或单独制定招生计划。但2022年1月，《教育部关于进一步加强普通高等学校高水平运动队建设管理的意见》出台，明确指出思想进步、学习优良、竞赛和训练成绩突出、符合学校推免生申请条件的高水平运动员，可按学校推免统一规定和办法申请推免资格。高校不得为高水平运动员单列推免名额或制定单独推免办法。

下方为南京大学《关于做好推荐2025年应届优秀本科毕业生免试攻读研究生工作的通知》：

> 1. 纳入国家普通本科招生计划录取的南京大学2025年应届优秀全日制本科毕业生，热爱祖国，拥护中国共产党的领导，自觉践行社会主义核心价值观，理想信念坚定，社会责任感和历史使命感强。
>
> 2. 身心健康，品行端正，积极向上，遵纪守法，诚实守信，在校期间无任何考试作弊和剽窃他人学术成果记录，无任何受处分记录。
>
> 3. 勤奋学习，成绩优良，思想政治理论及实践课程学习情况良，除总学分及毕业论文要求外，已具备《南京大学学士学位授予管理办法》规定的学士学位授予条件。原则上学生所获学位课程学分绩（即教务系统成绩单显示数据）排名处于所在专业前70%。按照教学计划进度，如学生当前尚有应修专业准入准出课程或通修课程不及格，则不得申请。
>
> 4. 符合所在院系推免生遴选工作细则的其他条件。
>
> 5. 南京大学高水平运动员招生学生（注：此处仅指运动员班的高水平运动员招生学生）在申请推免生资格时，除须满足上述1～4条之外，还应满足以下条件：
>
> （1）积极参加学校运动队训练，运动训练课平均成绩不得低于90分（百分制）；
>
> （2）积极代表学校参加各级各类体育竞赛，且至少有两年获得过全国大学生体育比赛前五名或江苏省大学生体育比赛前二名的记录（须为主力队员，且球队中主力队员人数不得超过比赛报名人数的70%）。

1.2.5　国防科工补偿计划

教育部近年来为支持国防科工事业发展设立了专项推免计划,该计划仅单独定向推荐至中国人民解放军国防科技大学、中国工程物理研究院、中国人民解放军军事科学院等机构。补偿名额由这些院所定向向其他院校发放,不占用其他院校的保研名额,若未使用则失效,不得挪作他用。

国防科工"补偿计划"有以下几点注意事项:

(1) 该计划是定向计划,仅可定向至中国人民解放军国防科技大学、中国工程物理研究院、中国人民解放军军事科学院等国防科工相关院校。

(2) 上述院所将推免名额下放给其他与国防科工事业相关的院校,同时获得"补偿名额"的学生只能定向保研至发放名额的对应院所。例如:2024 年中国工程物理研究院下放一个"补偿名额"给湘潭大学机械工程与力学学院,即获得该名额的学生只能保研至中国工程物理研究院。

(3) 获得"补偿计划"名额并不意味着直接被录取,而是获得与普通推免资格学生同等参加选拔考核的机会。若未能在对应院校获得推免录取,则保研失败。

1.2.6　工程硕博专项计划

工程硕博专项计划是指针对工程领域有特殊需求的高校或企事业单位,为其培养高素质、高水平的工程硕士和博士人才而设立的一项特殊计划。该计划具有以下两个特点:

(1) 工程硕士项目学生在前 1 年、工程直博项目学生在前 2 年在高校进行公共课程和专业基础课程的学习,取得规定学分后,工程硕士项目学生从第 2 年开始、工程直博项目学生从第 3 年开始到企业进行专业实践。

(2) 学生在规定的学习年限内,达到申请学位的基本要求并通过学位论文答辩的,将被授予工程硕士或工程博士学位。

得益于国家政策的支持和社会对高质量人才培养的需求,各高校纷纷设立工程硕博专项推免计划,从本校应届生中选拔优秀推免生免试攻读工程硕博。工程硕博专项推荐名额由教育部专项下达,不得挪用,未完成的推荐名额由学校收回。

2023 年,吉林大学、湖南大学、北京交通大学、华中农业大学、西安电子科技大学、武汉理工大学、兰州大学、东北大学等高校的推免公示名单中均出现了工程硕博专项的身影,其中武汉理工大学的工程硕博专项名额多达 108 个。2024 年,不少高校也新增了工程硕博推免计划,例如华南理工大学新增工程硕博推免105人、中国农业大学新增工程硕博推免68人。从大趋势来看,未来工程硕博专项推免人数可能会持续增加,其他高校也可能会增设工程硕博专项推免。

1.2.7 国优计划

自2023年起,国家支持以"双一流"建设高校为代表的高水平高校选拔专业成绩优秀且适合从事教育工作的学生作为"国优计划"研究生。这些学生将系统学习不少于26学分的教师教育模块课程(包括参加教育实践),以培养和吸引优秀人才加入教师行列。到2024年,该计划已扩大至43所高校。

政策规定,每年每校通过推免选拔不少于30名优秀理工科应届本科毕业生,攻读理学、工学门类的研究生或教育硕士。为了达到这一指标,部分学校会将"国优计划"的保研名额单独列出,如吉林大学、中南大学、重庆大学等。或者,对于报名"国优计划"的学生给予额外的综合素质测评加分,例如北京理工大学单独设置了创新人才培养项目支持加分。学生在获得支持加分后,将重新计算成绩排名和综合排名。预计无法获得普通保研名额的同学,可以关注本校关于"国优计划"的推免方案,从而实现保研成功。

1.2.8 硕师计划

自2010年起,教育部进一步扩大了"农村学校教育硕士师资培养计划"(简称"硕师计划")的规模,并将其与"农村义务教育阶段学校教师特设岗位计划"(简称"特岗计划")结合实施。

"硕师计划"是指从具有推荐免试硕士研究生资格的高校中选拔部分优秀应届普通本科毕业生,录取为"硕师计划"研究生,并与地方政府教育行政部门签约,聘为编制内正式教师。这些研究生首先在县镇及以下农村学校任教,服务期为三年,并在职学习研究生课程。任教三年期满后,若经考核合格,则在第四年进入培养学校进行为期一年的脱产集中学习。毕业时,他们将获得硕士研究生毕业证书和教育硕士专业(学科教学方向)学位证书。

1.2.9 公费师范生本研衔接

原则上,公费师范生不得参与常规保研。公费师范生在按协议履约任教满一学期后,可向本科就读的部属师范大学提出申请。经任教学校考核合格并批准后,部属师范大学将根据任教学校的工作考核结果、本科学习成绩等因素进行综合考核,录取为非全日制硕士研究生。这些学生将以非全日制形式学习专业课程。任教考核合格并通过论文答辩的,将授予相应的学历、学位证书。而在 2024 年 6 月 14 日,国务院办公厅转发了教育部等部门制定的《教育部直属师范大学本研衔接师范生公费教育实施办法》。该政策指出,从 2024 年起,国家将在北京师范大学、华东师范大学、东北师范大学、华中师范大学、陕西师范大学和西南大学这六所教育部直属师范大学实施本研衔接师范生公费教育(本科 4 年,教育硕士研究生 2 年)。该政策支持符合条件的公费师范生免试攻读本校全日制教育硕士研究生,并在履约任教后继续任教。部属师范大学招收的本研衔接公费师范生实行提前批次录取,重点为我国中西部地区省会城市之外的地(市、州、盟)及以下行政区域培养研究生层次的中小学教师,进一步优化优质师资在省域内的配置。本研衔接公费师范生在研究生一年级课程学习结束后,将根据本科以来的综合考核结果进行排序,并按排序在录取当年公布的生源所在省份履约任教地(市、州、盟)范围内进行选择,毕业后从事中小学教育工作 6 年以上。2024 年,北京师范大学(珠海校区)就有 61 名公费师范生成功转段。

1.2.10 本硕博连读培养

本硕(博)连读是高校为了锁定校内优秀生源而推出的政策,旨在培养攻读本校博士学位的人才。该政策选拔一批优秀本科生,从本科第四年开始实行本科到博士的连续性培养。部分高校会将一部分普通推免名额用于本硕博连读,或在评选推免资格时,对报名本硕(博)连读的学生给予奖励性加分。例如,杭州电子科技大学电子信息学院在 2024 年本硕博一体化遴选报名的通知里规定:"2024 年我院本硕博一体化名额共 11 名,其中电子科学与技术专业招生 8 人,集成电路科学与工程招生 3 人。"

需要注意的是,各学校各院系的规定不尽相同,是否存在此类培养计划,同学们需要自行确认。出于培养计划连贯性的考虑,这类专项计划一般只能选择保送本校。在推免流程方面,学校会公布申请名额与要求,学生提交申请后参加学校组织的考核。考核内容会根据学科特点由学校自行制定并发布通知,同学们需要实时关注并跟进相关信息。

1.2.11 强基转段

强基计划,也称"基础学科招生改革试点",是教育部开展的招生改革工作,旨在选拔和培养有志于服务国家重大战略需求、综合素质优秀或基础学科拔尖的学生。2020 年 1 月 13 日,《教育部关于在部分高校开展基础学科招生改革试点工作的意见》印发,决定自 2020 年起,在部分高校开展基础学科招生改革试点。高校根据拔尖创新人才培养的需要,制定强基计划的招生和培养方案。符合报考条件的考生可在高考前申请参加强基计划招生。高校依据考生的高考成绩,按照各省(区、市)强基计划招生名额的一定倍数确定参加高校考核的考生名单。考生参加统一高考和高校考核后,高校将考生的高考成绩、高校综合考核结果及综合素质评价情况等按比例合成考生的综合成绩(其中高考成绩所占比例不得低于85%),并根据考生填报的志愿,按综合成绩由高到低的顺序录取。

此外,本科阶段专业普通班的学生也有机会加入强基计划。例如,2024年武汉大学强基计划招生简章中明确指出:"学校将对强基计划学生实行阶段性考核及动态分流补入机制。本科二年级末,组织专家对强基计划学生进行考核,考核不合格学生分流到同专业普通班,空缺人数可由学习成绩优异、表现突出的同专业普通班学生申请转入。强基计划学生完成规定的本科阶段有关课程,达到转段要求后,按照有关规定和程序直接转入研究生阶段培养。"[1]

强基计划在人才培养方案中强调本硕博连读。2023年是强基计划第一年实施转段,符合转段资格条件的强基生应向所在院系提出转段申请,院系组织转段资格考核,确定转段强基生名单。通过转段资格考核的学生,可申请转段免试攻读研究生,接受研究生意向院系的考核,考核通过后,进入本研衔接阶段培养。未参加转段考核或未通过转段资格考核者,视为退出强基计划,可继续完成原专业本科阶段培养计划,不再具有申请免试攻读研究生资格。

需要注意的是,获得转段资格的强基生,只能申请转段攻读本校硕士生或直接攻读博士研究生。转段强基生可根据所在专业强基计划培养方案和招生专业范围申请在本学科相关专业继续深造,或跨学科交叉培养(具体学科由各高校制定)。如获得转段资格的强基生未能被研究生意向院系接收,其原所在培养院系应予以接收,继续开展研究生阶段培养。

最后,转段进入研究生培养的强基生,其推免名额由教育部专项下达,占用培养单位研究生招生计划和推免生(直博生或硕士生)接收计划。

1.2.12 医学长学制转段

医学长学制是指学制长于四年的本科教育,通常在高考招生中进行,以本硕连读或本硕博连读的形式进行培养,旨在培养成为高层次医学人才。这种培养模式常见于临床医学等医学专业,例如"5+3一体化"培养或八年制/九年制本博培养。其中,临床医学"5+3一体化"指的是5年本科教育加上3年研究生教育,研究生阶段为专业硕士。八年本博培养以"八年一贯,本博融通"为原则,培养临床与科研复合型人才。大多数院校实行的是"2+2+4"的培养模式,即通识教育2年,基础医学教育2年,临床医学教育4年(包括临床专业课程

---

[1] 参考来源:武汉大学2024年强基计划招生简章 https://aoff.whu.edu.cn/info/1114/5577.htm。

2年和临床实习与科研训练2年)。此外,部分学校还开展了九年制中医学教育。

医学长学制的转段名额由教育部专项下达,每年医学长学制的转段人数既与当年高考招生人数相关,也与转段考核结果挂钩。通过转段考核的学生可以进入研究生阶段继续学习。

1.2.13 立功表彰退役军人免初试

2024年10月,教育部印发《2025年全国硕士研究生招生工作管理规定》的通知,其中第二十五条规定:"对服役期间获得三等战功、二等功以上奖励或者二级以上表彰,符合全国硕士研究生招生考试报考条件的退役人员,可申请免初试攻读硕士研究生。符合免初试资格的考生,应在教育部规定的全国统考报名时间内登录全国推荐免试攻读研究生(免初试、转段)信息公开暨管理服务系统(网址为 https://yz.chsi.com.cn/tm)报名,逾期不得补报。招生单位应对申请免初试的考生组织复试,复试合格者即可予以拟录取。"

此外,教育部明确通知,将高校在校生(含高校新生)服兵役情况纳入推免生遴选指标体系。鼓励开展推荐优秀应届本科毕业生免试攻读研究生工作的高校在制定本校推免生遴选办法时,结合本校具体情况,将在校期间服兵役情况纳入推免生遴选指标体系。因此,绝大多数高校对于退役大学生士兵都设有推免加分的优惠政策。退役士兵在推荐时享有优先权,但最终推免资格的确定还需综合考虑学生的成绩、表现等各项综合指标,其中服兵役情况是一个重要的考量要素。例如,2024年东南大学机械工程学院规定:"大学期间参军入伍服兵役满2年综合能力加1分。"①

另外,部分高校如华南理工大学设有"2+3"征兵计划,符合国家征兵标准的身体条件和政治考核的学生,在获得推免资格后可保留入学资格两年,先在部队入伍服役,退役后再入读研究生。目前,这项计划仅华南理工大学有所实施。

1.2.14 特殊情况"保"研(列举)

1. 部分高校博士招生项目

(1) PTN 项目

PTN 项目是由北京大学、清华大学和北京生命科学研究所(NATIONAL INSTITUTE OF BIOLOGICAL SCIENCES, NIBS)联合培养博士研究生的项目。

PTN 项目的申请条件为"生物学相关专业,学术研究兴趣浓厚,有较强的创新意识、创新

---

① 参考来源:《东南大学机械工程学院 2025 届推荐免试研究生工作细则表》https://me.seu.edu.cn/_upload/article/files/8f/6c/7609adf94fb8999c2827ab3e43a5/5dc44c49-7ff0-4268-8b6a-3b06f30afe47.pdf。

能力和专业能力的全国优秀大学应届本科毕业生(最迟须在入学前取得学士学位)和应届硕士毕业生,及已获得学士学位或已获得硕士学位的往届生"。因此不需要申请人具有推免资格。

(2) CLS项目

生命科学联合中心(CLS)是在国家支持下,由教育部、科技部、财政部共同设计和组织,清华大学与北京大学紧密配合成立的。

CLS项目通常每年进行三轮招生:第一轮招生与夏令营同步进行,第二轮招生与推免生选拔同步,第三轮招生则一般在每年的3月至4月期间进行。CLS项目的申请条件为"生物学相关专业,但如数学、物理、化学、工程、心理、信息、计算机等也可以,学术研究兴趣浓厚,有较强的创新意识、创新能力和专业能力的全国优秀大学应届本科毕业生(最迟须在入学前取得学士学位)和应届硕士毕业生,及已获得学士学位或已获得硕士学位的往届生"。所以该项目不要求申请人具有推免资格。

(3) 西湖大学

西湖大学是一所由社会力量举办、国家重点支持的新型高等学校,其前身为浙江西湖高等研究院。该校于2018年2月14日正式获得教育部批准设立,致力于汇聚一流师资、打造一流学科、培养一流人才、产出一流成果,以期为国家科教兴国和创新驱动发展战略作出突出贡献。

西湖大学招收全日制非定向博士研究生,其中硕士起点的博士研究生学制为4年,本科起点的博士研究生学制为5年。其招生主要分为三轮:第一轮为推免直博生招生,主要面向具有推荐免试资格的优秀应届本科毕业生,面试考核安排在当年9月中下旬;第二轮为普博生招生,不要求推免资格,面试考核安排在当年11月底或12月初;第三轮同样为普博生招生,面试考核安排在次年4月份。若同学们在夏令营和预推免阶段获得了offer,但最终未获得推免名额,西湖大学将指导大家在后续批次进行填报,且无须再次参加面试。

2. 中外合办大学招生项目/中外合作项目/港澳高校等

(1) 中外合办大学招生项目

截至目前,我国共有11所具有独立法人资格的中外合作以及内地与港澳台地区合办大学:宁波诺丁汉大学、北京师范大学-香港浸会大学联合国际学院、西交利物浦大学、上海纽约大学、温州肯恩大学、昆山杜克大学、香港中文大学(深圳)、广东以色列理工学院、深圳北理莫斯科大学、香港科技大学(广州)、香港城市大学(东莞)。这些大学均具有独立法人资格,可自主进行硕士招生,无须通过统考,也不受保研资格限制。对于有意向读研但无保研资格的同学,可以考虑申请这些大学。

以香港中文大学(深圳)为例,该校的"保"研过程不通过推免服务系统,而是类似于海外留学申请,这意味着不需要推免资格。其夏令营(5月)相当于提前录取,从大三9月到次年3月还会有三批申请机会。香港中文大学(深圳)设有经管学院、理工学院、人文社科学院、数据科学学院、医学院、音乐学院六个学院以及一个研究生院。以经管学院为例,该院选拔优秀学生进入金融学、经济学、会计、数据科学、市场学和信息管理与商业分析全日制硕士项目继续深造。该项目没有明确要求必须具备保研资格,达到绩点和科研要求后即可申请。

值得一提的是,尽管香港中文大学(深圳)也有推免计划,但该计划仅适用于攻读本校的学生,即获得推免资格并在公示名单上的学生只能申请继续在本校读研,不能申请其他学校。

(2) 中外合作项目

这类项目主要是由中外合作院校以专业形式共同设立的项目,例如天津大学佐治亚理工学院深圳学院的硕士项目。根据招生简章,申请该项目只需申请者具备相关的学科背景,以及达到一定的英语水平和绩点要求即可,这对于保研和考研失利的同学来说是非常有益的。天津大学佐治亚理工学院深圳学院目前主要设有电子与计算机工程(ECE)、计算机科学(CS)、数据科学(MSA)、环境工程(ENVE)、工业设计(MID)等五个全日制硕士专业[①]。

(3) 港澳高校

经国家教育部批准,澳门大学可从内地具有研究生推荐免试(推免)资格的高校中招收优秀应届本科推免生,到澳门大学攻读哲学博士(直接读博)及硕士学位[②]。申请报读澳门大学的推免生不会占用其本科所在大学的推荐免试指标,但必须获得推荐免试研究生资格。内地部分院校会在本校对该项目进行宣传,例如广东外语外贸大学、哈尔滨工业大学等,因此同学们可以关注一下自己学校是否发布了类似的通知。

这类招生主要是内地院校每年向港澳地区推荐优秀本科毕业生攻读硕士研究生。以中南财经政法大学会计学院为例,通知[③]中提到,申请人不一定要有推免资格,但需符合推免的基本要求。在正式录取前,申请人必须提交 2 名教授联名推荐信,并对英语能力提出了明确要求。然而,这种合作是院校之间的定向输送,并非所有院校都有此类项目。同学们如果感兴趣,可以咨询辅导员或院校老师,了解本校是否有类似的项目。

> 一、项目介绍
> 我院将从符合推免条件的学生中,选拔并推荐 1 人攻读香港大学经管学院全日制 1 年制硕士研究生项目,获得推荐的同学将获得 25 万港币的"院长奖学金"(Dean's Fellowship)。可供选择的港大硕士项目包括:

---

① 值得注意的是,2024 年 9 月 6 日,美国佐治亚理工学院宣布将退出其深圳合作办学机构,终止该校与天津大学和深圳市政府的研究和教育伙伴关系,并退出其位于深圳的合作办学机构。

② 参考来源:澳门大学 2025/2026 学年招收推荐免试攻读研究生(哲学博士学位及硕士学位课程)通告 https://grs.um.edu.mo/index.php/prospective-student/recommended-direct-admission/?lang=zh-hant。

③ 参考来源:中南财经政法大学会计学院关于选拔推荐 2025 届优秀本科毕业生参加香港大学全日制硕士研究生项目的通知 https://kjxy.zuel.edu.cn/2024/0813/c10206a370657/page.htm?tt=0.5480095575928072。

> 1. Master of Accounting
> 2. Master of Climate Governance and Risk Management
> 3. Master of Economics
> 4. Master of Finance
> 5. Master of Finance in Financial Technology
> 6. Master of Global Management
> 7. Master of Science in Business Analytics
> 8. Master of Science in Marketing
>
> 具体项目介绍请访问:https://masters.hkubs.hku.hk/。
>
> 二、申报要求
>
> 被推荐人应符合《中南财经政法大学推荐优秀应届本科毕业生免试攻读硕士学位研究生工作管理办法》(中南大教字〔2023〕1号)(附件1)以及《会计学院推荐优秀应届本科毕业生免试攻读硕士学位研究生工作实施细则(2023版)》(附件2)基本要求。

1.2.15 保研途径常见问题解答

1. 哪些人群适合支教保研?要不要去支教保研?

尽管支教保研可以确保在本校继续深造,但支教本身是一种社会服务活动,需要支教者具有一定的责任心和社会情怀,毕竟未来一年里可能会面临一个完全陌生甚至很艰苦的环境。所以,如果只是抱着"只要能保研就行"的态度参加支教,那么这一年的支教生活可能会充满艰辛。此外,支教保研并非无门槛,对于成绩和经历都有一定的要求。所以,不要轻率地选择这条非常规之路,除非你真心愿意为社会提供服务,否则还是应该考虑正常的保研途径。

2. 行政保研有哪些优势和劣势?

(1) 优势

① 选择行政保研途径,意味着即便成绩排名没有达到普通推免要求也能获得保研资格,不需要参加研究生入学考试。考虑到考研的难度较高且录取率较低,行政保研则可以避免考研失败的风险,直接确保你的读研资格。

② 两年的行政工作对于想留校担任辅导员或者从事行政岗位的同学是很有价值的。它不仅有助于积累工作经验,还能丰富职业历程,对未来职业发展和成长具有深远的意义。

③ 两年的行政工作能提前感受职场氛围。此经历不仅锻炼了工作技能,还增强了交际

（2）劣势

① 读研的时间成本较高。所谓的"2+2"行政保研模式，指的是两年的行政工作加上两年的硕士学习。但实际上，这一模式可能演变为"3+3"，即在大四期间，学生就要开始在校实习，在之后的两年中，他们需要努力工作，才能通过辅导员考核成功入学。入学后也有可能跟不上进度而延毕。这样一来，就会出现比正常考研或保研的学生晚一年甚至两年毕业的情况，所以时间沉没成本较高。

② 只能选择在本校继续深造。无法通过行政保研进入排名更靠前的院校，对于想提升学历知名度的学生，这限制了学术发展。

③ 行政保研并不保证未来能留校工作，同样需要竞争名额。

④ 虽然从事行政工作有工资，但工资不一定高，需要做好成为廉价劳动力的心理准备。

3. 挂科后，还能保研吗？

不一定，具体还需要根据院校的规定。

有些院校规定"挂科后，不予推荐"，例如北京大学在2023届优秀本科毕业生免试攻读研究生的细则中明确说明："原则上必修课有不及格或学业成绩处于下游的不予推荐为免试研究生。"

部分院校的推荐免试研究生政策较为宽松——排名靠前即可推免，无须考虑挂科，如西南交通大学。其规定："学生综合成绩不低于80分且专业年级排名前50%，排名课程平均成绩均以第一次考试成绩为准。"

西安交通大学等院校则允许学生挂科或重修一次，而不会因此失去保研的机会。具体而言，西安交通大学在推免细则中规定："按所在专业（方向）培养方案指导性教学计划规定的时间完成前三个学年(五年制为前四个学年)必修课程，取得规定的学分，其中经过一次补考或者一次重修考试(补考与重修考试累计不超过一次)后及格的课程门数不超过一门，补考或者重修考试成绩按'60分'计算。"

1.3 招生形式

1.3.1 论坛/比赛

部分高校会组织论坛或比赛，可能设置和推免相关的奖励：获得某大赛某奖项者，可免初试，直接获得夏令营入营资格或预推免复试资格。这也是推免招生的一种形式。

例如，中国人民大学公共管理学院在2023年举办的第七届"求是杯"全国公共管理案例大赛中给出保研优惠政策："一、二等奖获奖队伍成员中属于本科二、三年级且符合夏令营入营基本条件的，可直接获得中国人民大学公共管理学院'求是夏令营'入营资格。"

北京大学国家发展研究院在2023年举办的第五届"国家发展青年论坛"中给出保研优惠政策："'国家发展观察奖'一等奖获得者将直接获得2023年'全国经济学与管理学优秀大学生夏令营'入营资格（仅针对本科三年级在读学生）。"

清华大学公共管理学院在2023年举办的中国公共政策案例分析大赛中给出保研优惠政策："本科生组获奖团队中每队表现优异的两位选手将获得清华大学公共管理学院硕士项目的推免面试资格。"

1.3.2 外出面试

外出面试是某些高校为宣传本校的研究生招生工作而提前进行的面试考核环节。外出面试一般在全国各地高校集中的城市进行，通过一系列考核发放录取通知书。需要注意的是，有些学校发放的是条件性录取通知书，也就是获得该通知书后还需要联系到相应的老师才能确保录取。

例如，天津大学在2024年赴全国部分省市开展了研究生招生专场宣讲会。宣讲会内容包括介绍天津大学的总体情况、研究生教育、暑期夏令营、奖助学金、推免政策、统考等问题；学生代表分享考研（保研）经验；各学院代表介绍学院及专业设置；与各学院导师进行面对面交流（部分学院的相关专业还会组织现场面试）等环节。①

1.3.3 冬令营/春令营

一般来说，冬令营主要在每年11月到次年2月举办。举办冬令营的通常是顶尖学校的优秀项目，招生目标是条件优秀的应届本科生。可以说，冬令营拉开了保研之战的序幕。冬令营的形式多种多样，根据往年的经验，有科研实训营的形式，例如清华大学智能产业研究院开展的为期1~2个月的线下课题研究，表现优异者有机会获得博士预录取名额；也有案例大赛的形式，如北京大学光华管理学院的案例大赛，其中表现突出的冠亚军团队和最佳表现个人可以获得北京大学光华管理学院金融硕士项目（MFin方向）"滚动申请制"的面试资格或MBA项目"X计划"的面试资格；还有直接考核的形式，如中国科学院精密测量科学与技术创新研究院举办的冬令营活动，活动内容包括参观实验室、师生座谈交流、推免生面试

---

① 参考来源：天津大学研究生招生网相关通知 https://yzb.tju.edu.cn/xwzx/zxxx/202406/t20240604_323808.htm。

等环节。顶尖院校举办冬令营的目的在于提前锁定优秀生源,有意向的学生可以参加冬令营以提升自己的知名度。

春令营,正如其名,在每年3月—5月举办。它主要由经管类院校大规模组织,入营要求高,竞争激烈,如清华大学五道口金融学院春令营。春令营(类似的项目还有"mini营"和"体验营")也是名校争夺优秀生源的一种方式。在考查方面,春令营关注学生前五个学期的成绩,并对学生的综合素质和学术潜力有较高的要求。与夏令营相比,春令营活动形式较为单一,没有讲座、校园参观等环节。例如,复旦大学国际金融学院的春令营,采用小组面试和个人面试相结合的方式,全程使用英语进行。从考查形式可以看出,春令营的目标群体仍然是条件优秀的应届本科生,对非重点院校的学生并不友好。需要注意的是,经管/商科类的春令营十分欢迎理工科这种跨专业背景的学生,这类学生也可以大胆尝试。

1.3.4 夏令营

保研夏令营是近年的热门招生方式。它不仅可以提前选拔优秀学生,还可以助力院校进行招生宣传。随着读研热度上升,开展保研夏令营的院校增多,优质生源争夺也更加激烈。多数高校(以985/211院校为主)会在大三下学期(4月—6月)发布夏令营通知和招生简章,以避免9/10月预推免/推免复试时间紧张、师生接触短暂等问题。学生按照夏令营招生简章要求进行申请,院校会对报名参营的学生进行筛选,通过初审筛选的学生在暑假前往学校参加夏令营。

夏令营活动包括参观学校和实验室、与导师会面、笔/面试考核等。结束后,学院会对学生进行评估,部分学生获得"优秀营员"称号。前几年受疫情影响,许多夏令营采用线上形式,但2023年后,多数恢复以线下为主、线上为辅的模式。未来具体形式以学院通知为准。

一般来说,获得"优秀营员"称号通常意味着获得了学校的预录取资格。但值得注意的是,近年来夏令营的参观性质越来越明显,即高校仅进行宣讲而不进行实质性考核,或者即使考核后被评为优秀营员,还需继续参加后续的预推免流程。此外,有些院校在夏令营期间可能会超额发放"优秀营员"称号,即使获得了"优秀营员",如果排名靠后,也有可能最终不被录取。因此,同学们需要辨别"优秀营员"的实际效力。另外,学生还必须获得本校的推免资格,才能算是保研成功。

如果未获得本校推免资格,参加再多的夏令营也是无用功。当然,有些学校对优秀营员承诺,若他们在统招考试中达到学校的录取分数线,可以免复试直接入学或者在同等条件下优先入学。关于各校的具体优营政策,学生需要仔细查阅。

1.3.5 预推免

预推免,也称预报名,一般是在推免服务系统开放前实施的保研招生方式。它也是院校提前争抢优质学生资源的重要手段。可将预推免简单地理解成延后的保研夏令营或提前的九月推免。此时,学生的本校推免资格已经基本明确。在正式开放推免服务系统前的一段时间(通常一到三周),院校会通过多种方式(例如笔试、面试)来考核学生,以决定是否发放拟录取通知。这种做法不仅有助于优化保研招生流程,也避免了仅依赖正式推免面试可能带来的不足。

预推免是保研生的第二次机会,尤其是对那些未举办夏令营的高校,给学生提供了提前交流的机会。预推免的申请方式和保研夏令营相似,但其考核时间较短,形式也更单一,通常不会设置学术讲座交流活动,以笔试和面试为主。

1.3.6 九推

九推,全称为九月正式推免,也称正式推免或九月推免,是指推免服务系统从开始到结束的这段时间,一般为 9 月 28 日到 10 月 20 日(具体时间以教育部官方通知为准)。在此期间,所有学校无论是否提前招生,都需要在推免服务系统中与学生进行双向确认。一般来说,那些在夏令营或预推免阶段已经招满学生的高校在正式推免中不会再招生,只会走形式和过场,即在系统中与之前发放 offer 的学生进行确认。而那些未招满学生或被鸽穿的高校会使用各种方式(如官网、群通知、电话等)发布临时招生通知进行补录。这也是学生们"捡漏"的黄金时期。有些高校的专业名气太大,导致学生望而却步,结果没有招满,或者有些专业扩招,因此拥有了更多的名额,在这种情况下学生成功录取的概率非常高。但值得注意的是,每年九推开放招生的项目和名额未知,不确定性极高,同学们需谨慎操作。

夏令营、预推免和正式推免是保研生进入梦想学校的主要途径,三者的联系与区别如表 1.2 所示。

表 1.2

项 目	夏 令 营	预 推 免	正 式 推 免
申请时间	4 月—8 月	8 月底—9 月	9 月—10 月
考核时间	6 月—8 月	8 月底—9 月	9 月—10 月
申请数量	不限(部分学校会限制申请数量,如只能申请该校的 2 个学院)	不限(部分学校会限制申请数量,如只能申请该校的 2 个学院)	可在推免服务系统中同时填报 3 个志愿,如果 48 小时后没有收到复试通知,可继续填报其他志愿

续表

项 目	夏 令 营	预 推 免	正 式 推 免
文书材料	前五学期成绩单及排名证明,英语四六级成绩单,科创竞赛等获奖证明,以及申请表、简历、推荐信、个人陈述等	前六学期成绩单及排名证明(部分学校允许前五学期),英语四六级成绩单,科创竞赛等获奖证明,以及申请表、简历、推荐信、个人陈述等	根据对方学校要求提交材料,有些学校可能不需要文书材料
考核形式	笔试、面试、论文答辩、工作坊、案例展示、研究设计等,形式多样化	一般只有面试,形式简单	一般只有面试,形式简单
考核内容	专业知识、英语能力、综合素质,可能存在群面,如无领导小组讨论等	专业知识、英语能力、综合素质	专业知识、英语能力、综合素质
录取难度	入营较难,但是入营后被录取或者获得候选资格的概率高	通过率较高,优秀学生已经在夏令营中拿到心仪的 offer,可能不再参加预推免	取得复试资格相对容易,但是推免招生名额较少
特征	难度大、选择多、周期长,适合多多尝试,争取拿到保底 offer	周期短、节奏快,适合冲刺心仪学校	风险大,但有捡漏的机会,伴随较大的心理压力

1.4 项目类型

保研的项目分为学硕、专硕和博士三类,博士项目下分为学博和专博,在读博方式上又可分为硕博连读和直博两种。接下来,让我们了解这些项目的详细情况和差异。

1.4.1 学硕与专硕

1. 培养方案概述

全日制学术型硕士,简称学硕,旨在通过普通硕士教育,以理论教学为主,培养具备教学和科研能力的人才。学术型学位覆盖了哲学、经济学、法学、教育学、文学、历史学、理学、工学、农学、军事学、医学、管理学、艺术学以及交叉学科等 14 个大类。这些大类进一步细分为

117个一级学科。

全日制专业型硕士,简称专硕,旨在培养具有扎实的理论基础和适应特定行业或职业实际工作需求的应用型高层次专门人才。教学注重理论与实际相结合。根据《研究生教育学科专业目录(2022年)》公布的数据,硕士专业学位类别有31个,而博士专业学位类别有36个。

在大部分学校,专硕和学硕是一起培养的,专业课程设置、导师制度、毕业要求等方面并没有太大的差别。之前,部分学校的专硕学制为2年或2.5年,学硕学制为3年。然而,现在已经有相当一部分的学校将专硕的学制也调整为3年。由于政策因素和社会需求,越来越多的高校扩大了专硕的招生比例,专硕的社会认可度逐渐提高。因此,在未来,专硕可能会成为更热门的选择。

2. 学硕与专硕对比分析

学硕与专硕对比分析如表1.3所示。

表1.3

项目	全日制专业学位硕士	全日制学术学位硕士
招生计划归属	教育部	
招生对象	应、历届高等教育毕业生	
教学方式	全日制教学	
教学范围	按学科专业教学	
授位类别	专业硕士学位证书、毕业证书	学术硕士学位证书、毕业证书
培养侧重	业务素质与应用能力	理论基础与学术能力
过程管理	学校统一管理	
学位现状	大幅扩招且学制延长,社会认可度提高	含金量较高,但毕业要求也较高
学制	2~3年,包括不少于半年的实习期	一般为3年,少数院校项目2~2.5年
对深造的影响	一般不能申请硕博连读,但可以考取博士学位	可以申请硕博连读,也可以考取博士
学费	10000~100000元/年不等,部分项目学费更高	一般为8000元/年
奖学金	奖学金覆盖率一般比学硕低,大多不能完全抵消学费	奖学金覆盖率高,基本上可以抵消学费
住宿	有可能不提供住宿	提供住宿
毕业要求	较低	较高

在报名夏令营、预推免/正式推免时,同学们需要决定选择专硕还是学硕:如果你对科研感兴趣,但不打算攻读博士,学硕会是更合适的选择;对于那些计划读博深造的同学,建议选择学硕或直博,因为学硕转博更方便;如果目标院校的学术型硕士和专业型硕士在培养上区

别不大,且在竞争学术型硕士项目上没有明显优势,那么选择专业型硕士也是一个不错的选择。如果就业意向较为强烈,那么培养周期较短且规定包含实习实践的专业型硕士可能是一个更优的选择。

从难易程度来看,学硕一般比专硕更难。然而,某些高校对两者的态度可能有所差异,这是学生们需要留意的。

第一,顶尖高校录取研究生时,尤其是清华大学、北京大学、复旦大学、上海交通大学和浙江大学等名校,很多学硕名额都会优先给本校的本科生。例如,每年这些热门院校的计算机学院会招收不少其他学校的本科生,但非本校学生大多数被录取为专硕或直博,只有极少数表现极为优秀的外校生能够获得学硕的名额。

第二,在计算机、机械、自动化等工科院系中,专硕和学硕的差别很小。在实际情况中,某些院校的专硕和学硕学生享有的待遇基本一致,包括申请硕博连读的资格和同等数额的奖学金。不过,专硕的学费通常更高,且可能不安排住宿。

第三,对于大多数经管院校而言,专硕是更受青睐的保研选择。专硕的申请门槛和考核难度通常高于学硕。因为经管学科一般注重实践,专硕的培养更有利于就业,所以多数经管类专业学生会将专硕作为首要选择。

第四,一些院校的硕士研究生项目只设有专业硕士或工程硕士。工程硕士采取联合培养的方式,包括在校课程学习与企业专业实践等阶段,通常第一年在校完成课程学习,随后再到企业进行为期两年的科研实践。近年来,工程硕士项目非常热门,在国家的鼓励与支持下,招生名额逐年增加,对于保研生来说,这也是一个不错的选择。例如,清华大学的深圳国际研究生院目前招收的硕士研究生几乎都是专业硕士。有迹象表明,清华大学正考虑将深圳研究生院打造成为工程硕士的培养基地。

总而言之,专硕更容易拿到 offer,但也有一些特殊情况,比如在有些院校专硕和学硕的培养方式几乎相同,而其他一些院校的硕士研究生只有专硕。然而,无论选择学硕还是专硕,竞争都同样激烈。对于希望保研的同学来说,关键在于不断努力,通过勤奋学习来提升自身的竞争力。

大家需要谨记,不要盲目跟风,只有适合自己的才是最好的。在面临具体选择时,我们需要根据学校的具体政策、个人和家长的意愿、家庭经济情况等因素进行深入分析。

1.4.2 学博与专博

博士分为学术博士和专业博士两种。与学术博士相比,专业博士更加强调学生的实际应用能力和灵活运用知识的能力,侧重于满足企业实际需求和工作需要,而不那么注重是否拥有某一领域的研究成果。专业博士更多的是进行高端技能的学习,旨在提高学生的综合素质。二者的区别类似于学硕和专硕。专业博士重视应用实践,其毕业要求相对于学术博士较为宽松,旨在为各个领域培养特定的专业人才,如工程师、医师、教师等。在教育部的支持和鼓励下,专业博士的录取数量逐年增加,目前竞争相对较小。

如果未来立志从事科研工作,并且愿意在自己喜欢的领域深入研究,建议选择学术博士,其社会认可度较高,但毕业要求也较高,存在延期毕业的风险。若未来职业规划目标是业界就业且希望获得博士学位的薪资待遇,则可以考虑专业博士。

此外,随着工程硕博士培养改革专项的持续深入和试点高校的增多,工程博士作为专业博士的一种,在保研中越来越受到重视。工程博士涵盖电子信息、机械、材料与化工、资源与环境、能源动力、土木水利、生物与医药、交通运输等八个领域,旨在培养卓越工程师后备人才,聚焦国家重大战略需求。近年来,教育部逐步扩大工程博士的招生名额,鼓励专业人才的发展。工程博士作为一个新型项目,竞争难度相对较小,不少学生可以借此机会进入名校。另外,大部分学校采用"2＋3"校企联合培养模式来培养工程博士,即前两年在学校跟随导师深造,后三年在企业跟随企业导师实习深造,这适合有志于投身工业界的学生。随着工程硕博扩招的趋势,其认可度也在不断提高,筛选门槛也将逐渐提高。因此,保研生一定要增强自身实力,以提升竞争优势。

全日制学术博士与全日制专业博士的对比如表1.4所示。

表 1.4

类型	全日制学术博士	全日制专业博士
招生计划归属	教育部	
招生对象	推免生或硕士生	
教学方式	主要为全日制教学	分为全日制教学和非全日制教学
教学范围	按学科专业教学	
过程管理	学校统一管理	可能涉及校企联培
奖助体系	均可申请国家奖学金、校长奖学金、学业奖学金等,对专业博士可能还设有企业奖助学金	
培养目标	重在学术创新,培养具有原创精神和能力的研究型人才	重在知识、技术的应用能力,培养具有较好职业道德、专业能力和素养的特定社会职业的专门人才
开设目的	为了满足人的发展的普遍需要和社会基础研究人才的需要	为了满足特定社会职业的专业人才需求
毕业要求	论文	毕业要求根据院校有所不同,可能会涉及论文、专利等
社会认可度	高	不如学博,但认可度在逐年提高
学制	4~5 年	
学费	一般为 10000 元/年	10000~100000 元/年不等,部分项目学费更高

1.4.3 硕博连读与直博

硕博连读是指在学生个人意愿的基础上,在攻读硕士学位的第二年遴选出表现优异的学生,这些学生在完成规定的课程学习并通过博士生资格考核后,可被确定为博士生。硕博连读通常有两种情形:第一种是在保研阶段直接申请;第二种是先以硕士身份入学,之后再申请转博。对于第二种情形,一般只有学硕学生才能申请,但一些理工科院校也允许专硕学生申请。

直博是直接攻读博士研究生的简称,是博士招生方式之一(博士招生方式包括统考招生、硕博连读、提前攻博、直接攻博)。直博只能从推荐免试攻读硕士学位的应届本科毕业生中选拔,招生专业一般为国家重点学科。简而言之,直博就是本科生直接攻读博士学位。

直博和硕博连读都是攻读博士学位的途径,两者的学制相近,通常都需要 5 年时间,这比传统的本科—硕士—博士路径缩短了 1~2 年。然而,随着国内博士培养的日趋严格,直博和硕博连读的延期毕业现象也日益普遍。

另外,硕博连读与直博之间有一定的区别:

① 在培养方式和学位授予方面,直博是指从本科阶段直接选拔优秀的本科生攻读博士学位,简而言之,就是直接进入博士阶段学习。严格来说,如果直博生无法顺利毕业,那么将不会获得博士文凭,也不会获得硕士文凭(少部分学校可能允许降低要求,以硕士学位毕业)。硕博连读则是先进行硕士课程学习,在研究生二年级或三年级时设置博士资格考试或者选拔环节,通过审核后,转入博士培养阶段,毕业时直接授予博士学位。如果博士阶段无法顺利毕业,学生可以继续完成硕士论文,通过答辩后获得硕士学位。

② 在待遇方面,硕博连读生在刚入学时享受硕士待遇,在成为博士研究生后便享受博士待遇;而直博生从始至终都享有博士待遇,即获得更多补贴,学校生活待遇与博士相同。

硕博连读和直博对比分析如表 1.5 所示。

表 1.5

类 型	硕 博 连 读	直 博
招生计划归属	教育部	
招生对象	推免生或硕士生	推免生
教学方式	全日制教学	
教学范围	按学科专业教学	

续表

类型	硕博连读	直博
选拔方式	① 推免生在攻读硕士第二年进行考核,通过后转为博士生,不通过或放弃则转为常规硕士生。 ② 其他硕士(一般为学硕)在攻读硕士第二年可以申请硕博连读,通过则转为博士候选人	只能从推免生中选拔
学位区别	只有博士学位证书,没有硕士学位证书。如果硕博连读的学生中途因故没有获得博士学位,可以申请转为硕士研究生,但只能获得硕士学位证书	只有博士学位证书,没有硕士学位证书。如果中途因故没有获得博士学位,则一般不能转为硕士研究生
过程管理	学校统一管理	
学制	5年左右	5年左右
学费	硕士阶段8000元/年,博士阶段10000元/年	一般为10000元/年

③ 在转段和退出机制方面,推免生硕博连读转入博士要经过考核,必须通过博士资格考试,才能由硕转博。转博后学生将直接开始撰写博士论文。论文完成并通过后可获得博士学位(无硕士学位)。如果硕转博不成功,学生则须回归硕士课程,完成硕士论文,以获得硕士学位。

硕博连读转硕的途径一般很明确,各院校都有相关文件。学院通常会在硕士第二学年初组织博士资格考试。如果学生第一次考试未通过,有些院校允许直接申请成为硕士生,而有些院校则要求学生参加第二次资格考试,如果仍未通过,经学院审核,学生可转为硕士生。此外,因身体健康状况或个人能力限制而无法完成博士学业的学生可以申请转入硕士层次的培养计划。学校一般还会规定学习年限的上限和下限,大多数硕博连读转硕的学制是3年,部分可能长达3.5或4年,例如上海交通大学机械与动力工程学院的通知:

一、转博前

1. 第一学年(第1—2学期):以课程学习为主、选择意向导师。

硕博连读生入学后三周之内完成意向导师的双选匹配,进入博士生导师的课题组,担任研究助理(助研)。

2. 第二学年秋季学期(第3学期):参加博士生资格考试笔试、办理转博手续。

(1) 学院在秋季学期(9月—10月)组织博士生资格考试笔试(资格考试科目和具体要求另行说明),笔试通过者方能申请转入博士阶段(10月—11月博士报名),通过博士生招生复试的同学于次年春季学期转为博士生进入博士培养阶段。

(2) 未能通过资格考试笔试的同学,需参加春季学期的资格考试笔试补考。

3. 第二学年春季学期(第 4 学期):博士生资格考试笔试补考、硕博连读生分流。

(1) 未通过资格考试笔试的同学准备参加 3 月份笔试补考,补考通过的同学亦可申请转入博士阶段(3 月下旬报名),通过博士生招生复试的同学于当年秋季学期转为博士生进入博士培养阶段。

(2) 未转博的同学,经学院审核后转为按学术硕士生培养。不适合进行硕士学位学习和研究工作的同学,可选择退学。

二、博转硕

1. 第二学年春季学期(第 4 学期):制定转硕后的学习计划及硕士开题阶段。

(1) 确定硕士生指导老师。

(2) 继续完成课程学习(指部分未完成课程学习的同学)。

(3) 确定学习和研究计划,学期结束前完成开题。

2. 第三学年秋季学期(第 5 学期):硕士中期检查阶段。学期结束前完成论文中期检查。

3. 第三学年春季学期至第四学年秋季学期(第 6—7 学期):论文答辩阶段。满足硕士毕业相关要求的同学,可申请论文答辩。

根据院字〔2018〕14 号《机械与动力工程学业关于硕博连读生培养的相关规定》,学院对于硕博转硕的同学按照学习年限 3.5 年进行培养,对于学业优秀且满足硕士毕业相关要求的同学可以申请提前毕业。

比起硕博连读转硕,直博转硕就没有那么容易了。从制度安排和实际操作来看,大多数直博不会设置转硕的途径。例如,2020 年上海交通大学机械与动力工程学院研究生教学网发布的通知[1]规定:"按照《机械与动力工程学院关于直博生不再受理转硕申请的规定》自 2016 级直博生起不再受理直博生转硕申请。"[2]当然,政策在不断变动,随着官方发文强化博士分流退出机制,不少高校纷纷调整政策。2023 年《机械与动力工程学院关于博士生博转硕管理实施细则(2023 修订)》删除了这条规则,并调整了表述改为"原则上不受理直博生主动转硕申请"[3]。

而有直博生退出机制的学校一般也会对转硕设置一定的要求。一般来说,转硕必须得

---

[1] 详见《机械与动力工程学院关于博士生博转硕管理实施细则(2020 修订)》https://me.sjtu.edu.cn/YanJS/indexnotice/6361.html。

[2] 参考来源:上海交通大学机械与动力工程学院关于博士生博转硕管理实施细则(2020 修订)https://me.sjtu.edu.cn/YanJS/indexnotice/6361.html。

[3] 参考来源:上海交通大学机械与动力工程学院关于博士生博转硕管理实施细则(2023 修订)https://me.sjtu.edu.cn/YanJS/indexnotice/6361.html。

到导师和学院的同意,并经过研究生院的审批。因为学生放弃直博转硕等同于导师损失了一个博士生名额,所以导师和学院的审核通常比较严格。

除此之外,转硕还需要退还博士和硕士待遇的差额。硕士生每年可获得国家补助 6000 元,而博士生则为 15000 元,可能还有学院或者学校提供的其他补助,也需退还。

另外,有些学校要求退博转硕的同学延期半年至一年方可进行硕士毕业答辩,这会使得这类学生比同年入学的硕士生晚半年或一年才能毕业。例如,上海交通大学电子信息与工程学院要求转硕学生在 2 年内完成硕士学业(需同时满足从博士入学起,最短学习年限不低于 3.5 年)。因此,这些学生比同届硕士生晚至少半年毕业,并且还需要补缴硕士专业的学费。

> 一、学习年限及补缴学费
>
> 经批准转为硕士生培养的,应及时补充硕士生培养环节,补缴所在硕士专业的学费(按照入学当年的专业硕士学费缴纳),并在转硕后 2 年内完成硕士学业(需同时满足从博士入学算起,最短年限不低于 3.5 年)。2 年后仍无法完成硕士毕业的,按"应予退学"处理,符合结业条件的可以申请硕士结业,结业后不可再申请论文答辩。

1.4.4 学硕、专硕、学博、专博、硕博连读、直博,如何选择?

首先,学生需要判断自己倾向于就业还是科研。如果偏向于就业,并希望在读研期间有更多实习机会,那么专硕是更好的选择。在保研过程中,一些专硕项目的难度比学硕要小,对于保研把握不大的学生,选择专硕可以增加被名校录取的概率。当然,在选择专硕时,还需要考虑一些因素。首先,专硕的学费通常较高,这可能会增加经济负担。其次,部分专硕项目不提供住宿,学生可能需要自己租房,这也会带来额外的费用。

对于在就业和科研方向上犹豫不决的同学,学硕是理想的选择。在攻读学硕期间,学生可以申请硕博连读。学生可以在入学后根据自己的兴趣和适应性,判断自己是否适合科研,从而决定是否继续读博。这样的安排使得学生不需要在研究生阶段初期就决定是否致力于科研。学硕的优势在于其灵活性:进可硕博连读,退可直接就业;如果在硕士阶段导师不合适,那么在博士阶段还可以换导师。在读学硕期间,学生可以充分了解自己是否适合读博,是否热爱所研究的领域,然后作出是否读博的决定。

对科研有浓厚的兴趣、具备科研潜力并有志于长期从事科研工作或进入高校工作的同学,可以选择读博。如果你确定自己适合科研,并决心在专业领域深耕,同时找到了合适的导师,那么直博将是一个高效的选择,让你早日明确目标,专注于科研。如果你已经展现出一定的科研能力,但希望更稳妥地规划学术道路,那么推荐选择硕博连读。这样,在硕士阶段的第二或第三年,你还有转博的机会,为自己保留更多的选择余地。

此外,博士教育也分为专业博士和学术博士。学术博士更强调"顶天",即需要深入钻研学术领域,具备独立完成研究任务的能力,要求学生不断进行理论突破,致力于前沿理论的原创性研究。而专业博士则注重"立地",即以实际应用为导向,关注当前实际问题,深入企业实践,强调理论的实践应用。专业博士要求学生能够有效分析复杂的管理问题,并将其应用于实践,更侧重于解决实际问题能力的培养。如果未来有意从事学术研究,那么选择学术博士是合适的;如果希望回归业界,那么专业博士也是一个不错的选择。

总之,如果你计划就业,对科研并不感兴趣,那么适合选择专硕;而如果你热衷于研究,那么适合选择学硕或学博(如果你具备很强的科研能力,可以选择直接读博,如果希望采取更稳妥的方式,建议选择硕博连读)。

1.5 保研时间线(以四年制为例)

如果你想要保研,应该如何准备?下面以四年制的本科为例,给大家分享一个保研时间轴。提早开始准备,终能成功保研。

1.5.1 大一学年

1. 需要确定的关键问题和信息

(1) 是否存在强制保内的限制?

有的专业和项目可能会强制保内,例如本硕贯通、本硕博连读以及强基计划等。对于这些特殊专业或项目的学生,应明确询问是否能解除以及如何解除强制保内的限制。

(2) 是否需要准备转专业?

部分同学可能对自己的专业不太满意,想要通过转专业的方式进入自己喜欢的专业,那就要提前了解好转专业的规则和要求,有的放矢地准备。需要注意的是,同一院校不同专业之间的推免指标差异可能较大,大家在考虑转专业时可以适当关注保研率和保研竞争的情况。如果转专业未能成功,后续在保研时也可以考虑跨专业保研。

(3) 保研率和名额

了解本院系的保研率和名额,大致明确自己的成绩排名目标。如果仅仅追求保研资格,那么这个保研率就是对保研生排名的最低要求。然而,如果你希望进入更好的学校,排名自然应越高越好。

(4) 保研资格评定加分细则

同学们可以先在院校官网查找相关保研政策，除此之外，还可以向辅导员或大三、大四的学长咨询，了解近几年保研资格评定加分细则。明确哪些竞赛和论文能够为保研加分，这样同学们才能更有效地规划未来三年的行动计划。

(5) 近几年本院系学长的保研去向

一般来说，本院系学长保研去向的范围预示着你的保研结果的可能区间。了解本院系学长的去向，你就能够对未来自己的保研去向形成初步且理性的预期。

2. 主要任务

(1) 提升学习成绩

在常规的保研路径中，学习成绩和排名一直是首要因素。然而，很多同学在大一时期尚未意识到这一点，这时候是有志于保研的学生与其他学生拉开差距的最好时机。因此，同学们应从大一起就开始努力，争取优异的成绩，抢占有利的位置。

(2) 争取奖学金

在申请保研夏令营和预推免的时候，需要提交各类荣誉称号和获奖证书。在审核材料的过程中，老师特别重视与学业有关的奖学金。如果能获得国家奖学金、一等奖学金或甲等奖学金等高含金量奖项，将大大增强竞争力。

(3) 多了解不同专业，思考未来保研的专业方向

同学们可能对自己所在大类专业内的不同小专业，以及其他相关大类专业感到困惑或好奇。此时需要了解不同专业，尽早确认自己的兴趣，思考将来保研可能要考虑的专业方向。

(4) 开始准备英语四六级、雅思、托福等语言考试

如果学校允许大一参加英语四六级考试，那么建议你在高考后英语知识还处于巅峰状态时尽快通过英语四六级。如果条件允许，你还可以尽早考虑参加雅思或托福等语言考试。这些考试的认可度较高，但难度也较大，你可能需要多次报考才能取得理想的成绩。

(5) 尝试一些简单的科研实践活动

在大一，同学们可能对科研还不太了解。此时建议向老师或学长咨询，尝试参与一些简单的课题任务，掌握基本的专业技能和工具。

1.5.2 大二学年

1. 几个关键抉择

(1) 小专业分流

大多数学校会在大二时进行专业分流。如果同学们的目标是保研，那么需要仔细考虑每个小专业的竞争情况和保研的可能性。有的专业虽然热门，但竞争激烈，学生成绩排名可能并不靠前；而有些专业相对冷门，但竞争小，容易取得好成绩。在保研过程中，二级学科的区分度不大，在大类学科相同的情况下跨专业相对容易。例如，从财政学跨到国际贸易，或

者从社会保障跨到行政管理,通常不会太难。

（2）深化学科认知,探索科研方向

大二是科研生涯的关键阶段。同学们可以独立尝试科研项目,如大学生创新创业训练计划、"挑战杯",参加美国大学生数学建模竞赛、全国大学生数学建模竞赛以及专业学术竞赛等,努力提升自身科研能力和素养。同时,有的项目成果可转化为论文,实现一举两得。

（3）选择双学位或辅修:思考是否跨专业

不少学校在大二时会为学生提供双学位和辅修的选择。同学们可以思考是否要跨专业进行学习。

如果你想有多个跨专业保研的方向,那么你可以选择辅修或攻读双学位。例如,辅修法学或新闻传播学,以后就可以直接跨专业保研到对应专业。

如果你处于竞争激烈的专业,那么你可以考虑通过辅修或双学位提升自身竞争力。例如,经济管理专业的学生可以考虑修读计算机或数学的双学位;公共管理专业的学生则可以考虑修读经济学或金融学的双学位。

2. 初步背景分析和重点工作

（1）参照成绩排名,提前做好多种方案

如果成绩排名位居前列,比如专业第一、第二或者前百分之五,那么应该继续努力学习,以保持这一优势,大胆地追求本专业的更高目标。

如果排名不太理想,那么需要从两个方面着手:一方面,要通过努力学习来提升名次;另一方面,通过科研竞赛等其他加分弥补成绩劣势。

（2）重视语言考试的成绩

通常,同学们在大二时会重点备考英语四六级,不仅需要争取通过考试,还应该尽可能抓住每次机会,力求考取更高的分数,以获得更大的优势。

注意,有的学校会限制英语四六级考试次数,不能无限次刷分,所以大家要提前了解清楚自己学校的规定。如果有此限制,那么每次考试都务必认真准备,争取一次考出理想的成绩。如果没有考出理想的英语四六级成绩,那么可以考虑提升雅思、托福等其他语言考试的成绩。

（3）继续保持学习成绩,稳住甚至提升排名

通常大二的专业课任务量最重,所以大家要做好时间管理,提前了解每门课程的考核模式和评分标准,尽可能让每门课的分数都令人满意。同学们特别要防止出现某门课分数过低的情况,这可能成为你的"污点",在将来保研面试的时候面试官可能会针对这一点提出质疑。

（4）有意识地打造综合专业背景

同学们可以根据各自专业的特色,有意识地培养自己的综合能力,并打造自己的个性化

专业标签。以下是努力的方向:

① 参与各类专业学科竞赛,如全国大学生英语竞赛、美国大学生数学建模竞赛、"互联网+"创新创业大赛以及学科领域相关的专业竞赛等。

② 投身科研项目,如大学生创新创业训练计划、"挑战杯"全国大学生课外学术科技作品竞赛等。

③ 加入课题组,寻找愿意指导你的导师,尽早投入项目工作。

④ 尝试论文投稿,由于很多期刊不接受第一作者为本科生的论文,可以考虑与老师合作发表论文。

⑤ 进行专业实习,对于某些学科,如经济管理、新闻传播等,实习经历可能尤为重要。

⑥ 利用寒暑期进行社会实践。

(5) 研究保研加分细则,有针对性地争取加分

同学们可以进一步关注和研究本院的加分细则,结合自己的背景提升方案,有针对性地获取加分。注意,每个加分项都要仔细阅读细则,尤其是以下几点:

➤ 论文加分的级别、署名排序、录用见刊检索等具体要求;

➤ 学科竞赛的范畴,即哪些比赛能加分;

➤ 团队类竞赛和科研项目单人加分限制,明确队长和队员是否有区别、名字的顺序是否会影响加分;

➤ 专利、软著等类别性质的要求;

➤ 证书、奖状等原件要求,明确是否可用官网通知等相关材料替代。

1.5.3 大三学年上学期9月至寒假

1. 个人定位

经过大一、大二两年的学习,同学们应该对自己的绩点水平有了大致的了解。如果学校不公布排名,可以主动跟老师联系,询问自己的绩点排名,做到心中有数。

接下来,同学们可以将自己的荣誉奖励、参加的竞赛、科研经历和实习经历等整理成一份完整的简历。

此外,同学们还可以通过询问学长或教秘老师来了解本科院校的保研政策、保研去向、保研名额及其变化等情况。结合个人的实际情况,进行初步的保研定位,划定一个适合自己的院校范围,以便确定接下来的努力方向。

2. 个人能力提升

(1) 绩点

如果你在大学前两年的绩点并不高,处于保研资格的边缘,那么在大三这一年需要努力

提高绩点。这意味着要平衡好日常学习与期末冲刺复习,稳住阵脚,完成各项课程作业,争取获得满意的分数,确保自己能够拿到推免资格。对于前两学年绩点排名表现不错,基本上可以确定拿到保研资格的同学,大三学年的目标则是稳住绩点和排名。如果有希望的话,还应该尝试提升一下名次,因为每前进一个名次,可选择的范围就会更广。此外,还要多争取学校的奖学金和一些荣誉称号。

(2) 专业积累

对于许多专业,尤其是人文社科类专业的学生来说,专著文献的阅读积累非常重要,这是保研考核的重点内容。所以,从 10 月开始,学生们需要提早有针对性地阅读相关专业的书籍和论文,建议制订一个计划:确定每本书的阅读时限,安排每天的阅读时间与页数,以及章节进度。在选择书籍时,要偏向于自己选择的专业方向,高效阅读,做好笔记,及时思考总结。这样,在保研面试中才能自信而深入地与老师们讨论专业话题或介绍所读过的专业著作。

(3) 竞赛

从 10 月开始,很多比赛将陆续开放报名。有意保研的学生应该积极参加能为保研加分且含金量高的比赛,以确保获得本校的保研资格。这些比赛包括"挑战杯"全国大学生课外学术科技作品竞赛、"互联网+"创新创业大赛、全国大学生英语竞赛、全国大学生数学建模竞赛、美国大学生数学建模竞赛等。然而,各高校对于竞赛加分的认定规则不尽相同,因此同学们可以提前了解本校保研政策中关于各项竞赛的具体加分认定细则,以防参赛后才发现无法获得加分的情况。

(4) 科研论文

从 10 月开始到正式保研还有大半年的时间,各位有意保研的学生可以利用这段时间准备一篇优秀的论文。10 月开始确定论文的选题,然后查阅相关资料。利用寒假时间搜集和整理所需的数据和素材,撰写一篇高质量的参营论文。如果有机会的话,也可以尝试投稿发表。此外,同学们还可以继续丰富自身科研经历,例如参与老师的项目等,争取做出科研成果。

(5) 语言

通常在 12 月份,教育部还会组织全年的第二次英语四六级考试,如果同学们之前对自己的分数不满意,可以提前复习,练习口语,抓住机会提高分数。此外,有条件的同学还可以考虑单独报考雅思或托福考试。对于外语专业的保研生来说,除了英语四六级、雅思、托福成绩,本专业的语言水平证明尤为重要。如果专四成绩不太理想,可以尝试用其他语言成绩来替代,比如前面提到的雅思、托福,或者是日语 N1、法语 C1、德语 C1 等小语种考试。

(6) 分享会/论坛

保研结束后,学院或者其他机构会组织各类经验分享会,同学们可以留意这些活动,借鉴学长的经验。寒假期间,各种早期论坛和冬令营也会陆续举办,大家应持续关注,及时获取信息,确保万无一失。

1.5.4　大三学年下学期 3 月—6 月

1. 搜集信息

同学们需要广泛收集各意向高校的夏令营信息,尽可能做到全面且细致。具体而言,同学们应尽早了解各院校的夏令营报名时间、活动时间、报名要求以及所需准备的材料。同时,也建议关注跨保方向和项目、中外合作项目以及冷门院系专业的"价值洼地"。如果可能,尽量搜集夏令营的通过率、考核形式等重要信息。搜集信息后,可将信息整理在 Excel 表格中,并及时更新,以方便之后管理和查阅。

建议同学们直接通过一些优质公众号和小程序了解目标院校的夏令营情况。例如,"保研岛""保研"等公众号,以及同名的小程序,都提供了各高校历年的保研信息和原文链接。

此外,同学们还可以搜集导师信息。某些学科和院校的录取过程中,导师话语权较大。如果同学们想要冲刺较好的院校,可以考虑提前搜集导师信息,做好联系导师的准备工作。导师信息的获取途径主要有两种,一种是院校官网、论文数据库等官方渠道,另一种是询问学长、百度搜索、知乎评价等非官方途径。需要重点搜集的信息有邮箱、研究方向、关键成果、高引论文以及对学生的培养风格等。

2. 准备文书材料

同学们要整理自己的所有资料,并根据实际情况不断完善。一般来说,每个学校的夏令营要求提交的材料都大致相同(除了个别院校有特殊要求)。同学们应该准备好以下材料:

- 个人简历和个人陈述(突出体现本人的优势特点);
- 两份由副教授或副高级职称以上教师签名的推荐信;
- 参营论文;
- 前五学期成绩证明及成绩单盖章原件(教务处打印或自助打印);
- 身份证和学生证的复印件;
- 英语四六级成绩单的扫描电子版及复印件;
- 各种获奖证书、论文、专利证书的扫描电子版及复印件(奖项多的话最好分类整理)。

简历、个人陈述、推荐信等文书材料是夏令营和预推免申请的重要材料,同学们要重点准备。简历就是个人名片,帮助老师快速了解个人亮点和专业经历;个人陈述就是写给目标院校的"情书",要像一个完整的故事,阐明申请的动机以及与项目的契合点;推荐信相对来说没那么重要,主要从老师的角度来评价学生的学术能力和品质。

同学们要反复打磨文书材料,根据不同的专业方向、项目类型和目标院校进行调整。最好请有经验的人帮忙审阅和检查,这样能够更快且更有效地提升你的文书质量。

3. 制定投递策略

科学合理的投递策略是获得理想院校研究生录取通知的关键。在制定投递策略时同学们要考虑以下因素：

- 是否海投；
- 院校分层，不同层次的院校各投多少；
- 是否跨专业；
- 如何选择专硕、学硕、直博、硕博连读项目。

同学们可以结合个人偏好和学长的经验，或者咨询保研岛保研顾问进行个人定位，并分层次进行院校投递。

4. 联系导师

许多学科，尤其是理工科，很有必要提前联系导师。在部分学校的夏令营初审中，老师的意见较为重要，所以提前联系导师可能会增加你获得入营资格的概率。建议同学们参考目标院校官网的师资队伍介绍，结合他们的学术成果，来寻找心仪的导师。选定后就通过邮件与心仪的导师联系，表达自己的深造意愿和与导师研究方向的契合度。

5. 夏令营报名

在 5、6 月份，各学校会陆续开启夏令营的报名。因此，同学们应密切关注自己意向学校的研究生院官网通知。为了方便查看，可以把感兴趣的院校官网加入浏览器收藏夹。

夏令营报名通常要先进行网上系统报名，并向对方邮箱发送报名材料，还有一些学校会要求在规定的时间前邮寄纸质材料。这就需要同学们提前准备好各项材料，并关注夏令营通知。

此外，高校的夏令营资格审核过程可能会持续一至两个月，各校的审核时间也不一致，所以同时向多所高校投递报名材料时，收到的反馈有快有慢，同学们需要耐心等待。审核通过后务必注意在规定时间内确认是否参加夏令营。

6. 期末复习与六级考试

6 月，很多学生将面临期末考试的挑战。这场考试是保研前的最后一关，对很多学生来说意义重大。这场考试可能助保研边缘的学生一臂之力，也可能使其他学生失去保研机会。所以，准备保研的学生不能只专注于夏令营的报名和考核，还必须重视专业课的复习，努力提高成绩，抓住提高绩点的最后机会。此外，对于英语六级分数未达标或不理想的学生，6 月份的六级考试同样重要。本次六级考试的成绩将在 8 月底公布，预推免还能用得上，同学们有可能在预推免中实现逆风翻盘。

1.5.5 大三学年下学期 7 月—8 月

1. 准备夏令营

通常，各高校的夏令营考核会在 7 月份进行。"机会留给有准备的人"，所以在参加夏令

营前,同学们需要做好以下准备:

第一,重温专业知识。保研夏令营中,专业知识是最核心的内容,老师们也会重视你的英语水平和科研经历。所以,在这段时间里,你需要认真复习专业课知识,并提升英语口语能力。

第二,回顾科研竞赛经历。如果面试时磕磕绊绊,老师们可能会怀疑你参与科研的真实性,你所谓的"成果"将不再是优势,反而可能对你产生负面影响。所以,同学们需要熟悉个人陈述和简历中提到的科研论文的核心观点、构思过程、创新点和主要结论,以及所参加的项目竞赛的主题、基本流程、成果。

第三,提前搜集目标院校相关信息。一般从入营到正式考核会有一周左右的准备时间。建议同学们提前了解目标院校的日程安排和考核风格。同学们可以向学长询问,或者参加一些机构的课程,熟悉目标院校的真题。

2. 参加夏令营

同学们根据保研院校的安排,通过线上或线下方式参加夏令营。如果是线下方式,那么到达学校后可以先约导师见面。尽管联系导师可能对夏令营的面试产生直接帮助,也可能没有明显影响,但这一步骤仍然需要重视,因为它会带来很多潜在的好处。

在正式考核中,面试老师一般会进行简历面试、专业面试、行为面试和压力面试。部分学校还会加入英语面试,考查学生的口语表达能力,这项能力的提升需要长期积累。在专业知识方面,学生需要具有较强的专业能力,建议大家尽早熟悉学科脉络,将专业知识与时事热点相结合。在考核期间,学生还要注意身心状态的调整。在心理层面,不要担心无法通过考核,也不要因未获得上一个夏令营的 offer 而产生负担,后面还有预推免的机会,保持平和心态,自信从容地备战即可;在身体层面,如果参加线下夏令营,可能需要在短时间内穿梭于多个城市,应抓住机会调整身体状态,保证睡眠质量,这样才能不影响下次考核的正常发挥。

3. 预推免报名

8月份的主要工作是等待夏令营活动的结果和继续关注各高校发布的预推免公告。这时候,同学们需要根据已获得的夏令营 offer 和个人意愿,制订下一步的冲刺计划。对于仍希望冲刺预推免的同学,建议多关注意向院校是否还有预推免招生名额。以下是几种可能的情况:

① 如果已有满意的 offer,那么预推免只需要考虑非常好的院校。
② 如果有保底 offer,那么可以多投几所层次较好的院校,再适当冲一冲。
③ 如果没有 offer,那么需要适当海投,并且可以考虑一些相关专业或冷门专业。

4. 补短板

很多同学可能会遇到"夏0营"或者"0 offer"的情况,这是常见现象,毕竟你正与众多优秀的同学竞争有限的名额。如果同学们在夏令营中的表现不太理想,或者虽然有offer,但还想继续冲刺预推免,建议利用这段时间认真反思自己的表现,调整心态和策略。同时,继续复习可能考到的专业知识,查漏补缺。英语成绩不好的同学应考虑要不要报考雅思以弥补英语劣势。

1.5.6 大四学年上学期9月

1. 预推免考核

9月份,预推免考核的高峰即将来临。同学们应抓住这一上岸机会,认真准备面试,争取获得满意的offer。一般在预推免报名后,等待一周左右就会收到是否有资格参加面试(笔试)的通知。如果通过考核,则其效用与夏令营优秀营员基本相同(需视高校具体公告情况而定)。

虽然预推免的入营门槛比夏令营低,但考核内容可能更为专业,难度相对大一些。所以,同学们需要在预推免考核前做好准备。

2. 推免资格评定

各大高校的推免资格评选工作一般在9月中上旬陆续展开。只有获得推免资格并在系统中确认录取,才算成功保研,所以推免资格评定极为重要。但需要注意,部分学校要求进行推免资格答辩,这可能会与意向学校的预推免复试时间冲突。因此,需要备好多个意向学校,并时刻留意它们的复试安排,做好时间规划。

3. 九推志愿填报

9月底(一般在9月28日),推免服务系统开放。同学们需要熟悉九推志愿填报流程,并谨慎操作。推免服务系统开放时,主要存在以下三种情形:

① 在夏令营或预推免阶段已获得目标院校offer。对于这些学生,正式推免过程只是走过场。这些学生可以直接在推免服务系统中报名并接收拟录取通知,无须再参加笔试或面试考核。

② 不满意现有offer,想要冲刺正式推免。院校的老师为了尽快完成招生任务,可能会要求同学们在推免系统开放的首日极短的时间内完成填报并接受待录取通知,如果逾期则可能不会予以录取。如果同学们希望在正式推免过程中冲刺更好的院校,那么可能需要放弃原有的OFFER去报名其他院校并参与其考核。这一做法风险较大,请同学们谨慎做出选择。

③ 在推免服务系统开放前,还没有收到任何学校的offer。这些学生需要参与正式推免,看哪些学校还有招生名额,然后在系统中报名并参加笔试和面试,通过考核便可确认待录取。

在推免服务系统中确认待录取后,保研旅程至此画上了一个完美的句号,剩下的便是迎接自己的空闲年,只待次年 9 月入学保研学校。

图 1.1 是保研全流程图,供大家参考。

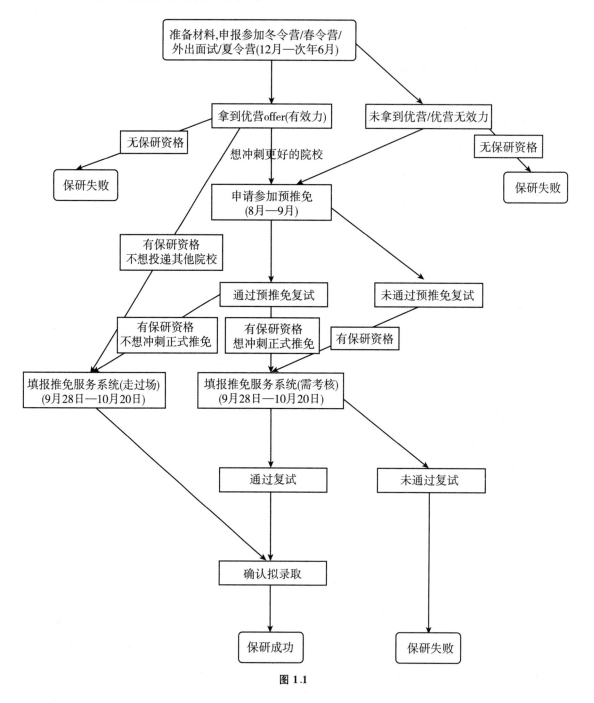

图 1.1

第 2 章 保研新形势

除了正常保研流程,同学们还需要关注特殊的保研计划和保研趋势,以最大程度地评估并增加自己成功保研的可能性。本章将介绍教育部特殊的保研计划;同时,结合近年的保研动态,提供推免名额、考核形式、招生情况等方面的预测。这样,同学们在保持住定力的同时,也能洞察形势,适时调整策略。

2.1 特殊的保研计划

2.1.1 强基计划

2020 年教育部发布了《关于在部分高校开展基础学科招生改革试点工作的意见》。该文件指出,自 2020 年起,在部分高校开展基础学科招生改革试点(也称强基计划)。

强基计划主要选拔和培养那些有志于服务国家重大战略需求且综合素质优秀或基础学科拔尖的学生,聚焦高端芯片与软件、智能科技、新材料、先进制造和国家安全等关键领域以及人才紧缺的人文社会科学领域。强基计划特别强调基础学科的支撑和引领作用,重点在数学、物理、化学、生物及历史、哲学、古文字学等相关专业进行招生。

在起步阶段,强基计划在一部分一流大学建设高校中遴选了 36 所高校开展试点。具体的试点高校名单如下:

> 北京大学、中国人民大学、清华大学、北京航空航天大学、北京理工大学、中国农业大学、北京师范大学、中央民族大学、南开大学、天津大学、大连理工大学、吉林大学、哈尔滨工业大学、复旦大学、同济大学、上海交通大学、华东师范大学、南京大学、东南大学、浙江大学、中国科学技术大学、厦门大学、山东大学、中国海洋大学、武汉大学、华中科技大学、中南大学、中山大学、华南理工大学、四川大学、重庆大学、电子科技大学、西安交通大学、西北工业大学、兰州大学、国防科技大学。

到 2022 年,东北大学、湖南大学、西北农林科技大学这 3 所高校也加入了强基计划,使该计划由 36 所高校扩充为 39 所。2024 年,进入第四个年头的强基计划共录取新生 2.4 万余人,其招生专业也在持续扩容,超过 10 所高校新增或扩大了强基计划招生专业,我国高等教育在基础学科和交叉学科领域的布局愈发清晰。

强基计划表面上看是高校本科生招生计划的一部分,但在培养模式方面,为了畅通成长发展通道,计划指出:对学业优秀的学生,高校可在免试推荐研究生、直博、公派留学、奖学金等方面予以优先安排。这正是强基计划对保研生来说影响最大的一点。

强基计划学生本研衔接转段(简称转段)也属于我们常说的保研,其名额由教育部专项下达。强基计划虽是专项下达,但也会冲击普通保研名额。一方面,保研名额本身具有稀缺性和珍贵性,增加一个保研名额就意味着配套资源投入的增加。强基计划名额较多,在一定程度上会抑制普通保研名额的增幅。另一方面,保研名额一般是按照各院校毕业生基数下达分配,但由于强基计划单列,教育部在考虑毕业生基数时会把那些强基计划学生剔除,所以对院校普通保研名额也存在一定影响。比如 2025 届北京大学校本部推免指标 1305 人,强基计划 649 人,合计 1954 人;与往年相比,2024 届北京大学校本部推免指标 1168 人,加上强基计划共有 1767 人;而 2023 届北京大学校本部共有推免指标 1710 人,足以看出强基计划对普通保研名额的冲击。不过对于同学们来说,一个很大的利好是强基计划允许转入,如果预估拿不到保研名额又想留本校的可以转入强基计划。而且现在强基计划可以转段的院校也比较多,一些学校还允许转段到更热门的计算机学院,所以普通学生也可以多关注关注强基计划,继续冲刺。

在接收端,不少高校明文指出强基计划转段会占用招生名额,如武汉大学在《2025 年接收优秀应届本科毕业生免试攻读研究生公告》中明确指出"国优计划、强基计划、校企联合培养专项等接收硕士生或直博生均占用培养单位招生计划"。综合来看,强基转段会冲击实行强基院校的推免招生名额,尤其是高考强基名额较多的头部高校。例如 2025 届北京大学录取推免生 3593 人,同年有 649 名强基计划推免生成功转段;而对比北京大学 2023 届在没有强基转段的情况下的保研拟录取人数共 3183 人,2024 届录取 3487 人(同年有 599 名强基计划推免生成功转段)。虽然清北等名校每年推免录取本校学生生源本身就比较多,但从数据上来看,外校学生的保研通道变得更窄了。

总之,强基计划对常规保研同学来说又是一次增压和冲击,往后的保研局势可能会卷上加卷。

2.1.2 国优计划

国优计划的全称为国家优秀中小学教师培养计划。2023 年 7 月,教育部印发了《关于实施国家优秀中小学教师培养计划的意见》(教师〔2023〕5号),提出旨在为基础教育阶段培养一批研究生层次的高素质科学类课程教师,以加强创新型学生的培养。该计划的首批试点支持北京大学、清华大学、复旦大学、上海交通大学以及6所部属师范大学等共30所"双一流"建设高校承担培养任务。2024年,又开放了第二批试点高校,包括山东大学、哈尔滨工业大学、首都师范大学等11所"双一流"建设高校,以及香港大学、香港中文大学2所香港地区高校。具体如下:

> 北京大学、清华大学、北京师范大学、天津大学、大连理工大学、吉林大学、东北师范大学、复旦大学、上海交通大学、同济大学、华东师范大学、南京大学、东南大学、浙江大学、厦门大学、武汉大学、华中科技大学、华中师范大学、中南大学、中山大学、重庆大学、西南大学、西安交通大学、陕西师范大学、兰州大学、北京航空航天大学、北京理工大学、中国科学院大学、苏州大学、南京信息工程大学、江南大学、山东大学、湖南大学、四川大学、哈尔滨工业大学、西北工业大学、首都师范大学、南京师范大学、湖南师范大学、华南师范大学、南方科技大学、香港大学、香港中文大学

国优计划仅面向理工科,目前有两种选拔方式,分别是在读研究生二次遴选和推免选拔。在读研究生二次遴选针对理学、工学门类非教育类研究生,结合学生专业课成绩和面试等,综合考察学生从教潜质,按照"优中选优,严格规范"的原则,选拔国优计划研究生。推免选拔面向具备推免资格、具有理科或工科学科背景的应届本科毕业生,经考查合格后可录取进入国优计划。政策规定,自2023年起,每年每校通过推免选拔不少于30名优秀理工科应届本科毕业生。

作为一项新增的研究生招生计划,试点高校针对此计划推出了专门的推免招生政策。对于保研同学来说,这是一个全新的保研项目,报考难度较低、竞争难度较小。当然,国优计划同样占用学校接收名额。在推免竞争激烈的情况下,选择这一小众途径进入名校不失为一种成功的选择。

值得注意的是,为了完成30个推免选拔指标,部分学校会将国优计划的保研名额单独列出,如吉林大学、中南大学、重庆大学等;或是给报名国优计划的学生额外综测加分,例如北京理工大学单独设置了创新人才培养项目支持加分,学生获得支持加分后,按成绩和综合情况重新计算排名。预计拿不到普通保研名额的同学,可以关注本校关于国优计划的推免方案,进而实现"保研"成功。

根据政策,国优计划培养高校为推免录取的国优计划研究生设计了教师教育先修课程,通过线上线下等方式,指导学生从本科第4年开始学习。这意味着,确定入选该计划的保研同学在大四这一年就可以提前修学分,这样不仅能填补推免完成后最后一学年的空白,也可以为研究生阶段留出更多时间去读论文、做科研。

另外，国优计划研究生可以按照规定程序免试获得中小学教师资格证书，而且国优计划鼓励试点高校通过多种方式和中小学进行合作，提供专场招聘会、从教服务"绿色通道"等就业政策支持，就业相对有保障。例如，政策鼓励国优计划探索建立"双一流"建设高校与优质中小学订单培养合作关系，支持优质中小学与国优计划研究生签订"订单"培养协议。"订单"培养的国优计划研究生毕业后，按协议约定到相关中小学任教。同时，政策希望各地组织专场招聘，这意味着国优计划的学生可以不与其他普通师范学生竞争，由于国优计划一年仅有900多名学生，学生少，岗位多，竞争相对较小。

因此，想要实现稳定就业，有意成为中小学教师的同学，可以选择这一推免路径。按照国优计划的政策说明，具体就业方向一般为中小学的数理化生或科学课教师。这也意味着，未来不想从事这一方向的同学，则要慎重考虑是否适合参加国优计划。

总的来说，国优计划对于有志于投身教育行业成为教师的同学们来说，是非常不错的一次机会，对于之后的就业路径也有一定的保障。但还是建议同学们理性思考、审慎考虑，因为国优计划的半对口性质，可能会对之后的出路选择产生一定影响。

2.1.3 工程硕博计划

工程硕士和工程博士属于专业硕士/博士学位，是工程领域的专业学位。工程硕士和工程博士以实践创新为导向，培养具备解决复杂工程技术问题、进行工程技术创新以及组织实施高水平工程技术项目等能力的专业型领军人才。

为优化工程硕士和工程博士的设置模式和管理机制，2018年9月4日，国务院学位委员会办公室正式下发《关于对已有的工程硕士、博士专业学位授权点进行对应调整的通知》，决定将工程专业学位类别调整为电子信息、机械、材料与化工、资源与环境、能源动力、土木水利、生物与医药、交通运输等8个专业学位类别。在取得专业学位类别授权的前提下，国家鼓励培养单位根据自身办学特色、人才培养重点等实际情况，按一定程序和要求，在类别下自主设置专业领域。

与此同时，在当今快速发展的科技与工程行业中，社会对高素质工程师的需求日益增加。为了培养符合未来产业发展需求的高级工程人才，我国开展了"工程硕士和工程博士培养改革专项"计划。该专项于2022年启动招生，聚焦国家重大战略需求、支撑产业链安全，以培养卓越工程师后备人才为目标，旨在调动高校和企业两个积极性，促进产学研深度融合，提高工程硕士和工程博士培养质量。教育部2024年5月发布的数据显示，为深化工程硕士和工程博士培养改革，自2022年起已专门支持30所高校增设41个工程硕士和工程博士专业学位授权点。截至2024年5月，承担任务的59所高校，共有680个工程硕士和工程博士专业学位授权点，工程硕士和工程博士培养改革专项试点全面铺开。

在培养模式方面，工程硕士和工程博士采取校企合作的方式，学生在高校主要学习公共课程和专业基础课程，而在企业则主要进行专业实践。培养环节按照硕士生"1＋2"、直博生"2＋3"的方式安排。硕士生大约 1 年在学校完成课程学习，2 年左右在企业专业实践并完成毕业设计或学位论文工作；直博生大约 2 年在学校完成课程学习，3 年左右在企业完成专业实践、毕业设计或学位论文工作。在这种模式下，学生将参与到企业的具体项目中去，实行"双导师"制，即校内导师和企业导师，共同指导学生完成一项企业课题。

在招生方面，工程硕士和工程博士大部分通过推免方式进行。近年来，为鼓励工程硕士和工程博士的发展，各校纷纷设立工程硕士和工程博士专项推免。例如，东南大学工程硕士和工程博士名额为 117 人，占 25 届保研名额的 7.7%；重庆大学工程硕士和工程博士名额为 102 人，占 25 届保研名额的 6.1%。与此同时，25 届不少高校都新增了工程硕士和工程博士推免计划，如华南理工大学新增工程硕士和工程博士推免 105 人、中国农业大学新增工程硕士和工程博士推免 68 人。一般来说，工程硕士和工程博士专项推免名额的获取难度较普通名额低，预计拿不到普通保研名额的同学，可以关注本校关于工程硕士和工程博士的推免方案，进而实现"保研"成功。

在接收端，工程硕士和工程博士的推免接收名额同样非常多，且上岸难度较小，是一个绝佳的捡漏途径。例如，上海交通大学、复旦大学、中山大学、华南理工大学等高校未招满工程硕士和工程博士学生，纷纷在 2024 年 10 月份发布了继续接收工程硕士和工程博士的九推通知。

虽然全日制工程硕士和工程博士是最近几年开始招生的，但录取流程与学术学位硕士和博士基本没有区别，学制相同。不同的是，工程硕士项目学生从第 2 年开始、工程直博项目学生从第 3 年开始到企业进行专业实践。而且，有些学校全日制工程博士的录取和毕业要求更为严格。按照专硕扩招的趋势来看，未来对于实际应用的高学位人才需求会越来越大，全日制工程硕士和工程博士毕业生的社会需求也会相应增加，各大高校、公司、事业单位等在招聘时往往更看重能力。况且，该专项就是为了培养应用型人才设置的，不仅符合未来高学位学生培养模式的发展趋势，而且对于合作培养的企业来说，这个专项的毕业生肯定是会优先录取的。

因此，如果未来不是完全致力于学术发展，而是偏向于实现产业成果转化等实际应用工作的话，这个学位的性价比比较高，也是值得考虑的一条成功之路。

2.2 保研趋势预测

2.2.1 保研名额与资格获取

1. 保研名额稳中有增

据统计,2024年绝大多数院校的保研名额都有所增加。保研名额的增加并非近几年才出现的趋势,而是一直存在的规律。一方面,扩大推免比例可以提高研究生的整体质量,为关键和急需行业储备人才;另一方面,这也能缓解当前居高不下的就业压力。无论是国家政策、社会需求,还是就业倾向、院校偏好等方面,都显示出保研名额增加是一个不可逆转的趋势。

例如,广东海洋大学2023届的保研名额为115个,2024届增至130个,2025届进一步增加至165个;四川大学2023届的保研名额为2165个,2024届增至2264个,2025届则达到2361个。表2.1列出了部分院校的保研名额情况(不包括强基转段和医学长学制转段)。

表 2.1

学校	2025届保研名额	2024届保研名额	保研名额增长数量	985	211	"双非"
华南理工大学	1593	1402	191	√	√	
四川大学	2361	2264	97	√	√	
华中科技大学	2480	2417	63	√	√	
同济大学	1689	1627	62	√	√	
厦门大学	1505	1450	55	√	√	
陕西师范大学	711	429	282		√	
安徽大学	946	827	119		√	
四川农业大学	1012	932	80		√	
北京工业大学	650	590	60		√	
辽宁大学	622	587	35		√	
杭州电子科技大学	216	132	84			√
安徽财经大学	273	241	32			√
广东海洋大学	165	130	35			√
广州大学	236	196	40			√
华南农业大学	579	517	62			√

续表

学校	2025届保研名额	2024届保研名额	保研名额增长数量	985	211	"双非"
湖南科技大学	287	234	53			√
湖南中医药大学	203	175	28			√
河北工程大学	257	228	29			√
吉林财经大学	116	99	17			√
安徽农业大学	388	348	40			√
沈阳药科大学	209	183	26			√
浙江师范大学	373	345	28			√
河北大学	665	625	40			√
杭州师范大学	230	195	35			√
中国美术学院	178	140	38			√
安徽理工大学	352	297	55			√
华北理工大学	318	268	50			√
重庆交通大学	261	221	40			√
山西大学	810	762	48			√

从2025届保研名额的绝对值来看，985高校的保研名额大多在1000至2500之间；相比之下，211高校的保研名额普遍在500至1700之间；而"双非"院校的保研名额普遍较低，大部分位于100至500的区间内。当然，保研名额是一个绝对值，我们还需要关注另一个重要指标——保研率。保研率/推免比例＝当年保研人数/有保研资格的毕业生基数。总体来看，985高校的保研率多在20%至40%之间浮动，顶尖985高校如清华、北大的保研率可高达70%左右；211院校的保研率则多在10%至20%之间浮动，保研名额适中，但也有部分强势211高校的保研率较高，如中国石油大学（北京）的保研率可达30%以上；"双非"院校的保研率则多在2%至5%之间浮动，保研名额也较少，但部分院校较为特殊，如上海科技大学的保研率可达40%。

从保研名额增长方向来看，保研名额正在向部分211高校及"双非"院校、专项计划、优势/战略学科等倾斜增加。

总体来说，211高校和"双非"院校的保研名额涨幅相对更大。例如，华中科技大学和厦门大学的保研名额增长率分别为2.61%和3.79%，而"双非"院校如广东海洋大学、杭州电子科技大学的保研名额增幅较大，分别为26.92%和63.64%。一方面，这是因为部分211高校及"双非"高校原来的保研指标基数较小，因此增幅较为明显；另一方面，将保研名额投放在具有较大发展潜力的211高校及"双非"高校能在一定程度上改善这些学校的本科生源，适度提升研究生生源质量。尤其是2024年"双非"硕博点显著增加,这些学校需要保研名额来激发学生的读研活力。

在保研名额类型上,普通推免名额的增长并不显著,而专项推免名额呈现出明显的增长趋势,这主要得益于国家政策的支持和社会对高质量人才培养的需求。尤其是工程硕博专项计划正在成为未来保研名额分配的重要方向,例如华南理工大学2025届新增工程硕博推免105人、中国农业大学2025届新增工程硕博推免68人。另外,陕西师范大学2025届保研名额为710人,相较于24届增加了281人,增幅为65.5%,这或许得益于最新推行的师范生转段政策。总之,专项计划保研名额整体呈现出逐渐增加的趋势,大家可以多关注此类项目。

除此之外,新增保研名额也在向优势学科、战略学科、特殊班级倾斜。教育部会对国家急需学科领域、国家重大战略需求领域相关专业进行重点扶持,这类专业一般包括一些基础学科、新兴前沿学科、交叉学科、高精尖关键学科领域等社会需求量大的专业。例如,由于国家重大战略需求,西北工业大学和北京航空航天大学在电子通信、航空航天领域的推免比例都有明显上升。

高校在分配名额时也会优先考虑本校的强势学科,给本校的强势学科、"双一流"优势专业、重点建设学科、实验班/基地班等提供更多的支持性名额,而不仅仅是简单按照本科毕业生人数比例来安排推免名额。例如,杭州师范大学25届推免总名额共216人,其中物理学实验班推免生40人、历史学实验班38人,推免比例最高。

总而言之,保研名额整体呈现增长趋势,但其正在面临结构性调整,保研名额在不同推免途径、不同学校和同一学校不同专业/学科之间存在较大差异。同学们需要搜集相关信息,做好相应准备。

2.保研资格获取难度增加

保研政策由各高校自主制定,但每年都会进行一定的调整和优化,以适应新的招生形势和行业需求,同学们需要密切关注政策变化。从总体趋势来看,各高校保研资格评定政策将越来越趋于公平,且越来越重视学生的学习能力和科研能力。

一方面,绩点仍是占比最大的因素,在各高校保研资格评定中,绩点都是最重要的考量因素。近年来,为了确保保研选拔的公平性,教育部鼓励以初次修读成绩为准,以保障选拔学生的真实学术水平。重修刷分机制逐渐被取消,同学们需要特别注意这一点。

另一方面,目前教育部加强了对研究生培养的重视,不再单纯"以绩点论英雄",主张同学们要全面发展,提高个人综合素质。响应国家号召,保研选拔也不再仅仅是成绩优先,而是对德、智、体、美、劳的全面考量。例如,中南财经政法大学在2026届保研政策中新增了体测合格与加分要求,以及四六级/雅思/托福口语测试要求这两个关键因素,注重体育素质的考量,并加强对外语能力的考核,以培养具有全球竞争力的国际化人才。

值得注意的是,各高校对科研竞赛等加分项的评定正在收紧,评定要求和程序变得更加严格。为了避免推免生盲目参与低质量竞赛或发表低水平论文,科研竞赛的加分标准趋于严格。不少高校对科研竞赛设定了更明确的限制,例如要求论文发表在核心期刊才能加分,并区分影响因子和作者排序;竞赛只有在学校认定的国家级赛事中获得三等奖以上才能加分。这意味着同学们想要通过科研竞赛加分需要付出更多努力。以吉林大学化学学院为例,保研综合类加分项包括科研成果(核心期刊论文、国家级大创项目结题优秀)、竞赛获奖(必须是吉林大学本科生学科竞赛体系内的,包括体育和艺术类竞赛)、入伍服兵役、志愿服务(国家级志愿服务大赛)和国际组织实习。这表明"走后门"和"水竞赛"将越来越难以实现。学校对竞赛科研的级别、队内排名以及获奖证书等证明材料的要求更加细致和严格,尤其是对竞赛科研的审核更加严格。此外,部分学校还会进行推免资格答辩,设置专家组综合评定推免生的专业、科研、竞赛、论文等能力,同学们需要认真准备。

从竞争程度来看,参加保研的同学们的竞争日益激烈,各种科研竞赛加分不断推高保研门槛。拥有一两项省部级、国家级大创项目,获得几项专业领域学术竞赛奖项,以及若干校级荣誉似乎已成为保研同学的标配,同学们需要做好充分的心理准备。

2.2.2 招生情况

保研竞争逐年加剧,在日益内卷化的背景下,招生情况也会发生相应的变化。

1. 招生批次:夏令营不发 offer,预推免难度上升

保研竞争的激烈程度在近年来持续上升。2025 届大部分院校的夏令营要么没有发放 offer,要么发放的 offer 没有效力,预推免的整体考核时间被推迟,这也导致了发放 offer 的时间相应延后。许多人都是在临近 9 月 28 日的时候才收到心仪的 offer,使得保研的难度大幅增加。未来保研的难度可能会进一步提升,同学们需要做好充分的准备。

(1) 夏令营变体验营,多数不发 offer

夏令营的竞争热度依旧不减。例如,中山大学商学院在 2024 年夏令营期间收到了超过一千两百份申请,这足以见其火爆程度。但近年来,不少夏令营已经变成了参观营或体验营,例如山东大学的夏令营全部没有效力,也就是说同学们即使参加了夏令营,还是需要继续参加预推免。有消息称,这是为了确保招生公平,教育部规定不允许在夏令营阶段提前发放 OFFER 录取学生。然而,夏令营作为提前筛选优秀生源的重要机会,高校不可能放弃,因此将其转变为体验营或参观营,并以此作为后续预推免中是否发放 OFFER 的参考条件,这已成为高校的普遍做法。如果政策没有放宽,这一趋势预计将会持续下去。

(2) 预推免难度增加,二八定律更加明显

为了在激烈的保研竞争中脱颖而出,获得名校的 OFFER,保研生们需要全面发展,外

语、绩点、科研、竞赛一个都不能少,优秀的人才也越来越多。特别是在顶尖院校和热门专业的竞争中,可以说是高手如云,选拔标准也随之提高,这使得实力一般的保研生很难获得OFFER。尤其随着越来越多的高校选择不在夏令营阶段发放OFFER,参加预推免的人数只会增多。再加上高校过度发放OFFER或设立大量候补名单引发的恐慌,导致更多学生参与到保研竞争中,即使是大神级人物如果没有拿到满意的OFFER,也只好降低标准,广泛尝试以寻求保底,这进一步挤压了211高校和"双非"院校学生的生存空间。在这种连锁反应下,未来预推免的入营和获得优秀营员称号的难度也将进一步增加。

（3）鸽与被鸽乱象不减,九推成为新的捡漏时机

随着保研竞争整体时间的推迟,加之同学们手中确定的OFFER较少,不敢轻易放弃,保研的"鸽子链"也因此而延迟启动,直到推免系统开放后才陆续有名额被补录。然而,随着优秀学生陆续确定保研资格,候补机会增多,不少保研同学最终都能成功获得保研资格。由于夏令营和预推免的招生门槛非常高,一些顶尖高校如上交碳院可能会遭遇临时大量放弃的情况,使得九推成为新的捡漏机会。但九推的风险较大,因此还是不建议同学们轻易尝试。

2. 招生类型:学硕名额缩减,专硕/直博/工程硕博专项为高校招生的首选

近年来,专业硕士研究生的扩招已成为主流趋势。教育部公布的《专业学位研究生教育发展方案(2020—2025)》指出,发展专业学位研究生教育是经济社会进入高质量发展阶段的必然选择,也是主动服务创新型国家建设的重要途径。与此同时,2023年12月,教育部发布了《关于深入推进学术学位与专业学位研究生教育分类发展的意见》,要求进一步提升专业学位研究生的比例,计划到"十四五"末,将硕士专业学位研究生的招生规模扩大到硕士研究生招生总规模的三分之二左右,并大幅增加博士专业学位研究生的招生数量。从各高校的实际操作来看,长安大学近6年来招收专业硕士人数逐年增长,2019年招收专硕人数为1490人,到2024年增加到2104人,这6年间扩招了614人。天津大学近四年来招收专业硕士人数也呈逐年增加趋势,从2021年的3355人增加到2024年的3804人,这四年间扩招了449人。

此外,教育部也在不断号召扩招博士生,增加硕博连读、直博生的比例。众多高校也纷纷响应这一号召,增加硕博连读和直博生的比例:一方面可以精准选拔科研"好苗子",另一方面也培养更多专业的科研工作者。例如,北京大学2022届直博生招收了1404人,2023届招收了1494人,2024届招收了1566人,2025届招收了1633人,呈现逐年扩招的趋势。

另外,各高校也在积极推进工程硕博项目,启动工程硕博专项改革。相比之下,部分学校的专业学硕减少或停招。尤其近两年来,有不少保研生被高校从最初的学硕调整为专硕或直博。由此可见,未来专硕、直博、工程硕博专项计划等将成为高校招生的首选,学硕的保研形势将越来越严峻。因此,未来保研生不应只局限于学硕,而应多了解专硕、直博、工程硕

博等类型,以提高自己保研成功的概率。

3. 招生项目:信息差逐渐抹平,"冷门"也可能变"热门"

为了规避保研竞争过程中的"降维打击",不少保研生学会了利用信息差转换赛道,关注更多新兴院系、冷门学科、名校异地校区或地理位置较为偏远的985高校。这些项目过去常常因为种种原因而未能招满,竞争相对较小。但近年来,随着保研名额的持续增加,越来越多的人参与到保研竞争中,竞争状况可以说是一年比一年激烈。随着保研竞争的加剧,当在常规推免中不具备竞争力时,大家开始转向关注这些所谓的"价值洼地",原本的"冷门"项目也有可能变成"热门"。

这些招生项目在未来可能会变得越来越具竞争性,难度也会增加。然而,这些项目普遍存在学费昂贵或报名条件严格的问题,因此,保研生如果想要选择这些所谓的"捷径",一定要结合自身的实际情况,权衡利弊,做出谨慎的选择。

2.2.3 保研乱象

1. 保研难度:保研竞争激烈,上岸难度增加

尽管保研名额在持续增加,但高校的接收名额并未同步增长。加之名校专项保研计划较多,占用了部分接收指标,这导致同学们保研的难度增加。降级保研、平级保研现象比往年更为常见。2025届出现了大量985高校本校学生无法保底的情况,头部院校的保研边缘学生需要警惕降级保研的风险,尖子生也应留有后路。

2. 互鸽互海常态化,高校逐渐掌握主动权

由于担心被高校拒绝而失去保研机会,或者即使拿到offer也被放鸽子,学生选择了海投策略;而高校为了争夺优质生源,担心被学生放鸽子,无法完成年度招生计划,也会大量发放offer。由于信息不对称,学生和高校之间的互鸽行为难以避免。2025届有多所学校遭遇放鸽子的情况,例如复旦大学、上海交通大学、华东师范大学等院校相继发布了九推通知,许多候补学生因此获得了补录机会,成功保研。未来可能会有部分院校出现临时招不满的情况,对保研生来说,拿到offer的数量是逐渐减少的,尤其是边缘院校的学生,可能在夏令营阶段一无所获,因此需要及时调整心态,不到最后一刻不要放弃。

然而,随着保研人数的增加,在这场保研博弈中,高校将逐渐占据主动地位。一方面,对于高校来说,保研人数的增加意味着不缺乏优质生源,也有更多时间去筛选更合适的学生。另一方面,2024年推免系统填报志愿时间和接收复试/拟录取通知的时间间隔调整为24小时,这也给予了高校更多的招生自主权。未来保研可能会回归到"高校市场",高校在招生过程中会更加从容,重新掌握招生博弈的主动权。而学生则相对处于弱势地位,一旦被放鸽子,损失将会非常严重。

第 3 章 如何获得保研资格?

在激烈的保研竞争中,获取保研资格是最为关键的一步。对于大多数希望保研的学生来说,"如何获得保研资格"是贯穿大学前三年的重要课题。保研资格的获取应该从哪些方面入手?又该如何为保研精准制定策略,顺利获得保研资格?本章以常规保研为例,详细解析保研名额分配流程、影响保研率的因素、保研加分政策以及具体的保研加分项目等方面,帮助大家全面了解获取保研资格的过程和"得分"要点,以提前避坑、明确努力方向。

3.1 保研名额分配流程和影响保研率的因素

3.1.1 保研名额的分配流程

对于期望保研的学生,获取保研名额至关重要。只有获得教育部分配的名额,才能表明拥有正式的保研"入场券"。那么,保研名额是如何一步步分发到学生手中的呢?

总的来说,每年的保研名额都经过了从教育部到高校再到学院层层分配的一系列流程。根据不同层级的不同主体,推免名额的分配流程大致如图 3.1 所示。

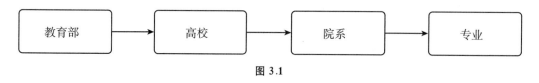

图 3.1

每年 9 月初,教育部会根据当年的就业情况、社会需求等多重因素综合确定并分配名额。① 在教育部分配名额后,高校一般会在 7 个工作日内完成院系名额分配,随后院系会进一步将名额分配至各个专业,根据本校的保研细则评选保研生。

---

① 教育部一般会在发布考研招生工作安排之后下发推免名额。例如,2022 年 9 月 6 日教育部发布《2023 年全国硕士研究生招生工作管理规定》,9 月 8 日前后便分配了推免名额。

部分院校会在教育部推免名额分配之前就组织推免工作,评选出推免生人选的具体排名,再根据后续分配的推免名额从上至下发放推免资格。也有部分院校会等待推免名额分配结束后再组织推免工作,根据排名结果直接确定好推免资格人选。

在评选工作完成后,院系将获得保研名额的学生进行公示。学院公示结束后,报送至学校教务处,再由教务处进行审核,公示审核后的名单。这中间的公示时间一般为7～10个工作日。公示无异议后,学校将上报推免名单。完成这一步,学生便可以在推免服务系统上查询自己是否具有推免资格。

3.1.2 影响保研率的因素

在保研名额的分配过程中,考虑到当前对各类人才的需求、生源质量的差异、专业基础人数以及强基计划等相关政策的多元情况,各院校和专业能够获得的推免名额有差异。那么,究竟有哪些关键因素会影响某院校与专业的保研率呢?下面根据"教育部—高校"和"学校—院系与专业"的保研名额分配过程,列举了以下几类影响因素:

1. 教育部层面

(1) 高校层次和毕业生基数

教育部通常会根据高校的层次及其应届毕业生基数,按照一定比例来分配各院校的普通推免名额。985院校的名额相对较多,保研率大多在20%～40%之间波动;211院校的保研率则多在10%～15%之间波动,保研名额适中;而"双非"高校的保研率通常在2%～5%之间波动。如果某高校的毕业生基数与往年相比没有太大变化,那么这个比例一般不会发生太大变动。但是,如果某高校在当年扩招过快,导致毕业生基数大幅增加,教育部可能会重新考虑,并不一定会按照之前的比例分配普通推免名额。

(2) 社会需求

为了激励并促进某些高校在学生培养、教学提升等方面的积极性,教育部在分配保研名额时会对这些学校给予倾斜。当前,我国正处于世界新一轮科技革命和产业变革的关键时期,近年来国家特别重视高科技、高精尖人才的培养,注重理工科的创新进步。因此,在分配保研名额时,教育部会综合考虑高校在国家急需专业方向上的贡献以及社会对某些专业的需求,从而增加这些高校的保研名额。

(3) 专项计划

近年来,为了创新教学并回应社会需求,教育部在部分高校实施了多项专项计划,包括强基计划、工程硕博专项计划、支教团计划、硕师计划、公费师范生本研衔接等。例如,2023年,首批强基计划的学生进入本研衔接阶段(简称转段),教育部下发了"强基计划"专项推免名额,该计划的学生只要满足基本条件,没有触及规定底线(如挂科、处分等),就能够获得保研资格并成功转段。这些专项计划的存在将直接或间接增加高校的保研名额数量。

2. 高校层面

（1）应届本科毕业生人数

学生数量是专业基础。学生招收得多，说明专业受大众欢迎，发展前景广阔；同时也意味着它为学校创造的价值可能更高。所以，学校在分配推免名额时，会考虑各专业学生的数量。一般来说，专业人数越多，分配的推免名额越多。例如，厦门大学就在《推荐优秀应届本科毕业生免试攻读硕士学位研究生工作实施办法》中明确表示，将各学院应届本科毕业生人数纳入推免名额分配的考量因素。

（2）专业实力和培养侧重

保研名额的分配还会受到院校学科指标成果（学科建设水平、第五轮学科评估结果、是否为"双一流"学科或重点建设学科）、学科培养侧重（实验班、基地班）和学科人才需求（国家急需学科、重大战略需求领域）三方面因素影响。

一方面，专业学科越强势，在分配推免名额时重视程度越大。尤其在第五轮学科评估结果公布后，如果学生所在专业等级有所提升，专业所分配到的推免名额就很可能增加。另一方面，专业学科越重要，尤其是针对服务国家战略重大需求的专业，在分配推免名额时也会给予奖励倾斜。例如，南京中医药大学明确规定，分配推免名额时将综合考虑"所在学院学科、学位点和专业建设情况、国家一流学科拔尖创新人才培养等工作需要"。中山大学则规定："向部分基础学科倾斜，国家级人才培养基地班，每个基地增加5个推荐名额（共9个基地班）。"

需要强调的是，部分高校会针对王牌专业或者特色班级，在大一新生中开展二次选拔。这类班级一般具有很高的保研率。例如，同济大学的国豪精英班，学生只需满足一定要求即可获得保研资格；在武汉大学，弘毅学堂的保研率在全校排名第一。因此，有保研计划的同学在入学后应密切关注二次选拔的相关政策与通知，并提早准备。一旦入选，在某些学校，这就等同于已经迈入了研究生的大门。此外，尽管这类实验班的保研率较高，但内部竞争十分激烈，排名靠前并不容易，对外保研可能也没有显著优势。因此，这要求同学们具备强大的心理承受能力和清晰的自我认知与判断。

（3）成果奖惩

学校在将推免名额分配至各个院系专业时，学校还会综合考虑该专业上学年的各类"考核"成果，包括重大赛事获奖情况、学院升学率、就业率以及往年保研指标放弃情况等。如果在重大赛事中获得高层次或突破性奖项，那么该专业的推免名额可能会增加。相反，若往年有学生放弃推免名额且未被其他学生补足，则学校为避免再次浪费名额，可能会减少该专业的推免名额。例如，武汉大学在《推荐优秀应届本科毕业生免试攻读硕士学位研究生工作管理办法》中明确规定："对组织学生参加全国重大竞赛且成绩突出和人才培养质量高的学院

(系),学校给予适当奖励名额,各学院(系)可参照此款在本学院(系)内单列指标。"同时也指出:"出现推免生放弃资格情况,酌情等额扣减学生所在学院(系)后续年份推免生指标。"

(4)专项计划

教育部会针对强基计划、支教团、工程硕博等专项计划下达推免名额,各高校不得挪作他用。在教育部下达专项计划后,各高校将参照国家相关文件,在全校范围内进行选拔或者将名额分配到具体院系。例如,支教团推免由校团委负责,从全校符合支教团推免条件的学生中招募。而工程硕博士推免则会针对特定学院,如厦门大学主要面向物理科学与技术学院、电子科学与技术学院(国家示范性微电子学院)、化学化工学院、材料学院、信息学院、人工智能研究院、航空航天学院、能源学院等选拔工程硕博士推免生。此外,部分院校可能会设立一些自有的专项计划,如本硕博一体化培养计划,对此感兴趣的学生可以关注本校的相关政策。

3.2 保研加分政策详解

对于保研加分政策,各校规定不尽相同,即便是同一学校,不同学院的政策也存在差别。因此,同学们应通过访问官网、询问辅导员或学长,提前掌握所在学校及院系的推免加分政策,以便有的放矢地努力,避免劳而无功。一般来说,学校对于保研制度的大方向不会每年都进行调整,例如厦门大学至今仍在沿用 2021 年修订的推免细则。然而,每年都会出现院校加分政策发生较大变化的例子,因此保研生需要时刻关注当年的推免办法,并提前与教务秘书老师确认是否有较大的变动。接下来,以厦门大学保研加分政策为例,为大家进行详细解读保研政策。

3.2.1 学校保研政策

学校发布的保研细则通常是对推免的要求、条件、名额分配方案、工作流程等进行综述,为整个推免工作规定好大致方向。具体的推免加分细则和实施方案则由各学院自行制定。因此,同学们在关注学校的保研政策时,需要特别注意以下信息:

1. 基本要求

院校普遍对推免生的思想品德、处分情况、专业成绩、英语成绩等有明确且严格的要求。

例如,《厦门大学推荐优秀应届本科毕业生免试攻读研究生工作实施办法》①(厦大教〔2021〕94号)提到,所有推免生应具备以下条件:

> 1. 拥护中国共产党的领导,遵纪守法、德智体美劳全面发展、身心健康、学习成绩良好的应届本科毕业生,在参加推免当年(截止到推免工作报名时)没有应当修读而未修读、需要重修的课程(游泳课除外)。因病休学、保留学籍或参军入伍服兵役的学生,待复学后随编入年级学生一起参与推免。
> 2. 无任何考试作弊、剽窃他人学术成果记录。受过学校记过纪律处分以下(不含记过处分)的学生,推免工作开始(日期以学校发文为准,下同)前处分已解除的,不受原处分的影响。
> 3. 学习勤奋、刻苦,专业基础扎实。
> 4. 外语水平优秀。
> 5. 本科毕业后无出国留学或参加就业的计划。

特别地,针对专业学习成绩和大学英语四六级分数,《厦门大学推荐优秀应届本科毕业生免试攻读研究生工作实施办法》指出:"学生应完成本专业培养方案规定的大类基础课程和专业必修课程的最低要求。""外语水平的具体要求:全国大学英语四级成绩≥500分,或六级成绩≥425分,或TOEFL(iBT)成绩≥90分(两年有效),或GRE成绩≥204分(五年有效),或雅思(学术类)≥6.0分(两年有效)。艺术类学生或高水平运动队学生要求全国大学英语四级成绩≥425分。外语类专业学生应当通过所修读语种的专业四级考试。第一外语为其他语种的,应当提供等同全国大学外语四六级考试的成绩证明。外语成绩证明应当于推免当年8月31日前获得。"

所以,同学们一定要关注学校保研细则中的基本条件,特别是专业学习成绩和英语四六级要求。专业成绩或英语四六级分数未达到要求者将无法参与推免生评选。另外,关于挂科、休学后复学能否保研,各高校规定不一,同学们也要仔细查看细则。

2. 推免排名的计算方式

大部分高校在评估推免生时,会综合考虑学业成绩和综合素质,并按照一定计算规则进行推免排名。因此,同学们需要关注推免排名的计算方式。例如,《厦门大学推荐优秀应届本科毕业生免试攻读研究生工作实施办法》规定:"推免综合成绩由学业综合成绩(含外校单位修习、经学院认定可转换学分之课程成绩,占比不得低于80%。各学院可设置高于学校标准的学业综合成绩占比)和考核综合成绩(含国际组织实习、创新创业训练、参军入伍服兵役、参加志愿服务、荣誉获得等,占比不得高于10%;学业竞赛、科研成果等特殊学术专长,

---

① 参考来源:《厦门大学推荐优秀应届本科毕业生免试攻读研究生工作实施办法》https://feelyoung.xmu.edu.cn/info/1003/8143.htm。

占比不低于10%)组成。"

在推免成绩计算方法方面,《厦门大学推荐优秀应届本科毕业生免试攻读研究生工作实施办法》指出:"在涉及成绩排名计算时,重修通过的成绩按60分(百分制)计算。""学业综合成绩排名统一采用学校学分绩点计算方法,考核综合成绩的组成及比例由学院制定实施细则时确定。各学院应当将学生在校期间参军入伍服兵役、到国际组织实习情况纳入考核综合成绩指标体系,将高水平运动员在国际和全国性重大体育比赛中获得的优异成绩计入综合测评。在设定考核综合成绩指标体系时,应当合理设置各项指标权重及得分上限,且级差符合规范。"

由此可见,绩点是获取保研资格的基石,而科研能力、素质拓展类加分是获取保研资格的重要组成部分。论文发表、科研基金项目的立项与结项、科研类竞赛的获奖情况等体现了学生的科研水平与科研能力,各院校会在计算保研加分时予以不同程度的加分或考虑。此外,国际交流、体育锻炼、学生工作等等都可能在保研资格的评定中起到作用。当然,至于哪些层次、哪些类型的科研经历和素质拓展能够加分,同学们还需要详细阅读学院的具体加分细则。

一个"六边形战士"将在获取保研名额时占据很大优势。然而,同学们还需要根据自身情况,结合学校与院系的具体要求,有的放矢地制定最适合自己的保研策略。

3. 特殊政策

一般来说,支教保研、强基计划、工程硕博专项等项目会有专门的文件通知,同学们需要特别关注。例如,《厦门大学推荐优秀应届本科毕业生免试攻读研究生工作实施办法》指出:"参加'中国青年志愿者扶贫接力计划研究生支教团'的推免名额由国家计划单列,参照国家相关文件执行。在名额分配时,由学校统筹安排,不直接下达到具体学院。"

此外,对于可能放宽外语水平及综合排名的特殊政策,同学们也应予以关注。例如,《厦门大学推荐优秀应届本科毕业生免试攻读研究生工作实施办法》第十二条就对此作了详细说明:

> 对具有特殊学术专长或突出的培养潜质但未达到本办法第十条规定的推免条件者,如满足以下条件之一,并由三名以上本专业教授联名推荐的,学院应当成立专家组,对申请推免资格学生的科研创新成果、论文、竞赛获奖奖项及内容进行审核鉴定,排除抄袭、造假、冒名及有名无实,非与直系亲属或学历、职称、职务明显高于本人者合作的科研成果等情况,并组织相关学生在一定范围内进行公开答辩。通过审核鉴定或答辩的学生特殊学术专长、名单、有关说明材料及教授推荐信等在学院网站予以公示,并由学院推免工作小组审核。通过审核的,可纳入推免遴选综合评价成绩计算体系。未通过审核的,不得纳入推免遴选综合评价成绩计算体系。通过认定后学生可以不受综合排名和外语水平限制。

> 1. 本科在读期间以第一作者身份在核心期刊发表文章1篇及以上（发表时间截止到推免当年8月31日，核心期刊名单以厦门大学核心学术刊物目录及相关规定为准）。
> 2. 本科在读期间以第一作者身份获得发明专利一项及以上（截止到推免当年8月31日）。
> 3. 满足学校认定（以厦门大学本科生学业竞赛项目库为准）的国际级竞赛二等奖及以上或国家级竞赛一等奖及以上。团体竞赛项目至多有三名排名前三的核心团队成员可获得推免资格。该部分学生由学院依序公示、推荐。

4. 推免的名额分配方式和工作流程

一般来说，学校在保研政策文件中会提到推免名额分配的大致规则，同学们一定要及时关注院校相关动态，据此预测本院系的名额变动情况，做到有备无患。例如，《厦门大学推荐优秀应届本科毕业生免试攻读研究生工作实施办法》指出：

> **第七条** 学校在分配推免名额时，应当综合考察以下方面的因素：
> 1. 各学院应届本科毕业生数以及年度的研究生招生计划；
> 2. 各学院上一年度完成学校下达推免名额的实际情况；
> 3. 各学院重点学科、交叉学科的数量和水平，以及本科教学改革质量的情况；
> 4. 适当向基础学科拔尖计划、卓越教育计划、国家级"双一流"本科专业等倾斜；
> 5. 推免名额增量，优先向国家急需学科、本校优势学科和重点发展学科倾斜。

此外，同学们还需仔细阅读推免工作流程，明确推免流程关键节点。通常，推免名单和综合排名会在院系官网上公示至少3天，如果在公示期内有异议，可以提出申诉。因此，同学们也要了解申诉途径。另外，对于可能导致取消推免资格的具体情况，同学们也要给予充分重视。例如，《厦门大学推荐优秀应届本科毕业生免试攻读研究生工作实施办法》指出：

> **第二十条** 获得推免资格的学生，在正式入学前，有以下情况之一者，学校将取消其推免资格：
> 1. 不能按时完成本科阶段学业并取得学士学位者；
> 2. 受到法律、行政处罚或学校纪律处分者；
> 3. 凡在申请推免过程中弄虚作假的学生，一经查实，即取消推免资格，并按学校相关管理规定进行处理。

3.2.2 学院保研加分政策

在了解学校保研政策后,同学们需要进一步关注所在院系发布的保研加分细则。下面以厦门大学公共事务学院为例,详细解读院系保研加分政策的关键点与细节。

1. 前提条件

各个院系会为推免生设定各自的门槛与条件。整体来说,学院的保研政策比学校的政策更具体,同学们需要根据所在院系的细则来准备。例如2024年发布的《厦门大学公共事务学院推荐优秀应届本科毕业生免试攻读硕士学位研究生工作暂行办法(修订)》[①]明确指出,"修读课程情况""外语水平""专业排名""社会实践活动""纪律处分"等都是申请该院推免资格必须关注的条件。

> 第四条 推免资格申请人应当同时具备以下条件:
>
> 1. 拥护中国共产党的领导,遵纪守法、德智体美劳全面发展、身心健康、学习成绩良好,专业基础扎实,本科毕业后无出国留学或参加就业的计划。
>
> 2. 在预定学制年限能正常毕业,在参加推免当年(截止为推免工作报名时)没有应当修读而未修读、需要重修的课程(游泳课除外),因特殊情况存在1～2门应修未修课程,可向学院提交情况说明与申请,由学院推免生工作小组审核。在校期间已学的公共基本课程、学科通修课程、专业或方向性课程及通识教育课程(10个学分的全校选修课除外)无不及格情况(即没有需要重修、补修的课程)。因病休学、保留学籍或参军入伍服兵役的学生,待复学后随编入年级学生一起参与推免。
>
> 3. 推免生应具备优秀的外语条件:全国大学英语四级成绩≥500分,或六级成绩≥425分,或TOEFL(IBT)成绩≥90分(两年有效),或GRE成绩≥204分(五年有效),或雅思(学术类)≥6.0分(两年有效)。第一外语为其它语种的,需提供等同全国大学外语四、六级考试的成绩证明。外语成绩证明应当于推免当年8月31日前获得。高水平运动队学生,参照艺术类学生标准,全国大学英语四级成绩≥425,视为外语条件达标。
>
> 4. 普通推免生的专业排名要求为本专业(或专业方向)前50%。
>
> 5. 对有特殊学术专长或具有突出的培养潜质而未达到本办法第3条或第4条规定的推免生条件者,如满足以下条件之一,并由三名以上本专业教授联名推荐,经学院推免生工作小组提出初步意见、学校推免生工作领导小组审查认定,可以不受综合排名限制,专业排名可放宽至前70%,并组织申请学生在一定范围内进行公开答辩,学生有关说明材料等在全院范围内进行公示。

---

① 参考来源:厦门大学公共事务学院推免细则 https://spa.xmu.edu.cn/info/1166/57255.htm。

（1）文科类学生,本科在读期间以第一作者身份在一类核心期刊发表文章 1 篇及以上或二类核心期刊发表文章 2 篇及以上(发表时间截止当年 8 月 31 日,核心期刊名单以学校科研管理部门公布的文件为准)。

（2）本科在读期间以第一作者身份获得发明专利一项及以上(截至当年 8 月 31 日)。

（3）满足学校认定(以厦门大学本科生学业竞赛项目库为准)的国际级竞赛二等奖及以上或国家级竞赛一等奖及以上。团体竞赛项目至多有 3 名核心团队成员可获得推免生资格。该部分学生由学院依序公示,学校依序推荐。

6. 在校期间未受过警告或警告以上纪律处分。

7. 本科期间至少参加过一次社会实践活动。

2. 学业成绩

同学们需要关注院系的加分细则,并了解学业成绩的换算规则和占比。例如,厦门大学公共事务学院的学业综合成绩与学业绩点换算关系如表 3.1 所示。

表 3.1

GPA 区间	换算公式	换算后百分制区间	遴选学业成绩计分(90%)
3.7~4	$=100-[(4-GPA)\div 0.3]\times 11$	89.00~100.00	80.10~90.00
3.3~3.69	$=89-[(3.7-GPA)\div 0.4]\times 5$	84.00~88.88	75.60~79.99
3~3.29	$=84-[(3.3-GPA)\div 0.3]\times 3$	81.00~83.90	72.90~75.51
2.7~2.99	$=81-[(3-GPA)\div 0.3]\times 4$	77.00~80.87	69.30~72.78
2.3~2.69	$=77-[(2.7-GPA)\div 0.4]\times 3$	74.00~76.93	66.60~69.24
2~2.29	$=74-[(2.4-GPA)\div 0.4]\times 4$	70.00~72.90	63.00~65.61

注:重修通过的成绩按 60 分(百分制)计算绩点;免修课程、辅修课程、全校选修课程以及任意选修课程的成绩不计算绩点。学生参加国(境)内外校际交流的课程成绩,如果能在推免工作开始前完成学分转换,将统一纳入专业排名的计算范畴。

对于学业成绩占比的计算,不同院校通常有自己独特的方式与规则,同学们也需要了解清楚。例如,《厦门大学公共事务学院推荐优秀应届本科毕业生免试攻读硕士学位研究生工作暂行办法》的第五条指出:推荐优秀应届本科毕业生免试攻读硕士学位研究生时,将对符合条件的申请对象进行综合测评。综合测评成绩由学业综合成绩(占 90%)、科研成果(占 6%)、综合表现(占 4%)组成,即综合测评成绩 = 课程成绩 + 科研成果 + 综合表现,总分为 100 分。这意味着,该院校的最终保研名额是根据申请人的综合测评得分排名进行确定的,其中学业成绩占比最大,达到了 90%,是保研资格评定的重中之重。因此,该学院的同学们需要花更多的时间和精力在学业成绩方面。

3. 科研成果

科研成果一般包括在核心期刊上发表的学术论文、科研竞赛获奖和发明专利三项。至于期刊的认定和竞赛级别的判断,则需要由学校和当年的推免工作小组共同决定。此外,大多数高校要求第一署名单位必须是本校。因此,同学们需要仔细阅读相关规定。例如,《厦门大学公共事务学院推荐优秀应届本科毕业生免试攻读硕士学位研究生工作暂行办法》对科研成果进行了如下规定:

> 2. 科研成果(6分,第一署名单位必须是厦门大学,累计加分最高不得超过6分)
> (1) 学术论文
> 在一类核心刊物上发表专业学术论文(6分/篇);
> 在二类核心刊物上发表专业学术论文(4分/篇)。
> 以上刊物的认定以学校当年发布的核心学术刊物目录及相关规定为准。
> (2) 科研竞赛
> 获国家级科研竞赛一等奖或以上(6分/项),二等奖(4分/项),三等奖(3分/项),鼓励奖(1.5分/项);
> 获省级科研竞赛一等奖或以上(4分/项),二等奖(3分/项),三等奖(2分/项),鼓励奖(1分/项);
> 获校级科研竞赛一等奖或以上(2分/项),二等奖(1.5分/项),三等奖(1分/项),鼓励奖(0.5分/项);
> 获本院院级科研竞赛一等奖或以上(1分/项),二等奖(0.8分/项),三等奖(0.5分/项),鼓励奖(0.1分/项)。
> 科研竞赛级别根据赛事组织单位、证书公章及比赛影响度由推免工作小组进行级别认定。
> (3) 发明专利
> 发明专利每项5分,实用新型专利每项3分;发明专利以专利号为准,仅有公开号的发明专利每项3分。
> 如果同一科研成果发表同时又获奖,或者分别获得不同等级奖项,应从高给分,不得重复计分。科研成果如属合作完成,则应在相应的分值上乘合作因子。
> 合作因子数值计算方法:按论文署名分摊计分,若指导教师在署名中排第一位,则署名第二的学生可视为第一作者,但计分时应将指导教师计入作者总人数。二人合作的,按6∶4分摊;三人以上合作的,按"第一作者∶其余作者总和=5∶5"分摊,第一作者以外的其余作者分数均摊。

需要说明的是,在科研成果的加分中,该学院说明了对于同一科研成果的发表与重复获奖以及多人合作情况的加分规则。可以看到,在合作因子的计算方法中,第一作者可获得的分数远高于比其他排名的作者。因此,同学们需要参考具体的加分细则,积极争取担任队长或负责人等角色(一般由学生完成的项目默认这些角色为第一作者),这样不仅能获得更多的加分,还能不断提升自己的综合能力。

4. 综合表现

综合表现加分的依据丰富,涵盖参军入伍、国际组织实习、荣誉称号、体育比赛成绩、部分奖学金、学生干部经历等。关于任职时间、荣誉等级、加分累计的规定通常较为严格。例如,《厦门大学公共事务学院推荐优秀应届本科毕业生免试攻读硕士学位研究生工作暂行办法》指出:"在国际组织实习任职时长需要达到3个月以上(含3个月),且能够获得加分的具体名单以人力资源和社会保障部公布的主要国际组织名录为准。"该办法对先进荣誉称号规定:"因同一原因获得不同荣誉称号的,只计最高分,不累计加分。"

总的来说,不同学校和院系的标准细节有所差异,建议同学们以各自本科院校的保研加分政策为准。在查阅细则时需要注意以下内容:第一,了解推免的基本要求及计算方式,明确努力方向,有的放矢地补齐短板;第二,查看特殊的保研途径,选择合适的保研路径;第三,注意各大类项目的加分上限,识别不能重复加分的项目;第四,梳理须提交的文书材料,确保在规定的时间内完整提交,避免遗漏或延误。如果同学们对加分政策细则有疑问,建议及时向教务处老师咨询。

3.3 保研加分项

本节将介绍包括成绩、英语水平、科研论文、科研竞赛和专利软著等方面的保研加分项,具体解读保研资格获取的关键要素。

3.3.1 成绩

成绩不仅是学生争取保研资格的基础条件,更是关键因素。本科前三年的成绩排名几乎决定了是否能获得保研资格。那么,在成绩方面有哪些要点需要特别注意呢?

1. 推免细则对于成绩排名的规定

很多高校在选拔推免生时对申请者的成绩排名有明确的要求。通常只有前六学期成绩排名前列的同学才有机会申请保研。另外,部分院系规定,挂科的学生不能参与保研资格的评定。例如,西北大学关于做好2025年推荐优秀应届本科毕业生免试攻读研究生工作的通知[①]中明确指出:"国家人才培养基地专业学生加权平均分排名须在本专业2/3以内(含

---

① 参考来源:西北大学关于做好2025年推荐优秀应届本科毕业生免试攻读研究生工作的通知 https://www.nwu.edu.cn/info/1205/37013.htm。

2/3),其他专业学生加权平均分排名须在本专业 2/5 以内(含 2/5),且无不及格科目。"各院校的要求不尽相同,所以同学们应尽早仔细查看本院校的推免细则。除了成绩排名这个硬性指标,同学们还应关注一些隐性要求。985 院校的保研率多在 20%～40% 内浮动,保研名额较多,对成绩排名的要求相对宽松;211 院校的保研率多在 10%～15% 内浮动,保研名额适中,但竞争难度较大,对成绩排名的要求较高;部分"双非"高校也有一定的保研名额,但数量较少,某些专业名额是个位数,甚至仅有一个。在这种情况下,对于希望保研的学生来说,成绩要求极为严格,必须名列前茅才能获得珍贵的保研资格。

2. 成绩在加分测算中的占比情况和换算标准

由于各高校的推免细则不同,成绩在保研资格评定中的占比有所差异,在加分测算中的换算标准也不尽相同。有些高校完全按照成绩进行排名;有些则将成绩与其他加分项按照一定占比进行综合测评排名。还有些高校先将成绩单独赋分排名,再加上额外附加分,以最终得分作为保研排名的标准。虽然不同高校的成绩占比及换算标准不同,但纵观各校推免细则,成绩永远是重点考察因素。

当然,同学们也需要认识到,尽管成绩对保研资格至关重要,但高校在选拔过程中也非常重视学生的全面素质,包括德智体美劳的发展。科研、竞赛、社团活动等都可能影响推免总成绩。只有好的成绩而没有其他加分项,可能导致总评排名不佳,甚至失去推免机会。总的来说,想要通过保研进入优秀高校深造,同学们一定要努力全面提高自己,既提高成绩和绩点,也要积极参与各类活动,不要放过任何机会。

3. 影响成绩高低的要素

好成绩的取得并不仅仅依赖于刻苦学习,而是需要从努力与策略两方面入手。首先,同学们在课程学习过程中,需要关注成绩构成,包括考核分和平时分的比例,以及平时分是否与考勤、课堂参与度等有关。其次,要关注学分情况:通常,学分较高的科目(包括但不限于专业课程)对成绩排名的影响较大,而学分较少的科目影响较小。因此,同学们需要重点关注学分较高的科目。同时,也需要注意院系对挂科的相关规定,避免因小失大。

3.3.2 英语

英语能力对于保研资格的获取同样重要。一些高校在推免细则中明确规定,申请保研的学生必须通过英语四六级考试或达到规定的分数,未满足这些硬性指标的学生将不能申请推免资格。同时,保研院校对保研学生的英语水平设定了标准,并将其作为选拔的基本条件。因此,想要成功保研的同学需要注意以下两点。

1. 推免细则对英语的硬性规定

部分高校会将英语作为保研资格的门槛,如申请一般类型推免的学生应达到校内公共英语或国家英语六级考试的成绩要求。当然,也有高校未将英语列为获取保研资格的要求,但会将英语单列在综测的加分项中,影响最终的排名。这一标准也存在专业差异,例如:理工科专业的英语要求相对低一些,而语言类、经济管理类、新闻传播类专业的要求则相对高一些。但总体而言,对于保研学生来讲,通过四级是必要的;想要去985高校,通过六级一般也算是"基本条件",且分数多多益善。另外,近年来部分院校如中南财经政法大学将通过四级口语的成绩纳入保研的要求中。同学们一定要注意本校在这方面的要求,并尽快做好准备。

2. 高校对英语测评考试的限制情况

近年来,不同高校对英语四六级考试设定了不同程度的限制。由于某些地区考位有限,越来越多的高校禁止重复参加四六级考试以刷分。另外,突发事件可能影响到学生的四六级考试计划。这些因素可能导致一些学生在准备充分的情况下失去考试机会,甚至有些学生因缺乏四六级成绩而失去保研资格。同时,部分高校规定了首次参加四六级考试的时间节点,例如限制大二学生才能报考,从而减少了学生的考试次数。因此,建议学生一定要认真备考,争取一次通过,取得理想分数。

3.3.3 论文

一般而言,学校主要参考学生的学业成绩、综合测评等要素进行保研资格评定,而论文加分通常影响的是综合测评或素质分。因此,同学们需要先了解清楚本校的保研加分政策,以及自身的情况与需求,再决定是否发表论文,以及发表何种水平的论文。接下来,将从学术期刊基本分类、论文的加分要求,以及投稿策略这三个方面,进行详细介绍。

1. 学术期刊基本分类

学术期刊是经过同行评审的出版物,专门发表涉及特定学科的文章。学术期刊展示了各研究领域的最新成果,并起到了公示的作用。其内容主要涵盖原创研究、综述文章、书评等类型。

(1) 按注册地划分

国内刊物拥有国内的 CN 和国际的 ISSN 两种刊号,而国际刊物只有 ISSN 一种。

① CN 类刊物:指在我国境内注册并在国内公开发行的刊物。其刊号格式是"CN ××-××××/YY"。因为刊号都以 CN 开头,所以大家习惯称之为 CN 类刊物。

② ISSN 类刊物:指在境外注册并国内外公开发行的刊物。其刊号格式是"ISSN ××××-××××"。因为刊号都以 ISSN 开头,所以大家习惯称之为 ISSN 类刊物。

(2) 按主管部门划分

① 国家级:此类刊物由代表国家科研水平的科研院所、高等院校或国家一级专业学会

主办。另外,明确标有"全国性期刊"或"核心期刊"字样的刊物也可视为国家级刊物。

② 省级:此类刊物由各省、自治区、直辖市的部门或团体机构主办。

期刊被分为国家级和省级,这是根据其主管单位的级别划分的。但这种划分并不代表刊物的质量级别。

(3) 按质量划分(仅供参考)

第一级 T 类(特种刊物论文):在 *SCIENCE* 和 *NATURE* 两本期刊上发表的论文。

第二级 A 类(权威核心刊物论文):被国际通用的 SCI、EI、ISTP、SSCI、A & HCI 检索系统收录的论文(以中国科技信息研究所检索为准),或在国内具有权威影响的中文核心刊物上发表的同一学科论文,但不包括报道性综述、摘要、消息等。

第三级 B 类(重要核心刊物论文):在国外核心期刊(见《国外科技核心期刊手册》)上刊登的论文,或在国内同一学科的中文核心期刊中具有重要影响的刊物上发表的论文。

第四级 C 类(一般核心刊物论文):在《中文核心期刊要目总览》收录的刊物上发表的论文。《中文核心期刊要目总览》是由北京大学图书馆及北京十几所高校图书馆众多期刊工作者及相关单位专家参加的研究项目。该目录最初于 1992 年推出,名为《中文核心期刊目录总览》。随后,在 1996 年发布了第二版。截至目前,最新版为第十版 2023 年版。

第五级 D 类(一般公开刊物论文):在国内公开发行的双刊号期刊(有 CN 和 ISSN 两种期刊号,以及邮发代号)上发表的论文。

最后一级 E 类(受限公开刊物论文):在国内公开发行但受发行限制的刊物(仅有期刊号,无邮发代号)上发表的论文。

(4) 相关问题答疑

1) SCI、SCIE、ESCI、SSCI、A & HCI、EI、ISTP、CPCI 分别是什么?

SCI,即科学引文索引(Science Citation Index),由美国科学信息研究所(Institute for Scientific Information,ISI)创建。它收录了全球出版的数学、物理、化学、农业、林业、医学、生命科学、天文学、地理学、环境科学、材料科学、工程技术等自然科学各学科的核心期刊。如果论文或期刊被 SCI 收录,我们便称其为 SCI 论文、SCI 期刊。SCI 的收录范围不是固定不变的,每年都会调整。要查找 SCI 论文,可以使用 Web of Science 数据库。

SCIE,即科学引文索引扩展版(Science Citation Index Expanded),是由 Thomson 公司在 SCI 的基础上,主要基于网络特征而建立的新体系,可以视为 SCI 的网络扩展版。由于 SCIE 不受存储容量的限制,因此能够包含更多符合收录标准的各个领域的学术期刊。一般情况下,SCIE 和 SCI 没有太大区别,很多人将两者视为同一。然而,在某些场合,如申请奖学金或者保研加分,需要仔细阅读规则,查看是否有相关说明或者限制。

ESCI,即新兴资源引文索引(Emerging Sources Citation Index),是 Web of Science 新增的一种索引,与前述的 SCIE 相似。但 ESCI 的覆盖范围更广,其期刊数量比 SCI 多约

20%。我们可以把 ESCI 理解为 SCI 的预备队,如果某期刊被收录在 ESCI 中,那么再努力一些,它就有望进入 SCI。

SSCI,即社会科学引文索引(Social Sciences Citation Index),由美国科学信息研究所创建,内容覆盖人类学、法律、经济、历史、地理、心理学等多个社会科学领域。其文献类型丰富,包括研究论文、书评、专题讨论、社论、人物自传和书信等。需要注意的是,SSCI 数据库中有一部分内容与 SCI 数据库重复。这是学科交叉的自然体现,因为社会科学与自然科学在跨学科研究中相互交融,导致文献内容出现了这种重叠情况。

A & HCI,即艺术与人文科学引文索引(Arts & Humanities Citation Index),美国科学情报研究所创刊于 1976 年,是艺术与人文科学领域重要的期刊文摘索引数据库。它覆盖了考古学、建筑学、艺术、文学、哲学、宗教和历史等社会科学领域。此外,A & HCI 还从众多科学和社会科学期刊中筛选收录相关资料,这些资料的主题包括艺展评论、戏剧音乐和舞蹈表演、电视广播等。虽然 A & HCI 主要收录英文期刊,但考虑到文化多样性,它也收录了一些中文期刊,如《亚洲艺术》《中国史研究》《当代中国思潮》。A & HCI 的收录重点在于文学和艺术领域,这一点在 SSCI 中也有所体现,但在 A & HCI 中更为细化。

EI,即工程索引(The Engineering Index),由美国工程信息公司创办。它和 SCI、ISTP 并称为世界三大著名的科技文献检索系统,是国际公认的主要检索工具,用于科学统计与评价。EI 数据库每年摘录约 3000 种世界工程技术期刊,以及会议文献、图书、技术报告和学位论文等,报道文摘约 15 万条,涵盖全部工程学科和工程活动领域的研究成果。出版形式有印刷本、光盘版、网络版等。EI 数据库主要收录两种类型论文:EI 会议论文(Conference Article,CA)和 EI 期刊论文(Journal Article,JA)。EI 会议论文时效性强,撰写和投稿节奏快,审稿周期短,见刊和检索效率高,多偏重创新方法阐述和实验论证。而 EI 期刊论文的审稿周期较长,论文节奏较慢,除了创新方法和实验,也重视领域知识积累、综述的整理和表达。相较于 EI 会议论文,EI 期刊论文的含金量更高,当然发表难度也更高。

ISTP,即科技会议录索引(Index to Scientific & Technical Proceedings),是收录多学科会议文献的数据库。它覆盖了生命科学、物理与化学科学、农业、生物和环境科学、工程技术以及应用科学等领域。这些文献来源于各种会议,如一般性会议、座谈会、研究会、讨论会和发表会等。在 2008 年前后,ISTP 被并入 CPCI 的子库之一。美国科学情报研究所利用 Web of Science 检索平台,将 ISTP 和 ISSHP(社会科学及人文科学会议录索引)两大会议录索引合并,形成了现在的 ISI Proceedings,也就是 CPCI 检索系统。

2) 影响因子是什么?JCR 分区和中国科学院分区是什么?

1976 年,ISI 在 SCI 基础上推出了期刊引用报告(Journal Citation Report,JCR),提供了一套统计数据,展示科学期刊的被引用情况、发表论文数量以及论文的平均被引用情况。JCR 可以计算每种期刊的影响因子(Impact Factor,IF)。其中,影响因子的计算公式为:该期刊前两年发表的论文在当年的被引用次数除以该期刊前两年发表的论文总数。例如，某期刊 2022 年度的影响因子等于该刊 2020 年和 2021 年发表的文章(包括 Articles 和 Reviews)在 2022 年度被引用的次数总和除以 2020 年和 2021 年发表的文章数。影响因子的高低在一定程度上可以反映一个期刊的影响力。

JCR 分区是把某一个学科的所有期刊的上一年的影响因子按降序排列，然后进行等分，分为四个区，按其影响因子值从高到低排序。若一期刊的影响因子属于前 1/4 则将其划分到分区 Q1；若一期刊的影响因子属于接下来的 1/4 区间，则将其划分到分区 Q2；Q3 和 Q4 的含义类似。Q1、Q2、Q3 和 Q4 又被称为一区、二区、三区和四区。自 2023 年起，影响因子只保留 1 位小数(此前为 3 位)。这一调整会造成更多的期刊排名并列，导致 JCR 分区不是平均分布，分区中的期刊数量会比往年变多或变少。

除了 JCR 分区，中国科学院也对期刊进行了分区。由于各学科的属性与发展特点不同，以及数据库统计源的学科结构存在差别，使得不同学科的影响因子和被引频次分布不均衡，因而难以进行学科间的比较和评价。为了更科学地评价学术期刊，更合理地考核科研人员的工作业绩，中国科学院文献情报中心从 2004 年开始发布中国科学院 JCR 期刊分区，按年度和学科对 SCIE 期刊进行 4 个等级的分区：一区是各领域的顶级期刊，在同一学科中排名前 5%；二区是高水平期刊，在同一学科中排名前 6%～20%；三区次之，在同一学科中排名前 21%～50%；四区则更为普通。此外，中国科学院分区升级版在 2020 年 1 月公布，相对基础版作了以下调整：针对期刊收录范围，升级版由基础版的只收录 SCI 期刊，扩展为收录 SCI 期刊和 SSCI 期刊；针对学科分类，升级版将期刊由基础版的 13 个学科扩展至 18 个；针对分区标准，升级版由基础版的按照影响因子分区，改为了按照期刊超越指数分区。期刊超越指数指的是本刊论文的被引频次高于相同主题、相同文献类型的其他期刊论文被引频次的概率。2023 年，中国科学院再次更新了升级版分区，新增了人文科学(AHCI)的期刊，中国科学院分区一共分为 21 个大类学科。

总的来说，期刊的影响因子越高、分区越往上、品质越高、录取标准越严格，该期刊的含金量就越高。

3) 核心[①]期刊是什么？

核心期刊是在国内评价体系中，学术水平较高的刊物。目前，国内公认的有 7 个主要的核心期刊或来源期刊。

人文社科类的核心期刊包括南京大学的中文社会科学引文索引(CSSCI)(南大核心)、北京大学图书馆的中文核心期刊(北大核心)和中国社会科学院文献信息中心的中国人文社会科学核心期刊(CHSSCD)。

---

① "核心"是一个动态的概念，其含义会随着不同语境和场合而变化。在判断什么是"核心"时，同学们应根据自己的诉求，结合推免细则、保研招生通知等具体规定进行详细分析。

理工农医类的核心期刊包括中国科学院文献情报中心的中国科学引文数据库(CSCD)和中国科学技术信息研究所的中国科技论文统计源期刊(CSTPCD)。

综合类核心期刊包括武汉大学中国科学评价研究中心的中国核心期刊目录(RCCSE)和中国引文数据库(CCD)。

对于理工农医类来说,论文的权威性等级从高到低大致可以这样划分:SCI>EI源刊≥中文核心>EI会议≥CPCI会议>普刊(仅供参考)。而对于人文社科来说,情况有所不同:南核≥SCI/SSCI≥北核>EI源刊>EI会议≥CPCI会议>普刊(仅供参考)。

4)高校学报级别如何?

很多高校设有自己的学术期刊,但这些期刊的级别不尽相同。能够被"北大核心期刊要目总览"检索到的,属于核心级别的期刊;而未被检索到的,可能仅被视为五级或六级期刊。为了提升自家期刊的收录率,一些高校鼓励本校师生投稿,并在职称评定或保研申请时给予比五级期刊更高的加分优势。

5)A类、B类、C类期刊是怎么回事?

"A类期刊""B类期刊""C类期刊"等术语常在高校和其他研究机构的论文答辩、科研项目申报、学术水平评估等场合出现。然而,这些分类容易与核心期刊的概念发生混淆。

实际上,国家并没有明确规定期刊的此类划分。各单位根据相关政策文件,结合自身研究特点,从国内外核心期刊数据库中筛选,将与本单位研究方向最贴近的、办刊质量优秀的刊物归为A类期刊,其次为B类期刊,再次为C类期刊,以此类推。有些单位还设有D类期刊,而另一些单位则将其划分为一、二、三类期刊。

因此,A、B、C类期刊的等级划分,实际上是由各个单位根据自身的科研考核标准制定的,不同单位的标准也不同。A类期刊并不一定是核心期刊,在一些单位,即便没有被任何核心数据库收录的报刊,如人民日报、光明日报、经济日报等,也可能被划为该单位的A类期刊。

2. 论文加分要求

在T类、A类、B类、C类学术期刊(及相应等级的学术会议论文和高校学报)上发表论文的学生,通常在保研方面具有一定优势,相应的加分程度从高到低,不过也需要注意专业领域是否有较强的针对性。客观而言,本科生在B类及其以上的期刊上很难独立发表论文,C类的期刊通常需要老师指导和挂名,以增加成功率。对于普刊(D、E类),若推免细则明确其能加分,本科生发表一两篇论文也是有价值的。

这里需要注意以下两点:

第一,各高校甚至各院系对论文加分的期刊分类及目录存在差异,对期刊加分要求也有不同规定。例如,有些院系要求加分论文与专业相关,有些则要求达到C类以上,有院系规定,只有当论文的第一署名单位为本校,并且作者以独立作者或第一作者身份发表时,论文才能获得加分等。所以,撰写论文或投稿时,同学们应仔细阅读本院校推免细则,有针对性地采取行动。

第二,切忌因论文加分而发表大量"含金量低"的论文,这可能给人凑数的印象。同时,论文一定要自己撰写,不能抄袭或代笔,即使不能加分,也能在面试时展现自己的实力。总之,论文质量要放在第一位,发表是其次;若能发表固然好,若不能发表,也要确保论文质量。

3. 论文投稿攻略

论文投稿可以采取两种途径:一是与本科指导老师协作,共同撰写并投稿;二是学生独立撰写并投稿。选择第一种方式,学生需要与指导老师保持密切的联系,作为研究团队的一部分,参与深入的学术研讨。而第二种方式,强调个人独立作业,适用范围更广。下面将着重介绍学生如何独立投稿。

(1) 考察期刊要求

同学们可以对期刊的关键词汇进行考察和分析。多数期刊名称中包含具有较强专业指向性的词汇或短语,这些词汇能够反映出该期刊所围绕的学科领域范围以及所收录文章的类型。接下来,同学们应核对自身文章涉及的主要学科领域是否与期刊主要关注的学术领域相一致,并且可以查看该期刊是否收录本科生作为第一作者的论文。

(2) 了解审稿程序

1) 初审环节

这是文章审阅的第一步,主要对论文的格式与相关材料进行审核。在此阶段,编辑部会评估文章是否符合期刊所涵盖的研究领域、其格式是否规范,并确保提交的材料完整且准确。除此之外,编辑部还会对作者的资历和单位信息进行审查。

2) 复审环节

通常,在复审环节中,文章会先由主编分配给特定的审稿专家进行深入、细节上的审查。审稿专家审阅完毕后,会将审稿意见反馈给主编,主编根据这些意见进行审核,然后(如有必要)提交给编委会。

3) 终审环节

通常,能进入终审环节的文章质量都较为可靠。在此阶段,编委会会给投稿人发邮件,对文章的标题、版式和内容进行审核,并提出修改意见,为文章的刊登做好准备。

(3) 关注重点问题

表 3.2 列出了投稿时需要关注的重点问题。

表 3.2

投稿问题	详解
期刊的审稿速度	在投稿前,应尽量选择审稿速度快的期刊以缩短发表周期;在投稿后,应根据期刊的审稿标准关注重要的时间节点,及时查看邮件
期刊涵盖的研究领域	选刊工具会明确地显示期刊所涵盖的研究领域和研究方向,可以据此迅速辨别自己的文章类型是否与该期刊的要求相符
版面费	应该了解是否需要版面费,以及版面费的支付标准,以免产生不必要的经济负担
同行评议信息	虽然这一部分信息的主观性较强,但也可以有效地反映出其他学者的投稿经验。我们应该同步结合平台的客观评估,对备选的目标期刊进行综合判断以及优劣的总结
影响因子	在特定学科领域内观察不同期刊影响因子值,并将期刊文章被引频率的高低作为投稿的参考依据
所收录文章的信息特征	信息特征包括论文名称、大纲、格式以及研究范畴。只有通过对实例的分析,才能在对照中明确自己文章的定位,并进行针对性修改
稿件来源	分清目标期刊是只受理特约稿,还是既受理特约稿又受理自投稿,以免搞错期刊的稿件来源而白费工夫

(4) 根据研究经验进行回顾

1) 回顾自身研究领域的主流文献数据库

在经常接触和获取文献资料的数据库中,我们可以大致浏览最新收录文献的摘要和关键信息,选择最感兴趣的几篇进行详细阅读,并查看其所属的来源期刊。

2) 参考对目标期刊的熟悉度

我们需要思考,目标期刊是否在学科领域内被学者、教师或学生广泛阅读和研究,以及自己的科研成果是否引用过该期刊发表的文章。

3) 确定目标期刊的研究方向

确定目标期刊编辑部成员的研究背景和研究方向。一方面,我们可以考察期刊的常驻作者或主编的学术背景和研究方向;另一方面,也可以对编辑部大部分专家的研究倾向进行广泛的了解。除了向老师和同学咨询,我们还可以直接在网络上搜索他们的基本信息,查看相关高校对他们资料的介绍,并在学术数据库中浏览他们的研究成果。

(5) 避坑指南

表 3.3 列出了投稿的避坑要点。

表 3.3

常见问题	详解
刊物的刊号	正规学术期刊应具备相应的刊号,否则为非法刊物,不仅在审核中无效,还会耗费我们大量的精力和财力
期刊的级别	首先,根据投稿需求,严谨地辨别期刊类别。其次,考察期刊是否收录于主流数据库(知网、万方、维普等)
版面费的支付	在期刊官方确定接受并发布文章后,再按其公布的标准缴纳版面费
鉴别真假刊物	对于不熟悉的学术期刊,我们可以通过访问"国家新闻出版署－期刊/期刊社查询"系统(www.nppa.gov.cn)或"国家新闻出版总署期刊查阅官方网站"(cn.toug.com.cn)进行检索。在这些平台上,我们可以仔细核查期刊的机构名称、单位地址、刊号、主管单位和主办单位以及所用语种等信息

3.3.4 科研竞赛

很多希望保研的学生都会参加科研竞赛来提高综合测评排名,从而提高保研成功率。下面将重点介绍科研项目的获取方式以及一些具有高含金量的通用类竞赛信息,以帮助同学们增加"资格获取"的机会。

1. 科研项目的获取方式

第一,联系本校或外校导师,进入实验室参与课题项目。想要参与科研,单靠自己的努力是不够的,保研生可以利用课间或课后时间与老师进行交流,积极自荐,争取进入老师的实验室学习。如果对本校导师不熟悉,可以寻求辅导员老师的帮助,因为老师们之间的关系通常比我们与老师之间的关系更为密切。此外,同学们还可以向学校的研究生学长学姐咨询,或者请他们帮忙推荐给导师。保持积极主动的态度,经常去实验室和办公室,让老师和学长学姐看到你的态度和决心,这将有助于你更快地接触到课题组的竞赛和论文工作。保研的同学一定要学会合理利用身边的资源,因为老师们通常都喜欢勤奋好学的学生。另外,像中国科学院等以科研为主的院校通常会有暑期实习或专门的科创训练营,同学们可以关注并积极参与。

第二,主动申请项目。一般学校都会设有"本科生科研项目",这些项目的申请通过率相对较高,也是产论文的好机会。如果想要申请,建议保研生寻找志同道合的队友和经验丰富的指导老师,这样更有利于项目的顺利进行。此外,同学们还可以巧妙利用资源,撰写论文。许多大学都有公开的数据库,如中国家庭追踪调查(CFPS)等,保研生可以充分利用这些资源,主动寻找研究课题,整理数据资料,撰写论文。

2. 高含金量的通用类竞赛

尽管竞赛在保研中占据重要地位,但并非所有竞赛都对保研有实质性帮助。同学们需要查看本院系加分细则,选择参加那些有助于加分的竞赛。下面将介绍一些含金量高、适用于多数专业的竞赛信息。准备保研的同学们可以提前了解这些竞赛的参赛要求与时间表,尽早做好准备,努力争取获奖,以提升自己的竞争力。

(1) 科创类

1) 全国大学生创新创业训练计划项目(大创)

大学生创新创业训练计划项目分为创业训练项目、创业实践项目和创新训练项目。创新训练项目是本科生个人或团队在导师指导下自主完成创新性研究项目设计、研究条件准备和项目实施、研究报告撰写、成果(学术)交流等工作。创业训练项目主要通过编制商业计划书、开展可行性研究、模拟企业运营、参加企业实践、撰写创业报告等方式进行;创业实践项目则要求提出一项具有市场前景的创新型产品或服务,并以此为基础开展创业实践活动。对于创新训练项目,学生可以选择个人或团队形式申报,团队人数原则上为1～5。而创业训练项目必须以团队形式申报,团队人数原则上为3～5。以团队形式申报时,团队成员结构应合理,学校将优先支持跨年级、跨专业、跨学科组建的队伍。"大创"官方网址为 http://gjcxcy.bjtu.edu.cn。

2) "挑战杯"全国大学生课外学术科技作品竞赛(大挑)

"挑战杯"全国大学生课外学术科技作品竞赛是自1986年起举办的全国性比赛。该比赛由教育部、共青团中央、中国科学技术协会、中华全国学生联合会、省级人民政府联合主办,其承办高校均为国内知名学府。"挑战杯"系列竞赛被誉为中国大学生学术科技"奥林匹克",不仅广受大学生瞩目,更是国内最具影响力和权威性的学术科技竞赛。每两年举办一次的"大挑"(通常在奇数年举办),旨在激发大学生的创新精神和迎接挑战的勇气,同时培养具有创新能力的未来人才。竞赛分为三个阶段:通常校赛在3月—4月举行,省赛在5月—6月举行,而国赛则在10月—11月举行。官方网址为 http://www.tiaozhanbei.net/。

3) "创青春"全国大学生创业大赛(小挑)

在原有"挑战杯"全国大学生创业计划竞赛的基础上,共青团中央、人力资源社会保障部、中国科学技术协会、教育部和中华全国学生联合会共同组织开展了"创青春"全国大学生创业大赛。该比赛每两年举办一次(通常在偶数年举办)。大赛聚焦创新、协调、绿色、开放、共享五大发展理念,共设五个组别:科技创新和未来产业、乡村振兴和农业农村现代化、社会治理和公共服务、生态环保和可持续发展、文化创意和区域合作。以小组形式参赛,团队人数原则上最多为15,需要提交项目申报表、参赛汇总表、创业计划书以及项目介绍材料等。时间安排如下:4月—5月举办校赛;7月—8月举办省赛;9月—11月举办全国决赛。官方网址为 http://www.chuangqingchun.net/。

4) 中国国际大学生创新大赛

中国"互联网+"大学生创新创业大赛,现更名为中国国际大学生创新大赛,该赛事由教育部联合政府及各高校共同主办。参赛类别包括高教主赛道、青年红色筑梦之旅赛道、职教赛道、产业命题赛道和萌芽赛道。报名时间从5月持续至8月;6月至8月进行高校初赛;6月至8月举行省市复赛;10月进行全国总决赛及颁奖典礼。官方网址为 https://cy.ncss.cn/。

5) 全国大学生电子商务"创新、创意及创业"挑战赛

全国大学生电子商务"创新、创意及创业"挑战赛(简称三创赛)始于2009年,由教育部委托教育部高校电子商务类专业教学指导委员会主办,是一项面向全国在校大学生的学科性竞赛。竞赛分为常规赛和实战赛两大类,实战赛包括跨境电商实战赛、产学用(BUC)实战赛、乡村振兴实战赛、商务大数据分析实战赛、直播电商实战赛、新零售电商实战赛等。比赛采用小组赛和终极赛(排名赛,各小组第一名晋级终极赛)的两轮赛制,参赛者不得跨级参赛。一般情况下,每个参赛团队由5人组成,需要根据不同赛道的主题准备商业计划书、路演PPT以及进行路演答辩。官方网址为 http://www.3chuang.net/。

6) 中国大学生服务外包创新创业大赛

中国大学生服务外包创新创业大赛是为了响应国家关于鼓励服务外包产业发展、加强服务外包人才培养的相关战略举措和号召,每年举办一届的全国性竞赛。参赛团队以学校为单位进行统一集中报名,每个团队的队员数量上限为5人。2024年的大赛分为A、B、C三个竞赛类型(A类为企业命题类;B类为创业实践类;C类为创响无锡类),参赛团队需经过报名参赛、自主选题、分散备赛和集中答辩等环节,以评选出优秀团队。官方网址为 http://www.fwwb.org.cn/。

(2) 英语类

1) 全国大学生英语竞赛

全国大学生英语竞赛(NECCS)是我国规模较大、参与人数众多的全国性大学生英语综合能力竞赛。以2023年竞赛为例,它由国际英语外语教师协会中国英语外语教师协会和高等学校大学外语教学研究会联合主办,由英语辅导报社、考试与评价杂志社承办。这也是全国唯一一个考查大学生英语综合能力的竞赛活动。每年2月—4月报名,初赛定于每年的4月—5月中旬,省级决赛与总决赛将在每年5月—8月举行。这项比赛不限专业,个人即可参加,并且含金量与知名度都很高,关键是获奖难度不大(因为奖项评定是每所学校内部划定比例,所以层次较低的院校的学生反而更容易获奖),并且一旦获奖,这将视为国家级荣誉(但有些学校或场合可能会将其视为校级奖项)。因此,强烈推荐同学们参与这一竞赛。此外,英语能力是保研面试中导师很看重的一项能力,所以对于希望保研的学生来说,这项竞赛更是不容错过。官方网址为 http://www.chinaneccs.cn/。

2) "外研社·国才杯"全国大学生外语能力大赛

"外研社·国才杯""理解当代中国"全国大学生外语能力大赛设有英语组、多语种组和

国际中文组三大组别,涵盖了英语、俄语、德语、法语、西班牙语、阿拉伯语、日语、意大利语、葡萄牙语、韩语和国际中文共11个语种。英语组和多语种组采用校级初赛(校赛)、省级复赛(省赛)、全国决赛(国赛)的三级赛制。英语组包括国际传播综合能力赛项(原英语组的演讲、阅读、写作赛项合并为国际传播综合能力赛项)、翻译赛项(分为笔译和口译)、短视频赛项。多语种组各语种不设分赛项,重点考查外语综合运用能力。国际中文组采用省赛、国赛的两级赛制,设有中文短视频赛项,旨在考查来华留学生的中文综合运用能力。大赛的时间安排大致为:4月至10月进行校赛,10月至11月进行省赛,11月至12月进行国赛。官方网址为 https://uchallenge.unipus.cn/。

3)"21世纪杯"全国英语演讲比赛

"21世纪杯"全国英语演讲比赛由中国日报社于1996年发起并主办,由英文《21世纪报》承办,被公认为目前国内最高规格的英语演讲比赛。大赛组织严密、赛程严谨、评委阵容权威,吸引了全国五百多所高校学生的广泛参与,并得到了教育部及国际英语教学权威机构的高度评价和大力支持。比赛形式包括已备演讲、即席演讲和现场问答。地区初赛、复赛、决赛的时间安排大约为1月至4月、4月至5月和5月至6月,而全国半决赛/总决赛则安排在10月左右。官方网址为 https://contest.i21st.cn/。

(3) **数学及建模类**

1) 全国大学生数学建模竞赛

全国大学生数学建模竞赛始于1992年,每年举办一届,是首批列入"高校学科竞赛排行榜"的19项竞赛之一。目前,它已成为全国高校中规模最大的基础性学科竞赛,同时也是世界上规模最大的数学建模竞赛。国赛分为本科组和专科组,每个参赛队伍由3名学生组成,且这些学生必须来自同一所学校。比赛通常在9月份举行,为期3天,参赛者需要在规定的时间内完成数学建模任务。官方网址为 http://www.mcm.edu.cn/index_cn.html。

2) 全国大学生数学竞赛

全国大学生数学竞赛由中国数学会承办,其目的是激发大学生学习数学的兴趣,进一步推动高等学校数学课程的改革与建设,提升大学数学课程的教学水平,以及发现和选拔数学创新人才。全国大学生数学竞赛的参赛对象为大学本科二年级及以上在校大学生,竞赛分为数学专业类题目和非数学专业类题目两大类。官方网址为 http://www.cmathc.cn/。

3) 美国大学生数学建模竞赛

美国大学生数学建模竞赛(MCM/ICM)由美国数学及其应用联合会主办。这是唯一一项国际性的数学建模竞赛,也是世界上最具影响力的数学建模竞赛。参赛者需要以三人(本科生)一组的形式,在四天内完成完成从建立模型、求解、验证到撰写论文的全过程。这一过程充分体现了参赛者研究问题、提供解决方案的能力和团队合作精神。该竞赛的时间一般安排在每年的2月初。官方网址为 https://www.comap.com/。

4）全国大学生统计建模大赛

全国大学生统计建模大赛旨在激发大学生关注时事,聚焦经济社会发展热点和难点问题,提高他们运用数据挖掘、数据分析、统计方法和计算机技术处理数据的能力,推动统计学科的教学发展和大数据时代统计人才的培养。校赛阶段安排在3月至5月,省赛阶段在6月进行,7月份将进行国赛通讯评审和现场会议评审,评选出国赛三等奖、部分二等奖以及入围答辩赛的参赛队伍。8月份将举行国赛现场答辩,届时将评选出剩余的部分二等奖和一等奖。官方网址为 http://tjjmds.ai-learning.net/。

（4）其他类

这里附上中国高等教育学会发布的《2024全国普通高校大学生竞赛分析报告》[①]竞赛目录,供各位保研生参考。当然,还是建议保研生根据自身兴趣与本院校推免细则,重点关注那些可以加分的高性价竞赛。

2024全国普通高校大学生竞赛分析报告中的竞赛目录		
中国国际"互联网+"大学生创新创业大赛	全国大学生地质技能竞赛	"外教社杯"全国高校学生跨文化能力大赛
"挑战杯"全国大学生课外学术科技作品竞赛	全国大学生光电设计竞赛	百度之星·程序设计大赛
"挑战杯"中国大学生创业计划大赛	全国大学生集成电路创新创业大赛	全国大学生工业设计大赛
ACM-ICPC国际大学生程序设计竞赛	全国大学生金相技能大赛	全国大学生水利创新设计大赛
全国大学生数学建模竞赛	全国大学生信息安全竞赛	全国大学生化工实验大赛
全国大学生电子设计竞赛	未来设计师·全国高校数字艺术设计大赛	全国大学生化学实验创新设计大赛
中国大学生医学技术技能大赛	全国周培源大学生力学竞赛	全国大学生计算机系统能力大赛
全国大学生机械创新设计大赛	中国大学生机械工程创新创意大赛	全国大学生花园设计建造竞赛
全国大学生结构设计竞赛	中国机器人大赛暨RoboCup机器人世界杯中国赛	全国大学生物联网设计竞赛
全国大学生广告艺术大赛	"中国软件杯"大学生软件设计大赛	全国大学生信息安全与对抗技术竞赛

---

① 参考来源：https://www.sdor.cn/_upload/article/files/b0/f7/3df622f74438b1e3a2b83b4b8c65/eb98ea2a-b5b1-42cc-94d2-b494b350e3e4.pdf。

全国大学生智能汽车竞赛	中美青年创客大赛	全国大学生测绘学科创新创业智能大赛
全国大学生电子商务"创新、创意及创业"挑战赛	睿抗机器人开发者大赛（RAICOM）	全国大学生统计建模大赛
中国大学生工程实践与创新能力大赛	"大唐杯"全国大学生新一代信息通信技术大赛	全国大学生能源经济学术创意大赛
全国大学生物流设计大赛	华为 ICT 大赛	全国大学生基础医学创新研究暨实验设计论坛（大赛）
外研社全国大学生英语系列赛－①英语演讲、②英语辩论、③英语写作、④英语阅读	全国大学生嵌入式芯片与系统设计竞赛	全国大学生数字媒体科技作品及创意竞赛
两岸新锐设计竞赛·华灿奖	全国大学生生命科学竞赛（CULSC）	全国本科院校税收风险管控案例大赛
全国大学生创新创业训练计划年会展示	全国大学生物理实验竞赛	全国企业竞争模拟大赛
全国大学生化工设计竞赛	全国高校 BIM 毕业设计创新大赛	全国高等院校数智化企业经营沙盘大赛
全国大学生机器人大赛（CURC）	全国高校商业精英挑战赛－①品牌策划竞赛、②会展专业创新创业实践竞赛、③国际贸易竞赛、④创新创业竞赛、⑤会计与商业管理案例竞赛	全国数字建筑创新应用大赛
全国大学生市场调查与分析大赛	"学创杯"全国大学生创业综合模拟大赛	全球校园人工智能算法精英大赛
全国大学生先进成图技术与产品信息建模创新大赛	中国高校智能机器人创意大赛	国际大学生智能农业装备创新大赛
全国三维数字化创新设计大赛	中国好创意暨全国数字艺术设计大赛	"科云杯"全国大学生财会职业能力大赛
"西门子杯"中国智能制造挑战赛	中国机器人及人工智能大赛	全国职业院校技能大赛
中国大学生服务外包创新创业大赛	全国大学生节能减排社会实践与科技竞赛	全国大学生机器人大赛－RoboTac

中国大学生计算机设计大赛	"21世纪杯"全国英语演讲比赛	世界技能大赛
中国高校计算机大赛－①大数据挑战赛、②团体程序设计天梯赛、③移动应用创新赛、④网络技术挑战赛、⑤人工智能创意赛	iCAN大学生创新创业大赛	世界技能大赛中国选拔赛
蓝桥杯全国软件和信息技术专业人才大赛	"工行杯"全国大学生金融科技创新大赛	一带一路暨金砖国家技能发展与技术创新大赛
米兰设计周——中国高校设计学科师生优秀作品展	中华经典诵写讲大赛	码蹄杯全国职业院校程序设计大赛

3.3.5 专利软著

除了成绩、论文和竞赛,专利、软著等实践成果也是体现保研学生综合素质的重要指标。对于意向保研的理工科学生来说,专利和软著尤为重要。重大发明创造不仅有助于在竞赛中获奖,还能在某些高校实现"直通保研"。

1. 专利

专利分为三类:发明专利、实用新型专利和外观设计专利。其中,发明专利含金量较高,但申请难度大、费用高且周期长(1年左右);实用新型专利和外观设计专利申请难度较低,周期也较短(半年左右)。

发明专利是对产品、方法或其改进提出的新技术方案,对发明内容的原理、技术、创新等要求较高,从申请到授权需要两年左右,审核通过率约为50%。

实用新型专利是针对产品的形状、构造或其结合提出的实用新技术方案,对发明内容的要求较低,只要原理清晰、理论上具有应用可能性即可。从申请到授权需要一年左右,由于未经实质审查,审核通过率较高。外观设计专利是对产品的形状、图案、色彩或其结合提出的新设计,这些设计需具有美感并适用于工业生产。从申请到授权需要半年左右,要求不算很高,容易通过审核。

(1) 申请及所需资料

按照专利法的要求,将符合授权要求的技术内容撰写成规定格式的文件,并使用规范语言描述后提交给专利局。如果审查没有发现不符合专利法规的问题,专利局就会对该请求授予专利权。所需资料包括发明专利请求书、说明书(若有附图,应当提交说明书附图)、权利要求书和摘要(必要时应当提供摘要附图)等。

（2）申请流程

申请发明专利的基本步骤如图3.2所示。

总的来说，发明专利含金量最高，它在保研加分中能发挥很大的作用，其加分额度有可能高于核心期刊论文，在保研面试中更能增大竞争力，多数老师也会对你的发明项目感兴趣。但是，对于本科生来说，申请发明专利的难度较大，成功的可能性不太大，所以要综合考虑申请周期、通过率、成本等因素。实用新型专利的含金量大大低于发明专利，但稍高于普通期刊论文。部分高校在推免时会给予加分，但在保研申请及面试时还要参考意向院校的具体细则和传统，看看对方是否认可以及重视程度如何。关于外观设计专利，申请的多数是工业设计专业的学生，其作用较小，影响范围也不大，仅有少数高校在推免或面试时给予认可，受用范围并不广。

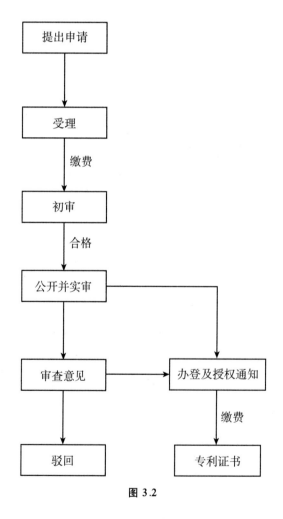

图 3.2

2. 软著

软件著作权（简称软著），即计算机软件的著作权，是软件开发者或其他权利人根据著作权相关法律的规定，对软件作品所享有的各项权利。软件著作权分为个人和企业两种登记类别。根据我国《计算机软件保护条例》，软件著作权人享有下列权利：发表权、署名权、修改权、复制权、发行权、出租权、信息网络传播权、翻译权，以及其他相关权利。大学生若拥有软件著作权，则可以获取创新学分，在继续深造时具有一定优势，并更容易获得导师的青睐，作为创新能力的证明。

3.3.6 其他保研加分项

除了上述加分项，奖学金、学生干部及荣誉称号、国际组织实习、志愿服务、参军入伍等在部分院校中也是保研加分项。

1. 奖学金

在奖学金中，国家奖学金的荣誉是最高的，但其获取难度也最大。此外，还有国家励志奖学金，主要用于奖励品学兼优且家庭经济较为困难的学生。另外，不同学校的标准不同，多数院校还会设立"一、二、三等奖学金"、"校长奖学金"、"创新创业奖学金"等。在保研过程中，奖学金的作用主要体现在日常综合测评的加分上，是否能够成为最终保研资格的加分项，还需以各高校的具体政策为准。例如，吉林财经大学公共管理学院 2025 年推免生附加分规则指出，国家级奖学金可获得附加分 0.8 分[①]。当然，即使奖学金不能作为保研资格的加分项，它也是衡量个人学习情况的重要指标，在保研筛选和面试中都能起到"锦上添花"的作用。

2. 学生干部及荣誉称号

学生干部经历是体现保研学生综合素质的重要因素。至于担任学生干部是否能够获得保研加分，则需要根据各高校的保研政策具体判断。对于多数高校而言，通常情况下，学生干部需要达到一定的级别（如院级、校级团委的主要负责人等）才能有机会获得加分，并且加分通常不累计。例如，东南大学土木学院 2025 届推荐免试研究生综合能力分计算办法（社会工作部分）明确指出，担任校学生会主席、院团学联主席等职务，最高可加 15 分，且在三学年内只取最高一项（不累加）；而获得优秀学生骨干、三好学生等荣誉称号还可获得额外加分[②]。当然，即使担任学生干部的经历无法直接加分，这样的经历也有助于提升保研学生的能力，一方面可以充分锻炼学生的组织、沟通和协调能力；另一方面也有助于拓宽人际交往，与教师建立良好关系，并结识更多优秀的同学，发掘更多合作机会。

3. 国际组织实习

高质量的国际组织实习不仅能够丰富学生的实践经历，也展现了他们的综合素质。一

---

① 参考来源：吉林财经大学公共管理学院 2025 年推免生附加分规则 https://newggxy.jlufe.edu.cn/info/1088/2846.htm。

② 参考来源：东南大学土木学院 2025 届推免生文件汇编 https://civil.seu.edu.cn/2024/0920/c1253a503512/page.htm。

些高校甚至将此作为保研加分项。例如,2024年《北京交通大学关于推荐优秀应届本科毕业生免试攻读研究生的有关规定》中的"择优选拔原则"就有一条说明:"学生在国际组织实习需提供相应的证明,评分标准由学院制定,学院应视实习组织类别、工作内容、学生表现区分评分额度,评分结果向学生公示。"安徽大学、湖南大学、武汉大学等也有类似政策。因此,高质量的国际组织实习可能成为获取保研资格的"法宝"。

4. 志愿服务

为了鼓励大学生在日常生活中积极进行志愿活动、奉献社会,多数学校的保研资格评定加分细则中都会涉及"志愿服务"模块。具体志愿活动如无偿献血、社区服务等都可以进行保研加分。如果学校没有明文表达,保研同学可以咨询学校或学院教务处老师,向其了解加分细节。

5. 参军入伍

教育部明确通知,将高校在校生(含高校新生)服兵役情况纳入推免生遴选指标体系,因此许多学校也制定了相关加分政策。例如,厦门大学公共事务学院规定,在学期间从该学院参军入伍服兵役的学生(不包括退伍后转专业者)可加2分。另外,教育部规定,服役期间获得三等战功、二等功以上奖励或二级以上表彰的学生,可以直接获得推免资格。因此,对于有参军入伍经历的学生来说,应当充分利用这一个人优势。

不同院校制定的推免细则各有不同,除了上述保研加分项,可能还存在一些特殊加分项目。建议同学们仔细查阅本校有关推免加分的政策,这里不再逐一说明。

3.4 注意事项

3.4.1 谨慎对待保研红线

计划保研的同学们,除了关注如何提升自身竞争力,还需要注意那些常被忽视的"保研红线"。虽然不同院校对这些"禁区"有不同的规定,但通常包括挂科、诚信问题、思想道德问题、纪律处分等方面。因此,同学们应提前了解并遵守这些规定,避免触犯保研红线,同时要规范自己的行为,因为保研红线所涉及的事项也是大学生应该严格要求自己不能去做的。

另外,还需要强调的是,不仅在获得保研名额之前不能碰"保研红线",即使已经在推免服务系统上正式确认了保研资格与保研去向,仍然有许多"红线"需要注意。大多数院校会对推免到该校的学生在大四一年的表现与结果作出规定,以防部分保研生在成功保研后放松自我。例如,清华大学发布的《2025年推荐免试直硕、直博生履行正式报名手续的通知及资格复审要求》明确指出了6项针对保研生资格复审的要求:

> 我校将在2025年6月对所有拟录取的推免生进行资格复审。通过资格复审并经我校调档案审查合格后,方可被正式录取,我校予以发放录取通知书。未通过资格复审者,取消其研究生录取资格。现对资格复审的要求规定如下:
> 1. 应已完成本科培养方案规定的所有课程及实践环节的学分要求;
> 2. 本科最后一学年课程考核成绩不得出现不及格记录;
> 3. 从考生报名至入学报到之日,未受到任何处分;
> 4. 本科综合论文训练(毕业设计)应优良或在80分(含)以上;
> 5. 我校研究生新生在入学前获得本科毕业证书和学士学位证书;
> 6. 符合我校各拟录取院(系、所)自定的不低于学校复审要求的标准(具体咨询相应院系)。

3.4.2 时刻注意保研细节

保研的路上有许多细微的因素会影响保研名额的获取。因此,同学们一定要注意细节问题,切勿因小失大。

1. 必修课程

部分院校会要求保研生在保研资格评定前完成基本的必修课程,所以同学们需要提前熟悉培养计划,确认已按计划修完所应修的课程及学分。

转专业的学生进入新院系需要补修一些新专业培养计划内的课程。大二、大三参与交换的学生需要留意最后一个学期的选课和结课,以防遗漏。尤其要注意线上的一些必修课,即便没有学分,也一定要通过。如果有不清楚的地方,同学们一定要及时向教务老师咨询,以确保自己所修课程情况符合保研资格的标准。

2. 挂科情况

大多数学校要求保研生不能挂科,且以第一次考试成绩为课程成绩,即使补考成绩再高,也不能获得保研资格。然而,有些高校允许保研生有挂科的经历,但挂科次数有限。由于不同高校的规定不同,同学们需仔细阅读并参考本学院往年的规则,提前了解挂科对保研名额获取的影响。这里要提醒意向保研的同学,尽可能避免挂科,因为在院系申请环节需要提交本科成绩单,挂科记录在材料初筛时非常不利。

3. 外语要求

大部分学校对推免生的外语水平有明确要求,一般必须通过英语四级或六级考试。对于外语专业的学生,部分学校还要求通过专业四级考试,并可能对等级有所规定。所以,同学们应提前准备相关的语言等级考试,以免缺少成绩而影响保研。

4. 加分材料

同学们需要详细了解本院系的加分要求和规则,并整理好自己的加分材料,确保无遗漏。同学们一定要密切关注保研加分材料的提交截止时间,尽早准备并提交完整材料,避免因逾期或材料不全而错失保研资格。

5. 资格面试

在确定保研资格时,有些学校只参考过往材料和最终排名,而其他学校则会根据学生提交的材料组织面试答辩。因此,同学们需要对自己提交的材料了如指掌,并在面试答辩前进行多次模拟练习,以确保在面试过程中能够流利、清晰地表达自己的观点,避免因紧张或表述不清而被质疑材料的真实性,从而失去保研资格。

3.4.3 提前制订时间计划

要想成功保研,必须具备两个基本条件:第一,获得所在本科院校的保研名额;第二,获得研究生目标院校的拟录取资格。这两项都要求充分准备。在争取保研资格时,首要任务是根据院校发布的细则判断哪些项目可加分并了解其分值。因此,建议同学们尽早阅读往年本校的保研细则,及时掌握政策对各方面的要求,有针对性地努力,这样方能事半功倍。接下来,同学们需要根据本校与院系的细则,提前制订保研时间计划,从大一开始努力学习,确保三年综合测评排名靠前,以便获取保研名额。

除了专业学习成绩这项硬性指标,各院校还会综合评估学生的外语水平、科研论文、竞赛成绩等。尽管"计划赶不上变化",往年保研政策虽有参考价值,但也可能遇到"取消竞赛保研""临时变更保研加分项"等情况。这意味着同学们需要做好充足的准备,以应对保研判定中的各种情况。不过,不必过于焦虑,即使保研细则每年会出现变动与调整,保研资格的衡量标准总离不开成绩、外语、竞赛、科研论文等方面,只要全力以赴,总会有好的结果。

第 4 章 如何获得目标院校 offer?

进入名校是每位保研生的共同愿望。在争取理想院校录取通知的过程中,需要对申请材料、笔/面试复习等进行周密规划。本节将介绍如何制定策略,以顺利获得理想院校的录取通知。本章主要内容包括院校招生政策详解、信息搜集、材料准备、联系导师、定位投递攻略、笔试攻略、面试攻略、机试攻略、offer 选择和心态调整。通过这些内容的讲解,旨在帮助保研生更有效地组织材料、掌握流程,从而顺利地获得心仪院校的 offer。

4.1 院校招生政策详解

为了获得目标院校的录取通知,首先需要关注其招生政策,并根据要求准备和提交申请材料。知己知彼,百战不殆。我们可以从哪些途径了解目标院校的招生政策?有哪些关键信息需要特别注意?

4.1.1 招生通知

当确定想要保送的目标院校后,同学们需要前往其官方网站查找招生信息。通常,招生通知包含项目简介、申请条件、流程、活动内容以及招生优惠政策等。以下内容需要特别注意。

1. 项目简介

招生通知开篇一般是项目简介。在此处,院校会简要地介绍项目情况及其培养特色。例如,《复旦大学全球公共政策研究院 2024 年全国优秀大学生夏令营活动通知》就在开篇进行了项目简介:

> 复旦大学全球公共政策研究院（全球院）是公共管理学科建设和人才培养单位，致力于研究全球化形势下的地方、国家、国际和全球的公共管理与政策问题，通过开展跨学科研究和创新性国际合作，为中国和世界培养具备全球治理能力、素质与情怀的青年人才，提升中国参与全球治理的学术研究和政策咨询能力。全球院内设复旦－LSE全球公共政策研究中心和复旦—阿拉伯全球发展与治理研究中心，举办《全球公共政策与治理》国际期刊，着力建设有中国特色的开放、卓越的国际学术中心。
>
> 全球院开设硕士和博士研究生学位项目。本次夏令营开放招生的学位项目均为学术学位项目，招收范围包括中外学生，其中国际学生占比超过一半（通过留学生招生渠道招收）。项目依托高度国际化的师资，采用全英文教学，在课程设计上融入多学科视角和训练，纳入最新理念和方法，强调小班教学和精细化培养，提供丰富的国际组织实习机会和赴国际知名高校交流或攻读双学位项目机会，为每一个学生的个性化发展创造最好的氛围和条件。
>
> 一、2024年夏令营活动简介
>
> 1. 本次夏令营招收营员的学位项目有：
>
> 1）复旦－LSE"全球政治经济"硕士双学位项目
>
> 2）复旦－LSE"全球社会政策"硕士双学位项目
>
> 3）"全球公共政策"全英文硕士学位项目
>
> 4）"全球公共政策"全英文博士学位项目（本科直接攻博生）
>
> 如果通过夏令营选拔的优秀生源充足，本年度原则上将不再举行其他推免生预选拔、选拔活动。

理解项目的内容和培养目标，有助于了解研究生阶段学习的内容和方向，判断这是否符合自己的兴趣和职业目标。同时，通过查阅项目简介可以了解该院的培养方案、研究特色和招生偏好等，同学们能更有针对性地准备申请材料和面试。

2. 申请条件

一般而言，院校会对申请者的本科背景、成绩排名、英语成绩、科研竞赛表现等作出一定的要求。不符合要求的学生可能在材料初审环节就被淘汰。当然，如果同学们在科研竞赛等方面表现特别出色，那么在绩点排名、英语要求等方面也可能会适当放宽。参照《武汉大学经济与管理学院关于2024年优秀大学生夏令营活动的通知》，其对申请者的专业背景、学业成绩、英语水平有较为明确的偏好：

> (一) 申请条件
>
> 校内外符合以下申请条件的本科三年级在校生(2025届本科毕业生,下同)均可申请全日制学术学位或全日制专业学位项目,同一位申请者限申请一个项目。
>
> 1. 国内高水平大学、全国重点大学的本科三年级在校生,或所在学科为国家"双一流"学科且在最新一轮学科水平评估中排名靠前学科的学生,个别有突出成果或特殊专业特长的本科三年级在校生也可申请(占参营人数比例不超过5%)。
>
> 2. 原则上申请者本科专业为经济学类(包含入选国家基础学科拔尖学生培养计划专业、PPE、PLE等)、管理科学与工程类或工商管理类,其他专业学生需辅修经济学类、管理科学与工程类以及工商管理类专业双学位并如期获得双学位证书。
>
> 3. 学习成绩优异,本科前五个学期专业学习成绩位于本专业年级排名前25%,专业必修课成绩均须及格及以上,且能获得所在学校推免资格。
>
> 4. 熟练掌握英语,并至少满足以下其中一项条件:国家大学英语六级考试(CET-6)成绩达到425分及以上或雅思(IELTS)成绩(两年内有效)达到6.0分及以上者;或TOEFL(IBT)成绩(两年内有效)达到80分及以上或同等水平。
>
> 5. 爱国爱校,遵纪守法,品行端正,身心健康。

因此,保研同学需要仔细阅读项目对于本科背景、专业限制、英语要求、成绩排名等条件的要求。一方面,要尽可能提升自己的保研竞争力;另一方面,要认真阅读项目的要求和条件,以提高申请的效率。值得注意的是,招生通知中提到的成绩排名及英语要求通常是最基本的要求,而在竞争激烈的项目中可能存在隐性门槛,同学们还需要通过其他途径获取更详细的信息。

同学们应仔细审视项目对本科背景、英语能力和成绩排名等的具体要求,尽可能提升自己的保研竞争力。同时,通过仔细阅读项目的要求和条件,可以提高申请的效率。

3. 申请文书

保研申请通常需要准备的文书材料有:申请表(通过官网在线填写后生成,或者下载官网文档填写)、个人简历、个人陈述、专家推荐信(1~2封)、成绩单和排名证明(需盖章)、身份证和学生证的复印件(含证件照)、外语水平证明、科研成果及获奖证明等。有些学校可能还要求提交研究计划或参营论文等。每个院系的材料要求可能会有所不同,因此同学们需要仔细查阅。以浙江大学文学院2024年夏令营招生简章为例,申请者需要提交的材料清单如下:

(1)《浙江大学 2024 年夏令营申请表》(学生本人签字)。

(2)个人身份证(正反面)。

(3)本科成绩单(须加盖学校教务处或院系公章)。

(4)总评成绩排名证明(应包含所学专业同年级人数,须加盖学校教务处或院系公章)。

(5)外语水平证明材料:CET-4、CET-6、雅思、托福、专业外语成绩等。

(6)有关获奖证书和学术科研成果,如发表的论文、出版物或其他原创性工作的复印件。申请人还需提交体现自身学术水平的代表性学术论文 1 篇(需与意向专业领域一致)。

(7)个人陈述 1 份(格式不限),含对申请学科专业的认识、拟定研究计划,3000 字左右。

(8)专家推荐信 2 封。直博生申请人必须提供由 2 位与申请学科相关的正高级职称专家撰写的推荐信(必要材料);推免硕士生申请人可选择提供由 2 位具有副高级及以上职称专家撰写的推荐信作为辅助申请材料(非必要材料)。

4. 申请流程

需要注意的是,院校还会在招生简章中对申请流程和时间线作出具体要求,同学们务必提前备好材料,在规定时间内完成对应院校的申请。

以清华大学深圳国际研究生院 2024 年数据与信息研究院互动媒体设计与技术项目优秀大学生夏令营的报名通知为例,其中明确规定了夏令营的报名时间及入营通知的流程。对于这类申请的关键时间点,同学们必须予以重视,以免错失报名机会。

三、申请方式及时间

1. 申请人通过清华大学全国优秀大学生夏令营报名服务系统注册登录,在线完成系统报名,并按要求上传材料,逾期不再接受申请。

报名时间:即日起,至 6 月 18 日 17 点

报名链接:https://xlybm.yjszsfw.com

2. 通知时间:6 月 25 日 17 点前。请及时关注申请系统通知,回复是否参加意见。未入选者,不再另行通知。

3. 申请人需保证全部申请材料的真实性,对在夏令营过程中存在弄虚作假、有违学术道德和专业伦理等不当行为的,或存在其他严重影响过程和结果公平公正行为的,一经查实,将撤销相应资格。

5. 活动内容

一般而言,院校会在招生通知中明确说明活动的时间、形式和内容,同学们需要重点关注,合理安排时间并做好考核准备。

以西南交通大学外国语学院2024年优秀大学生暑期学术夏令营通知为例,其明确规定了夏令营的招生人数、活动时间、活动形式和活动内容。

1. 招生人数:40人左右
2. 活动时间:2024年7月3日—7月5日
3. 活动形式:线下
4. 日程安排:

日期	时间	地点	活动内容
7月3日	全天	紫百合酒店	报到、参观校园
7月4日	8:30—9:30	X30820	开营典礼、校史院史介绍
7月4日	9:30—10:00	3号楼大厅	合影
7月4日	10:00—12:00	X30820	学术专题讲座一(英语语言文学、翻译学、德语语言文学、区域国别研究)
7月4日	14:00—16:00	X30820	学术专题讲座二(外国语言学及应用语言学、比较文学与跨文化研究、国际中文教育、翻译)
7月5日	8:00—9:00	X30704	笔试:写作
7月5日	9:00—12:00	待定	分专业师生交流会及面试
7月5日	14:00—15:00	X30820	营员对话硕博学长
7月5日	15:10—16:10	X30820	闭营典礼

需要注意的是,并非所有院校在发布招生通知时都会明确告知活动内容,也有不少院校选择后续单独发布复试通知,以公布活动内容和复试流程安排。线上还是线下?考核环节有哪些?如果招生通知暂未说明,同学们可先依据往年情况进行准备。

6. 录取效力及顺序

部分院校在发布招生简章的时候会说明夏令营优秀营员的评选政策和录取效力。一般而言,夏令营笔试和面试考核排名靠前的学生会被授予"优秀营员"称号。通常,如果学生具有保研资格,在获得优营后,只需在9月推免服务系统开放时直接申请该院校即可被录取。如果学生没有获得保研资格,有些学校还规定只要通过考研初试,就可以在复试时享受优惠政策,从而增加录取机会。

当然,不同院校夏令营优营的含义和效力不同,主要存在以下几类情况:

(1) **直接录取/优先录取**

一些学校会在夏令营通知中明确表示,"获评优秀营员的同学,可免于参加我校9月—

10月的推荐免试研究生考试"或"直接拟录取"。对于这些院校,只要学生获得保研资格,并在院校招生计划内,按时填写系统,就可以确保录取。不过,同学们需要注意一些附加条件,例如有些院校要求联系导师、第一志愿申报等才能被录取。

以中山大学航空航天学院2024年优秀大学生夏令营的通知为例,其明确指出:"获评优秀营员的学员若获得推荐免试资格并第一志愿报读我院2025年研究生,通过资格审查后免面试直接录取。"

(2) 按成绩从高到低录取

夏令营结束,大部分院校会根据学生的表现给出面试排名名单,在公告中常提到"从高到低依次录取""按排名依次录取"等。

以北京大学信息工程学院2025年度推荐免试复试通知为例,其明确指出:"复试结束后,由复试专家组成员现场独立评分,其平均分即为考生的复试成绩。复试成绩按百分制计算,60分及格,不及格者不予录取;复试成绩及格者,依考生复试成绩排名以招生名额为限依次录取。"

对于这类院校,排名靠前的学生几乎可以确保录取,但那些排名靠后者的情况就相对不确定,他们只能寄希望于前面的学生放弃机会。不过,每年的录取情况相差不大,同学们可以参考往年候补人数情况进行判断。

(3) 参观营,不发放实质offer,学生仍需参加预推免

部分高校的夏令营属于参观营性质,学校举办此类夏令营的目的主要是进行研究生招生的宣传,不会进行笔试或面试的考核;还有一些院校虽然会进行考核,但"优秀营员"的效力较弱,学生仍需要参加后续的预推免考核。以浙江大学软件学院预推免通知为例,其明确指出:"被评为我院2024年夏令营优秀营员并报名的考生自动进入复试名单,电子信息专业硕士(人工智能、软件工程)根据复试成绩从高到低排序,按分数优先服从志愿的原则录取;工业设计工程硕士和电子信息专业直博根据复试成绩由高到低排序,择优录取。"对于这类参观营,如果时间允许,同学们还是应该参加,因为这可以提升预推免的入营概率和录取概率。

以上便是夏令营"优秀营员"效力的列举。一般来说,预推免和九推批次的"优秀营员"效力更强,不会出现参观营的情况,大多数情况下是直接录取(部分需要与导师双向选择成功)或根据成绩依次录取。但部分院校在录取流程上对夏令营、预推免和九推做出了区分,在录取时会给予夏令营"优秀营员"一定的优先考虑,即优先录取夏令营的"优秀营员",然后再录取预推免和九推的学生。究其原因,可能在于:夏令营时间较长,院校对营员的考核更为综合和全面,夏令营通常会安排一些学术活动,如学术讲座、研讨班等,这为保研学生提供了更多展示学术兴趣、研究能力和科学素养的机会;而且由于夏令营开始时间早于预推免,保研学生在选择上拥有更多的空间,院校夏令营的生源可能优于预推免的生源;参加夏令营

的保研学生有更多机会深入了解并适应目标院校的文化和环境,如果"优秀营员"表现出对学校文化和学术氛围的适应性,这也将在录取时为他们带来一定的竞争优势。

不同院校的录取规则不同,在夏令营和预推免效力的相互作用下,通常存在以下四种情况:① 优先录取夏令营优秀营员,然后才考虑预推免学生;② 按复试成绩的高低依次录取;③ 同等对待夏令营优秀营员和通过预推免的学生,填报系统即可录取;④ 夏令营优秀营员虽没有录取效力,但会作为预推免的重要参考。同学们需要查阅招生通知或询问招生老师,以明确录取规则。

总的来说,同学们需要关注招生简章中的申请资格、申请流程和录取效力。由于夏令营是保研的第一站,报名人数非常多,竞争比预推免和正式推免更激烈。夏令营开始时间早,大多数顶尖高校的录取名额都会在夏令营发放,优秀导师通常在夏令营后已招满学生,所以许多优秀的学生会选择在夏令营里抢占先机。实力中等的学生也会在此时海投,为后续面试积累经验。而预推免阶段时间紧迫,很多学生已在夏令营获得理想 offer,不再海投,使得此阶段竞争相对较小。九推时,大多数人会接受拟录取,所以竞争最小,但由于时间和项目的不确定性,风险也最大。总之,就申请难度和竞争程度而言,夏令营>预推免>九推;而就招收名额而言,也是夏令营>预推免>九推。机会与风险并存,大家应积极申请夏令营,抓住机会。

4.1.2 招生偏好

一般来说,院校会根据申请者的本科背景、专业排名、外语成绩、科研竞赛进行初筛,选拔出一批同学进入下一轮的笔面试考核。在保研过程中,不同院校可能会有不同的招生偏好。了解并利用院校招生偏好进行投递,能让同学们的保研准备事半功倍。

1. 地域偏好

在同一地区,各个学校间的联络通常较为紧密,它们会共同组织本省的学术活动,甚至有些学校之间有着深厚的历史渊源,如清华大学和北京大学、复旦大学和上海交通大学、武汉大学和华中科技大学、中山大学和华南理工大学等著名的同城双子校。此外,一些学校如南京大学、河海大学、南京师范大学、南京农业大学等都源自原国立中央大学。所以这些高校之间的正式和非正式联系都会比其他地区的高校更为紧密,对彼此学生的能力也更为认可。

在推免生最终 offer 选择方面,同一地区的学生更倾向于选择当地的名校,这使得推免程序更易顺利进行。对于学生来说,在高中升本科选择就读学校时,地域是一个重要的考虑因素。大多数学生选择在某地就读本科,通常是因为家庭在当地。因此,在选择研究生学校时,他们很可能再次选择当地的学校,而放弃前往其他地区。这样,高校将名额分配给当地学生,就不容易被学生放弃,也可以看作高校的一个默契。

参照2019年南京大学的推免生拟录取名单,可以发现其推免生主要来自南京高校,如南京大学、南京师范大学、南京理工大学等。[①] 中国科学技术大学也有明显的地域偏好,参照2020年的推免生接收名单,排名前四的生源高校分别是中国科学技术大学、合肥工业大学、安徽大学、安徽师范大学,这些都是安徽高校。[②]

2. 院校偏好

部分院校较为重视本科生的院校背景,会根据本科院校的层次和学科实力进行筛选,入营和优营录取的多数是985/211高校的生源。对于非985/211高校的学生来说,需要慎重考虑这类院校,以免无效投递浪费精力。例如,上海交通大学凯原法学院第十四届"卓越法律人夏令营"要求申请者必须来自"双一流"高校或传统优势政法院校,对申请人的资格进行了严格的限制:

> 经本人申请,所在学院推荐并符合下列条件者,由我院遴选委员会综合考评审核,可参加第十四届"卓越法律人夏令营":
>
> 1. 拥护中国共产党,热爱祖国,品德优良,遵纪守法,身心健康。
>
> 2. 法学特班营申请者为"双一流"高校或者传统优势政法院校的法学专业本科三年级(2025年毕业)优秀学生。本科前三年(或前五学期)总评成绩排名在专业前25%,C9学校排名放宽到40%,所在院校为法学一流学科以及学科评估法学A+、A学校学生排名放宽到40%。
>
> 3. 法硕营申请者须为"双一流"高校,本科为非法学专业的本科三年级(2025年毕业)优秀学生。本科前三年(或前五学期)总评成绩排名在专业前25%,C9学校排名放宽到40%。
>
> 4. 通过大学英语六级(425分以上),或通过英语专业四级考试(60分以上)或英语专业八级考试(60分以上),或雅思考试6分及以上成绩、托福考试90分及以上成绩。
>
> 5. 在校期间无违纪表现或未受过处分。

另外,同一类别或专业背景的学校更倾向于招收同类学校的学生。例如,师范类学校通常会优先接受来自师范类院校的学生申请,而外语类院系也更愿意接受外国语学校的学生申请。例如,厦门大学外文学院在2024年的夏令营通知中特别提到了对外语类院校的倾向:

---

① 数据来源:《南京大学2020年接收推荐免试研究生拟录取名单公示》。
② 数据来源:《2020年中国科大拟接收推免生名单公示》。

> 申请者就读院校须具备以下条件之一：就读高校为国家高水平大学或重点大学；就读高校所学专业为国家公布的"一流学科"；就读高校所学专业为国家重点学科；就读高校所学专业在全国第四轮学科评估中其评估结果名列 B+ 及以上；就读高校所学专业为"国家基础学科人才培养基地"；就读高校为外语类院校（北京外国语大学、上海外国语大学、广东外语外贸大学、西安外国语大学、四川外国语大学、天津外国语大学、大连外国语大学、北京第二外国语学院）。

此外，许多名校或热门专业都有自己的特定院校名单。例如，北大光华管理学院金融硕士每年的推免生来源大多集中在清华、北大、复旦、交大以及财经类强校，这体现了院校之间对彼此教学质量和生源质量的认可。如果这些学校的学生入学后普遍表现良好，那么招生老师自然会对这些学校的学生更加青睐。

3. 学术背景偏好

作为入营条件中的硬性门槛，多数院校会将本科背景和绩点排名作为筛选学生的主要因素。毕竟，在时间和人力资源有限的情况下，招生院校难以对每一位申请者进行细致的了解，因此根据本科背景和绩点排名进行筛选是招生院校认为最可靠且最有效的方法。例如，中国农业大学 2024 年的"植物科学夏令营"要求申请者来自"双一流"重点建设学科及高校，其 GPA 和总评成绩需在年级前 40% 以内，或是对于普通院校的学生，GPA 和总评成绩需在年级前 20% 以内。此外，部分院校特别偏好专业排名第一的学生，因为专业第一通常代表着扎实的专业基础。在 985 高校排名前 30% 的学生和"双非"院校排名第一的学生中，不少院校更倾向于选择"双非"院校的专业第一入营。

另外，在招生模式逐渐改革的大背景下，部分学校将考查重点放在学术背景，包括科研竞赛成果、英文水平等方面。这意味着，即使学生的本科出身不那么出色，或者排名不那么靠前，他也可以凭借出色的学术背景被优先选择。以中国科学院为例，一些院所并不严格要求学生的本科背景，反而更偏好学生的学术实力。参照中国科学院自动化所 2024 年"人工智能"大学生暑期学校的招生通知，其并未设定硬性的入营门槛，而是更看重学生的研究能力。因此，在中国科学院自动化所公布的拟录取名单中，也出现了"双非"背景的保研生。[①]

> 二、报名条件
>
> 1. 自动化、计算机、数学、电子、物理、生物及有志于开展交叉学科研究的相关专业的 2021 级本科生（拟于 2025 年毕业的本科生）；
>
> 2. 本科期间学习成绩优秀，专业排名 20% 以内且具有推免资格，对开展科学研究有浓厚兴趣，有较强的或潜在的研究能力；

---

① 数据来源：《2025 年自动化所推免直博和硕士生拟录取名单公示》。

> 3. 具有较强的动手能力,能熟练使用计算机语言编写程序;
> 4. 英语水平良好。

此外,南开大学软件学院对本科背景较弱的学生也非常友好。从2024年南开大学软件学院夏令营的申请条件可以看出,它对申请者的本科背景没有硬性要求,相关专业且具有推免资格的本科生都可报名,且会优先考虑有突出科研竞赛成绩的学生。参照关于举办2024年南开大学"活力软件"优秀大学生夏令营的通知:

> 二、申请条件
> 1. 热爱祖国、遵纪守法、诚实守信、品德良好、身心健康。
> 2. 全国各高校各门类所有专业,将于2025年毕业的本科生(现大三)。
> 3. 成绩优秀,功底扎实,对软件工程专业具有浓厚兴趣,具有较强的科研潜力和创新精神。
> 4. 英语水平(满足以下至少其中一项):
> (1) 通过全国大学英语六级考试,成绩425分或更高;
> (2) TOEFL成绩90分及以上;
> (3) IELTS(A类/学术类)成绩6分及以上;
> (4) GRE成绩在310分以上,GMAT成绩在640分以上;
> (5) 英语专业四级(及以上)考试合格。
> 5. 能够获得所在院校推荐免试攻读研究生资格者优先。
> 6. 如本科期间,已在SCI/EI或核心期刊上发表学术论文,或在省部级及以上物理学、数学、计算机、编程等竞赛中获奖者,在同等情况下优先考虑。

此外,对于涉及英语授课的院校,良好的英语水平可能是这些院校的招生偏好之一。例如,北京大学燕京学堂要求申请者的六级成绩达到600分。根据专业、地域、申请类型和学校层次的不同,六级成绩的要求也有所差异。大部分专业如果想要冲刺顶尖院校,最好是达到500分;对于中外合作项目或国际化程度较高、与英语相关的项目,想要冲刺顶尖院校,最好能将分数刷到550分以上。在地域方面,江浙沪、珠三角及北京地区的高校对六级成绩的要求普遍高于其他北方高校,申请这些地区的高校时,最好能将六级分数刷到500分以上。在申请类型方面,直博的英语要求通常最高,最好能刷到480分以上,其次是多数学术型硕士,然后是专业型硕士。在学校层次上,层次越高的学校对六级成绩的要求通常也越高,一般规律是:顶尖985院校＞中上游985院校、顶尖211院校≥末流985院校≥多数211院校＞"双非"院校。

总之,保研的学生需要通过查阅招生通知或咨询学长,充分了解各院校的招生偏好,以便进行精准投递。

4.2 信息搜集

保研过程中,信息同样至关重要。及时、准确、靠谱的信息能助保研生更上一层楼。因此,除了关注官方发布的招生信息,同学们还应通过多渠道全面掌握院校的招生偏好、优秀营员比例等关键信息。

4.2.1 需要关注的信息

1. 院校招生项目和招生批次

除了本专业项目,同学们还可以关注交叉学科、新设专业的项目等,例如中国人民大学人口与健康学院。这些院系或项目由于刚刚成立,报名人数通常较少,积极投递可以为自己增加一定的竞争优势。同学们可以直接访问目标学校或研究生院的官网,逐一查看院系设置,寻找与自己专业相近的学院,通过这个过程发掘一些潜在的优秀项目。此外,同学们可以关注教育部发布的《学位授予单位(不含军队单位)自主设置二级学科和交叉学科名单》[①],搜集相关的交叉学科信息。

另外,除了关注招生项目,同学们还需要关注项目的招生批次信息。部分项目如果在夏令营中已经招满生源,可能就不会再开放预推免的机会,对于这种情况,同学们一定要抓住夏令营的机会。同时,同学们还需牢记各个项目的投递截止日期、需要提前准备的材料、复试时间、复试流程、是否有参考书目等信息。每年都有一些同学因为错过材料寄送时间、忘记考试要求等原因而错失极佳的机会。

2. 院校的招生偏好和上岸难度

同学们需要积极搜集各院校的招生偏好信息,例如是否要求本科院校必须是"双一流"高校、对成绩排名和英语水平的具体要求等。除了招生通知中明确列出的硬性条件外,还需要挖掘那些潜在的隐性要求。同时,同学们还需关注各院校的入营生源层次和录取生源层次等信息。特别是要重点分析院校历届入营/录取名单中与自己本科院校相同的学生人数及其个人信息,通过这些数据来判断目标院校对自己本科院校学生的招生偏好及趋势变化。掌握这些信息有助于大家更有效地进行申请准备。

---

① 参考来源:教育部《学位授予单位(不含军队单位)自主设置二级学科和交叉学科名单》http://www.moe.gov.cn/jyb_xxgk/s5743/s5744/202410/t20241031_1160042.html。

此外，同学们可以通过"保研岛"小程序或院校官网查询历年的入营和优营名单，据此算出院校的优秀营员比例。通过搜集各院系的往年优秀营员比例，可以评估哪些院校在入营后成功录取的可能性较高。在复试时间冲突时，这一信息有助于作出选择。同时，优秀营员比例较低意味着需要投入更多的时间来准备。

3. 院校考核的流程和项目

关于考核的流程和项目，不同院校的政策各异，有的会公布，而有的不会。考核内容和参营技巧不属于官方信息，这就需要同学们提高信息检索能力。同学们可以通过多种途径获取信息，如询问学长、关注"保研岛"公众号上的分析文章、阅读保研经验帖等，从而积极掌握笔试和面试的题型、难度和侧重点，有针对性地做好准备。这些信息的搜集不仅有助于了解不同院校的考核风格，而且由于每年部分题目可能会重复出现，如果广泛搜集历年真题，可能会在考核时遇到熟悉的题目。

4. 目标院校教授们的信息

一方面，积极与导师联系可能会增加入营的概率；另一方面，同学们可以在知网等平台查看心仪院校的教授们的文章，通过了解他们正在研究的内容和关注的问题，可以提前准备相关的专业知识点，为保研面试做好充分准备。

5. 目标院校录取政策和优营效力

同学们需要仔细查看心仪院校录取规则，并积极打探 offer 的实际效力。同时，同学们还需要了解院校是否有不守信的历史，以及优秀营员是否需要满足附加条件，以避免参营无效。

总的来说，如果同学们心中已有目标项目，一定要特别关注下列信息：

- 目标院系的介绍和招生偏好；
- 专业方向设置；
- 招生名额；
- 3年内夏令营/预推免考核方式；
- 3年内目标院校夏令营/预推免优营政策及录取情况；
- 发布夏令营/预推免通知的时间；
- 夏令营/预推免报名截止的时间；
- 申请条件（如成绩排名、外语要求等）以及各类表单、证明材料；
- 是否需要在系统中报名以及系统的开放与截止时间；
- 是否需要用邮箱发送相关电子版材料及截止时间；
- 是否需要单独邮寄纸质版材料、包括哪些以及寄送时间与地址；
- 目标院校的老师（尤其是自己感兴趣方向的老师）的信息。

4.2.2　信息来源渠道

1. 院校官网或微信公众号

通常,搜索信息的途径主要包括院校官网和官方微信公众号。同学们应经常浏览目标院校的招生网站或公众号,获取最新信息。同学们可根据自己的实力和兴趣制作一份表格,在这份表格里记录招生项目、招生批次、申请要求、研究特色、导师团队、录取情况等。同学们不仅需要关注院校官网,还需要留意学校的研究生招生网站。很多重要通知会首先在学校的研招网上发布,而且有些学院可能不会单独发布预推免的通知。

2. 专业保研机构

除了院校官网和官方微信公众号,同学们还可以通过专业保研机构的公众号和小程序来获取目标院校的通知和动态。保研机构一般会汇总最新的保研资讯,也会举办相关的讲座和分享经验帖,帮助学生掌握考核的关键内容,还会不定推出免费定位活动。其中,"保研岛"公众号和"保研岛"小程序就是一个很好的选择。

"保研岛"小程序有以下功能:

① 实时更新招生信息,支持按学校层次、学科类别、所在省份、招生类别进行筛选查询。

② 可查询 400 多所重点院校的详细信息,包括院校介绍、院系设置、学科评估、专业分类,助力保研择校。

③ 可查看历届优秀学长的录取榜单,了解他们的实力。

④ 提供院校入营名单、优秀营员和招生信息年度汇总,助力提前准备保研。

3. 往届学长

直系学长是我们获取保研经验的重要人脉资源。一方面,通过咨询直系学长的个人情况和推免去向,我们可以以此为参考进行个人定位和目标院校的选择;另一方面,我们还能了解到投递参营的技巧和相关院系的考核内容,从而吸取经验,巧妙避开一些常见误区。毕竟每个院校都有其独特的招生偏好和考核风格,了解这些招生偏好可以针对性地进行投递,打探考核内容可以帮助我们重点复习,学习参营技巧可以优化面试表现,这些都能显著提高我们成功保研的概率。同学们在咨询学长学姐时,一定要注意礼貌,并且最好将自己的问题整理成一个 Word 文档,或者尽量使用完善、通顺的文本进行询问。这样做一来可以避免遗漏重要信息,二来也能让学长学姐感受到你对于获取这些信息和材料的真诚和重视。

4. 小红书、知乎、哔哩哔哩、论坛等公共平台

保研生可以多加关注小红书、知乎、哔哩哔哩、论坛等公共平台。一方面,可以在这些平台上搜索经验帖,掌握一手的经验资料,获取投递技巧、考核重点等信息;另一方面,也可以与同届保研生进行交流,获取保研的最新动态。需要注意的是,同学们一定要辨别信息的真伪,避免不必要的焦虑。而且,无论哪种经验分享,我们都应将其作为参考之一,不能完全将自己等同于文章作者,因为即使信息匹配度再高,个体之间在综合素质、性格等方面也存在很大差异。因此,在任何时候都需要认清自己的综合能力和特点,以实际情况为主要判断依据,及时完善和调整保研策略。

4.2.3 信息的筛选整理

在进行相关信息的整理时,同学们可以尝试以下方式以提高效率。

1. 明确分类

准备保研时需要搜集的信息种类繁多。这些信息不仅包括项目信息、申请时间、申请条件等,还包括一些无法从院校官网通知中获取的信息,例如院校招生的隐性偏好、考核形式和真题等。不同信息的获取渠道也不相同,如官网可查的信息、经验帖中透露的信息等。只有做好分类并且明确各类信息的获取渠道,才能够大大提高信息搜集的效率。

2. 规划整理

在搜集到所需信息后,同学们还需要将繁杂的信息进行整理。例如,可以将目标院校的夏令营申请、考核等关键时间点整理成表格,并按照表格的时间线规划材料准备、投递和复习的时间。在申请时,为了防止意外并留出缓冲时间,建议同学们至少比截止日期提前2天提交电子版,提前3天寄送纸质材料。

3. 工具推荐

在目标院校有很多时,查找官网通知会变得费时费力,而搜集招生偏好和经验帖也会占用宝贵的复习时间。因此,建议同学们在搜集信息时灵活使用各种工具。以"保研岛"小程序为例,它汇集了大部分院校的招生和录取信息,并提供丰富的复习和考核资料,是提高效率的优选。同时,在整理信息时,同学们还可以使用腾讯文档、金山文档等办公软件工具,高效处理信息。

4.3 材 料 准 备

在保研过程中,材料准备是非常重要的一个环节,它直接关乎申请者能否通过入营初筛。这一环节可能是整个保研流程中最复杂、最耗时的部分,同学们需要投入大量的时间和精力进行整合。因此,同学们必须扎实做好材料准备工作。

4.3.1 申请表

申请表有两种形式:一种是通过系统进行填报,在系统中填入信息后导出申请表,如复旦大学管理学院;另一种则是下载官网招生通知中的空白报名表附件,然后由学生自行填写,如中国人民大学劳动与人事学院。

通常,全国各大高校的申请表都会涵盖个人基本信息、成绩排名、获奖经历、申请理由、研究兴趣等部分。但不同高校和申请系统可能存在差异,同学们需根据实际情况进行填写。需要特别注意以下内容的处理情况:

1. 格式

在填写表格时,应尽量遵循原始的格式。但需要注意,有些学校提供的模板可能会存在排版错误。因此,同学们在确保美观的同时可以进行调整,例如文字是否居中、使用何种字体,以及如何处理文字过多时的换行问题。总之,同学们需要牢记一个原则,在确保内容准确无误的前提下保持表格的美观。

2. 书写形式

撰写个人获奖情况和科研竞赛经历时需要遵循以下原则:

(1) 分层书写

将奖学金获得情况、科研竞赛情况、社会实践情况逐条书写。在排序上,将含金量较高的成就放在前面,然后考虑时间顺序和专业相关度。

(2) 固定格式

撰写相关材料时,建议使用固定格式。例如:"×年×月—×年×月在……项目中担任负责人/参与者,以……为问题导向,采用……作为研究方法,对……进行研究,分析了……,最终得出……结论,于×年×月形成论文/专著/调查报告,并获得××奖项。"若非必要,可省略部分内容,但需确保项目名称和所获奖项清晰。整体行文应恰当、简洁。

(3) 页面布局

如果内容可在一页内展示,尽量不要换页;如果内容可在偶数页结束,切勿扩展到奇数页。

3. 核心要点

同学们一定要记住,填写目标是展现自己的学术潜质。当内容繁多时,可以考虑删减一些与学业无关的兴趣爱好和奖项,以保持内容的一致性。

在操作申请系统时可能会出现超时无法保存的问题,或者系统仅支持提交而不支持保存。所以,建议先在 Word 文档中整理好内容,然后一次性完成填写,确认无误后再提交。如果在填写过程中有任何疑问,同学们应及时向招生老师咨询,避免因疏忽而错失入营机会。

4.3.2 简历

一份完整的简历是向老师全面展示自己的名片,其必要内容包括基本信息、成绩排名、英语水平、科研经历和获奖经历等。尽管有时院校的申请材料中并不要求提交简历,但准备一份简历能够有效地梳理个人履历与优势,凸显自己的核心价值。尤其在现场面试时,简历能让导师更快速、更便捷地了解你的情况,并展现你的优点和长处。

1. 基本信息

基本信息主要包括姓名、政治面貌、籍贯、出生日期、电话、邮箱。

这部分内容不宜过多,力求简洁明了,避免冗长。性别信息可省略,附上一寸证件照即可。

邮箱选择上推荐使用学校邮箱、163 或 126 邮箱,这更显得正式。尽量避免使用 QQ 邮箱。邮箱命名时,不要使用不易输入的奇怪符号或数字组合,应简单易记,一目了然。

2. 教育背景

在教育背景这一部分,应介绍自己的教育经历。先明确指出在哪个学校、哪个专业就读,并注明学习的起止时间。接下来,列出自己的学术成绩,包括 GPA 和专业排名(例如本科前五学期加权平均分 88.8 和排名 2/208)。然后,罗列主要课程的名称和成绩。如果有辅修或双学位的经历,或者参加过出国交流项目,这些都可以作为亮点进行介绍。最后,可以写出英语水平,包括四六级笔试成绩(若通过了六级,则四级成绩可不写)。如果还有雅思、托福等证书,也可以列出来。但是,如果这些成绩并不理想,则建议不要写。

3. 科研竞赛经历

按照含金量和个人发挥的作用将科研竞赛经历进行排序,将最能体现自身水平的经历放在前面。每项前面加上序号或项目符号,以便于老师快速浏览。

在内容选择上,不宜过多,挑选重要的经历进行描述,避免列出无关紧要的比赛奖项,如果含金量高的大奖数量不足,则可以适当补充一些其他奖项。

在描述项目经历时,无须赘述,只要说明参与时间、负责的项目、完成的工作和取得的成果即可。

尽可能强调数字、量词、动词和等级词,以增加文本的可读性和说服力。

4. 获奖经历

获奖经历主要包括奖学金、荣誉称号等,这些都是学生在本科阶段优秀能力的直接证明。

尽量使用数字、等级、比例、获奖部门等信息来凸显含金量,例如国家奖学金(前 1%)、省三好学生(学院唯一)等。

仅需列举关键信息,保持简洁明了。

进行适当的筛选和取舍，着重考虑两点：一是与专业相关；二是具有高含金量。按照含金量排序，再考虑时间顺序。

根据院校专业和项目类型的变化，调整侧重点，例如专硕应突出实习实践，直博则强调学术类奖项。

注意排列格式的对齐。

5. 社会实践

如果没有参与过科研项目或者竞赛，可以通过社会实践来丰富自己的经历。这些实践可以包括老师在课堂上或课下指导的项目、与学长合作进行的调研、大学生"三下乡"社会实践活动、大学期间的实习以及志愿服务项目等。这些活动能够反映学生的社会实践能力、参与项目的积极态度、承担项目的责任心，以及回馈社会的公益意识。这些都是加分项。

6. 辅助内容

辅助内容主要包括兴趣爱好、学生工作经历(如班干部、学生组织等)、研究兴趣、研究生规划、自我评价等。

"兴趣爱好"可以与专业有关，也可以是常见的，如绘画、摄影、写作等。

"学生工作经历"一般写一两项即可，避免过多。

"研究兴趣"应写出感兴趣的研究方向关键词。

"研究生规划"简述未来研究方向和研究生生活规划，篇幅要适中，因为个人陈述会详细说明。

"自我评价"简要描述自身性格，强调科研意识、专业素养和团队合作能力。但在简历上写自我评价可能会无意中为自己埋下隐患，因此是否在简历中包含自我评价，同学们需要慎重考虑。

7. 格式要求

第一，每项的大标题和小标题应足够醒目，可以加粗或者采用不同颜色以突出，但颜色应简洁大方，如选择商务感的黑色或蓝色。

第二，当项目众多时，应用序号或项目符号清晰标注，以便一目了然。项目间要换行，不可连续书写，并保持全文左对齐，以显得工整。

第三，可以采用表格形式划分大项，小项则不宜过细分类，避免表格显得繁杂。

第四，除大小标题外，其余文本的字体和字号应一致，而需特别展示的内容，如论文或专利题目，可使用加粗或斜体来强调。

第五，照片应选用端庄、美观、正式的证件照，忌用生活照。

8. 注意事项

第一，实事求是。在描述自己时，可以适度渲染修饰，但必须确保内容真实，能够在自己的知识能力范围内应对面试提问，避免无中生有或过分夸张，以免给自己制造麻烦。

第二，突出重点。如果成绩优异，就强调成绩；如果科研能力强，就突出科研。需要给突出部分分配更多篇幅,并仔细斟酌措辞,让老师在阅读简历后能够记住你想突出的亮点。对于明显的劣势,可略提或不提,学会扬长避短。

第三,简历风格要简洁准确。保持稳重、中庸的风格,避免花哨和轻浮的语言,追求严谨和考究。叙述要简明扼要,适当使用常见的文言词汇,需多次删减和凝练,力求用最少的字数表达最准确的信息。

第四,注意篇幅。简历不宜超过一页,要学会取舍,站在老师和面试官的角度考虑。每项内容都应有其存在的作用,过多过杂的内容可能会使老师失去阅读的兴趣。

4.3.3 推荐信

推荐信是指本科生或硕士研究生在申请其他大学攻读硕士或博士学位时,请老师所写的推荐信。根据各院校的规定,申请保研时一般需提供一至两封本院系不同老师的推荐信。

推荐信的内容通常包括:学生的基本情况,例如学习成绩、获奖情况;科研竞赛经历,这一块是重点,例如获得 ACM 区域赛的金牌、发表过 SCI 论文;性格和能力,这部分比较宽泛,但也是必不可少的内容,例如具备何种优良品质;等等。

推荐信也是非常重要的文书材料。对于申请博士类项目(直博/硕博连读)的学生,推荐信更为重要,如果能有优秀教授推荐并给予正面积极的评价,则会是很大的加分项。

4.3.4 个人陈述

个人陈述是对自己过往经历的书面总结和呈现,其目的是向老师展现自己的学习能力和科研潜力。个人陈述可以大致分为基本情况、学业情况、竞赛经历、科研经历、学生工作、社会实践及其他。不同板块有不同的书写技巧。

1. 基本情况

介绍自己的姓名和毕业院校。这部是最基本也是最关键的信息,绝不能遗漏。

2. 学业情况

列举成绩排名、所获奖学金和主要荣誉等。

3. 竞赛经历

如果有丰富且有价值的竞赛经历,这部分内容需要花费心思去撰写。对于一些重要的竞赛获奖,可以使用加粗的方式予以强调,并清晰描述这些有价值的竞赛经历。

4. 科研经历

科研经历在每个院校的保研面试中,都是被重点考核的内容,丰富的科研经历会为你加分不少。因此,同学们一定要重视科研经历在个人陈述中的地位,需详细描述自己的科研实践经历,列出使用的专业技能,并说明项目的最终成果。

5. 学生工作

这部分内容在个人陈述中并非核心，只是起到锦上添花的作用，故简述即可。

6. 社会实践/实习经历

如果拥有在 BAT(百度、阿里巴巴、腾讯)或三中一华(中国中信集团有限公司、中国国际金融有限公司、中信建投证券股份有限公司和华泰证券股份有限公司)等知名企业的实习经历，则可以在个人陈述中特别强调这一部分。对于金融、新闻传播、法学等专业硕士领域，实习经历是一个重要的加分项。

7. 研究生规划/职业规划

不同专业和项目的研究规划/职业规划不同，同学们可以根据实际情况灵活调整。

研究生规划(计划)是个人陈述中必不可少的部分。同学们可以详细描述自己研究生三年/直博五年/硕博连读的具体研究计划，如计算机专业的具体研究方向，期望的研究成果，以及大四至研究生期间的学习科研安排等。

职业规划对于专硕项目的申请者极为重要。申请专硕的同学可以考虑在个人陈述后半部分明确说明自己的职业规划，如未来是否进入特定行业或继续深造。明确的职业规划有助于老师快速了解学生的个性特征和想法，因此这部分内容应慎重考虑。同时，所有保研同学最终都将步入社会，清晰的职业规划也有助于审视自己的职业发展道路。

8. 结尾

最后，进行升华与感谢。有时，简单地升华一下主题，就能为文本画上完美的句号。

总的来说，个人陈述是保研过程中必要的文书材料。因此，同学们应该提前做好准备。每份个人陈述都是对自己的一次介绍，同学们需要突出自己的优势，并明确表达自己的研究计划和想法，让评审老师看到自己的研究潜力。但需要明确的是，撰写文书的技巧仅仅是一种包装。真正决定能否获取 offer 的关键，还是专业能力和综合素质。

4.3.5 其他各类材料

1. 成绩排名证明

成绩排名证明的一般格式如下：

成绩排名证明

×××同学，学号××××，××大学××学院××专业××级学生，该学生所在专业学生人数为×××。

该学生前×学期学分加权平均分××，平均分绩点××，学分专业排名第×。特此证明。

学院/学校教务处盖章

需要注意的是,成绩证明通常有两种模板:一种是所在学校教务处开具的证明;另一种是目标学校在招生简章中附上的模板。如果需要使用对方学校的模板,则同学们需要计算好盖章用的时间,提前做好准备。

2. 成绩单

成绩单是学生所修读课程及其对应分数的清单。有些学校提供自助打印机供学生打印成绩单,方便快捷;如果学校无此设施,可咨询相关教务老师。在申请夏令营或预推免时,几乎所有学校都会要求提交成绩单,并且通常需要加盖公章的原件,因此建议提前准备几份备用。

3. 获奖证书与专利证书

获奖证明是学生向目标院校展示自身经历真实性的关键方式,因为"有一分证据说一分话"。同时,它也是保研材料完整性、招生流程规范性以及学生诚信报考的重要保障。

具体来说,获奖证明包括奖学金、竞赛奖项、英语四六级证书、学术成果和科研经历等。下面是整理获奖证明的攻略。

① 奖学金证书一般由学校教务处颁发,但处理速度可能较慢。如果时间紧迫,同学们可以向招生老师询问是否可用官网的公示截图替代,或者向教务老师请求提供一份临时证明以备急用。

② 竞赛奖项证书在每次比赛之后都会颁发,特别是各类校级以上的竞赛获奖证书,同学们注意及时保存原件,并将其扫描成电子版,方便日后整理。

③ 如果英语四六级纸质版成绩单不慎遗失,可以在中国教育考试网(http://www.neea.edu.cn)下载电子版成绩单。电子成绩报告单(证书)与纸质成绩报告单(证书)具有同等效力。

④ 学术成果可以使用论文/会议录用通知、正式期刊原文、检索报告等来证明。

⑤ 科研经历的材料较为灵活,可以提供获奖证书或官网公示的截图。如果是课题组项目,可以联系指导自己的学术导师为自己出具证明。

⑥ 学校社团活动的证书,理工科学生通常无须提交,而社科专业学生则可适当使用。

⑦ 专利证书指的是由国家专利局颁发的专利授权书(或受理书),如果没有及时取得纸质证书,可以在相关网站上截图作为证明,但一定要确保有证明。

另外,同学们需要注意材料的排序与排版。一般来说,获奖证明应按一定顺序排列——先写与学习相关的奖项,如奖学金,然后是科研和学科竞赛奖项,接下来是社会实践和学生组织活动的奖项,最后是个人才艺等其他奖项。在排版的时候需要注意以下几点:

① 同类奖项尽量放在一起,遵循这样的顺序:奖学金、科研、竞赛、社会实践、学生组织活动、综合表现。如此排列,逻辑清晰,展示有序,避免混乱。

② 每类奖项应优先列出重要的,遵循这样的顺序:国际级、国家级、省级、校级。如果奖

项众多,避免列出院级以下的奖项。

③ 当排列同一级别的奖项时,应将最重要和最突出的获奖放在开头。

④ 在材料开头,可以加入目录以便招生老师查阅。注意,避免添加花里胡哨的页眉和页脚,以免适得其反,影响材料的整洁和专业感。简洁大方的证明文件更能得到招生老师的青睐。

同学们在遇到模棱两可或不确定的问题时,一定要询问招生老师。在得到明确的答复和许可之后,再进行下一步操作。例如,关于排名类型、材料提交的截止时间是以寄出还是收到为准等问题,都必须得到招生老师的确认,以确保万无一失。

4.3.6 常见问题解答

1. 在保研夏令营的申请材料中,没有提供参与科研经历的证明材料,会怎么样?

申请表上填写的内容,最好都有相关的证明。如果没有相关证明,则可能会被认为材料不齐全,甚至被怀疑是作假。

一般而言,科研经历的证明可以包括申报书的封面和成员页、获奖证书、官网公示等。因此,当这些相关内容发布或公示时,同学们需立即截图、扫描并备份保存,以防万一。

如果原件不慎丢失,首先需要联系相关负责老师询问能否补办证明。如果无法补办,也可以尝试自行截图官网的证明页面,然后联系教务老师盖章证明。如果参与的科研竞赛的纸质版奖项在填写申请表时还未颁发,同样可以采用截图官网再联系教务老师盖章的方法。

另外,部分同学将进入导师的课题组进行科研实习,此时同学们可以联系指导自己学术的老师,为自己出具相关证明。

总之,同学们在进行院校投递时,一定要仔细阅读招生简章的要求。如果自己的证明材料有任何问题,都要及时联系对方老师说明情况,询问能否后续补交,或者能否用官网截图替代。

2. 在保研夏令营的申请材料中,对于论文发表证明,是否必须提交见刊证明? 可以用录用通知替代吗?

如果时间紧迫,来不及见刊,可以向招生老师咨询是否可以提交录用证明。一般情况下,老师们都可以接受录用证明。需要注意,有些论文是用于参加论坛或征文竞赛的,需要提交参会证明、证书、公示等材料。因此,一定要及时保存这些相关证明。

3. 在申请夏令营时,是否可以提交获奖证书的复印件或电子版?

招生通知中会明确指出是提交原件还是电子版。一般情况下,学校只会要求邮寄复印件或上传扫描件,而不会要求同学们提交原件。部分学校可能会要求学生先提交电子版,待入营后再携带原件进行验证。细节决定成败,同学们一定要仔细阅读学校的招生简章,并严格按照学校的要求操作。

4. 在申请夏令营时要求提交专业成绩排名还是综合排名?

如果目标院校明确说明了需要哪种成绩,那么就应该提交相应的成绩单。如果没有具体说明,同学们可以按照自己所在学院教务秘书提供的排名进行提交。在学习成绩排名和综合测评排名都可以开具的情况下,应选择较高的一项,因为高排名有利于顺利入营。但一般来说,院校会要求提供包含所有必修课程成绩的排名。如果口径不一致,应及时与目标院校沟通并说明情况。

5. 在保研申请材料中,获奖证明是指获奖证书的扫描件还是证明文件呢?

对于获奖证明,若有获奖证书,则直接提供证书的扫描件;若没有证书,一般来说可以提交证明文件、项目结题报告的截图或照片等,只要这些材料能证明你参加了相关活动并获得成就即可。

6. 夏令营入营材料由哪些老师审核?

高校招生通常分工明确,保研生按照要求将材料投递至各个高校平台后,会有行政老师或教学老师进行审核。这些审核老师,作为文书材料的把关者,通常会先评估学生的本科背景、绩点排名、英语能力和科研竞赛经历。表现优秀的学生将进入下一阶段的考核。

某些高校的审核步骤更为复杂,以行政老师初审和教学老师复审的方式进行多次筛选,确保选拔出符合本校要求的学生,南开大学人工智能学院就采用了这样的方式。这种双重审核体现了严谨性。行政老师在初审材料时着重关注学生的本科背景、绩点、英语和科研成果这些可量化的指标。而高校老师一般是本专业的科研专家,在复审时更注重学生的科研论文、科研实践和推荐信等,以判断学生的科研水平和学术思维是否适合进一步的深造。

4.4 联系导师

导师是读研的引路人,选择导师的重要性不言而喻。对于保研学生来说,提前联系导师,有助于双方相互了解。学生可以向老师自我推荐,争取给对方留下积极的第一印象;同时,也可以更深入地了解老师的研究领域,获得专业发展的建议;还可以了解导师的招收名额,预测自己被录取的概率,从而在竞争中脱颖而出。

然而,同学们也需要理性看待提前联系导师一事,保持平和的心态。有些院校很看重提前联系导师这个过程,有些则更看重学生的面试表现。这通常与学校的招生"传统",即所谓的"强/弱 com"有关。下面将介绍如何联系导师。

4.4.1 全面了解导师

1. 品行和声誉

导师的品行直接影响到保研学生的读研生活,因此建议提前进行信息搜集,尽早联系优秀导师。同学们可以通过网络平台了解导师的声誉,尤其是向往届学长咨询他们对导师的评价。

在科研方面,人品好的导师会循循善诱,帮助和指导学生,甚至亲自设计实验或调研方案,让学生在学习后负责开展。在经济方面,人品好的导师通常非常慷慨,知道读研不易,学校补贴有限,因而会提供更多的科研补助。在就业方面,人品好的导师会利用自己的资源和人脉,帮助学生就业或者推荐学生继续深造。因此,同学们在选择导师的时候,如果有可能,最好事先了解导师的个人情况,尤其是品行。

2. 年龄

年轻的导师管理学生往往要比年长的导师更严格。30多岁刚入职的老师可能急需一些论文和项目来提升自己的职位,因此他们会更多地要求学生努力工作。相反,60岁左右的老师可能临近退休,他们的管理方式就不那么严格,给学生的自由度会更大。选择哪种类型的老师,可以根据个人的意向来决定。

3. 指导风格与性格特点

同学们需要清楚地了解导师的指导风格是放养型还是严格型,以便判断自己的风格与导师是否相契合。在不以导师人品为衡量标准的前提下,这两种培养模式并没有什么好坏之分,关键在于它们是否与学生的学习方式和学习能力相匹配。

先谈谈放养型导师。这类导师或许是不少学生心中的理想选择。一般情况下,他们通常采用的是"放养政策",即鼓励学生自主学习,与研究生的关系比较和谐。放养型导师之所以受到一些学生的青睐,主要是因为他们给了学生足够的自由时间,不会过于鞭策学生。对于不想从事科研的学生来说,这无疑是完美的匹配。但是,如果导师不严管,而学生又缺少自主科研的动力,双方都可能会"划水",最终难以取得成果。如果学校的毕业要求较为严格,学生可能会面临延期毕业的风险。

与放养型导师相对立的则是严格型导师。这类导师则是一些学生心中的"噩梦"。他们往往会严格要求学生,推着学生往前走。有些导师通过不断给学生施压,促进学生快速成长,实现相互成就。导师指导学生发表论文、做项目研究,而学生也能从中成长,并有更多机会获得奖学金。但有些导师可能过于严格,导致学生承受过大的精神压力。

同时,同学们还需要关注导师的性格。有些研究生导师,虽然才华横溢,学术成果丰富,但性格独特,难以相处。选择这样的导师可能会让研究生阶段的生活变得不愉快。因此,最好选择一个性格较好的导师。若遇到了性格特殊的导师,那就尽量适应,避免发生冲突。

4. 毕业生去向

在选择读研究生之后还会面临继续读博还是就业的问题。因此,在选择导师时,保研生应关注该导师指导的前几届学生的学术成果、就业方向和就业情况。一般来说,上届毕业生的今天可能就是你的明天。尽管前人的经验不是绝对的,但它具有重要的参考价值。在一个稳定成熟的研究团队中,毕业生的去向通常也是比较稳定的。另外,同学们还应了解这位导师指导的学生是否存在延期毕业的情况,以及他指导的博士生的就读年限。如果多数学生存在延期毕业的问题,那就要慎重选择了。

5. 学术背景和项目情况

有志于在学术领域有所建树的同学,还需要留意导师的学术背景和项目情况。导师的科研情况会直接影响你将来参与的科研项目、科研经费等。一般而言,国家自然(社会)科学基金重点项目、国家自然科学基金重大研究计划、杰出青年科学基金等为一类项目。如果意向导师曾数次获得这些基金支持,那么不必担忧研究生期间项目机会和经费。

也需要考虑导师的学术发表水平,如发表的 SCI 论文影响因子、个人 h 指数(可以通过 ScholarMate 等平台查询)以及参与领域内顶级会议的频次。以影响因子和 h 指数为标准虽有争议,但在国内评价体系尚没有改变的时候,这些指标仍能作为参考。

此外,导师的头衔分为学术头衔和行政头衔。学术头衔与学术水平正相关,而行政头衔则与科研资源与人脉关系紧密相关。常见的学术头衔包括院士、长江学者、国家杰出青年基金获得者、"四青"人才等,此外还有省、市级及和校级学者。然而,需要注意的是,越优秀的导师招生的要求越高。行政头衔对学生的未来发展可能产生积极影响,例如评选国家优秀青年、国家杰出青年,以及申请项目等。如果学生在入营或面试之前与有行政头衔的导师建立良好联系,这对学生的入营机会或面试成绩可能有帮助。

课题组的经费也是一个重要的考虑因素。有的学校会将导师的经费公开(例如上海交通大学基础医学院),这对学生择导特别有帮助,可以避免学生进入经费匮乏的课题组。如果没有公开的话,可以通过导师发表文章的致谢部分了解其过去的基金获得情况,具体数额则需要在官网查询。值得注意的是,经费来源分纵向(高校上级科技主管部门或机构拨款,如国家自然科学基金委员会)和横向(导师自行争取的赞助或项目,一般为企事业单位的赞助或政府部门非常规申报渠道的项目)。同学们可以多多关注纵向项目多的课题组。

在选择导师时,可以考虑那些在学术研究上有所成就,或者说已经在学术研究上崭露锋芒的导师。如果导师的学术研究成就丰富,或者正处于学术生涯的巅峰,那么必将对学生的科研起到非常大的助力。

6. 研究方向与方法

同学们务必尽早明确导师的研究方向和方法,因为导师的方向基本决定了自己后续的研究方向。如果在不感兴趣的领域"煎熬",特别是对于打算读博的同学,可能直接影响个人成果的产出。

所以,同学们要尽可能从自身兴趣出发,深入了解导师的研究方向,选择那些科研方向与自己兴趣一致的导师。例如,可以在导师所在院校的主页搜索导师的资料,一般导师个人主页的研究方向仅供参考,还需要在网络上检索该导师最近两年发表的文章,以此来了解该导师主要的研究课题和方向。如果同学们做过对应领域的课题,就更容易套磁成功。

如果没有特别感兴趣的课题,则最好进入较为热门的领域。冷门或热门需要依据个人对前沿技术和学科发展趋势的洞察来判断。另外,一些权威期刊(如 Science)每年会汇总并公布一系列亟须解决的热点问题,这些通常都是当前的研究热门。

4.4.2 联系老师的时间及渠道

下面介绍获取导师的办公室、实验室、联系电话、电子邮箱等信息的途径。

1. 学校和学院官网

学校或学院的官网通常会有导师介绍板块。这些板块会展示每位在职教师的详细信息,例如在"导师风采"等栏目中,可以找到他们的个人经历、研究领域、代表著作和论文,以及联系方式,如电子邮件地址等。

2. 学术网站和论坛

同学们可以在中国知网、万方期刊网和 Web of Science 等数据库,以及一些集成平台(如 Google 学术)上,以导师和院校名称作为关键字,搜索导师近两年发表的论文,既可获得导师的电子邮件,也可归纳总结出导师的研究方向。

3. 学长和本科院系导师

如果发现有认识的学长在目标导师所在的学院或课题组学习,那么可以大胆地向学长表达自己想要跟随目标导师深造的想法,请求学长为自己引荐。另外,还可以询问与目标导师研究领域相同的本院系导师能否为自己引荐。一般来说,导师的人脉更广,能够与目标导师联系上的概率更大。不过,在向本院系导师表达请求时要注意措辞,尽量表现出诚恳的态度,一般情况下导师都愿意伸出援手。

在获取导师的联系方式后,建议通过发送邮件来联系导师。邮件联系相对正式,不像短信、登门拜访或电话那样具有打扰性。此外,在邮件中,还可以尽量详细地介绍自己。一般来说,在大三下学期的 4 月—5 月就可以着手准备联系老师。同学们可以先进行前期调查,通过查阅各高校网站的导师信息、咨询学长等方式选择几位老师。当然,有的学生在大四 9 月份开学后才开始联系,甚至不联系,最终也成功保研。不过综合考虑,还是建议尽早开始联系导师,为自己多争取一些机会。

4.4.3 如何撰写联系导师的邮件

联系导师的目的是让导师了解自己,所以第一封信要尽可能地展示自己的优势和匹配度。

1. 充分了解自身的优劣势

如何写一封能够打动和吸引导师的自我推荐邮件?一个重要的秘诀就是深入挖掘自己的特点和经历,并将这些信息提炼成最吸引人的亮点。

首先,要突出个性和特色,与导师的兴趣相契合,以吸引导师的注意力。每年导师们都会收到大量的申请邮件,他们同样希望找到与他们的研究领域和兴趣相匹配的学生。深入挖掘自己的特点和经历,有助于在自我推荐邮件中更加个性化地描述自己,并找出与目标导师的研究兴趣相关的方面。这不仅能让你的邮件与众不同,而且还能让导师看到你过往研究经历的相关性和匹配程度,从而更好地引起导师的关注和兴趣。

其次,要展现自己的坚韧性和适应性。研究生生活充满挑战,导师也希望合作的学生具备坚韧性和适应性。了解自己的劣势并适当地展示如何克服它们,能够表现自己具备应对各种挑战的能力。

2. 材料准备

需要准备个人简历、作品集或代表性学术成果、论文笔记。同学们可以挑选质量高的作品,精心制作一份作品集,方便老师深入了解你的能力和才华。作品集的内容可以包括论文、设计、获奖作品等。此外,还可以考虑写一份导师论文的拓展笔记,将其发送给导师更能显示诚意,从而增加导师回复的可能性。

3. 邮件内容

第一封信不必太详细,正文先简要介绍基本情况(如本科院校、成绩排名、科研竞赛经历),接着阐述读研期间的学习计划和未来职业规划,然后表达对导师研究方向的兴趣,并说明你希望沿此方向深造,期望在读研期间得到导师的指点。最后,可以在附件中添加一份 PDF 格式的简历。

4. 邮件礼仪

在大多数情况下,邮件是学生和导师初次正式交流的方式,所以第一封信的邮件礼仪格外重要。

首先,标题要言简意赅。同学们应提炼出邮件的核心内容,让收件人能一眼看出邮件的主旨(例如"保研自荐-××大学-××专业-××(姓名)")。

其次,邮箱与用户名的选择要正式。新浪、网易、学校邮箱等都可以使用,但最好不要使用 QQ 邮箱;用户名切忌使用过于个性化的昵称,建议使用真名全拼或缩写。

最后,除了遵循标准的邮件格式,还应该关注细节,给老师留下良好的第一印象。这包括使用礼貌的问候语,如"见字如面",以及在信件开头表达感谢,例如"感谢您在百忙之中抽空阅读"。

5. 行文逻辑

虽然无须详细展开每个方面,但清晰的行文逻辑和内容布局,不仅能节约收件人的阅读时间,还能给人留下干练的好印象。

删除非必要的语气助词,以短句为佳,正文长度控制在400~800字。

邮件格式要求规范,建议使用微软雅黑字体,字号为4号或小4号,段落间距要适当。

内容节奏要把握好,可按如下逻辑结构编排:在邮件开头应简洁明了地介绍自己的来意,然后依次说明自己的基本情况,包括所在学校、专业、排名、科研经历等,接着表达对老师科研方向的兴趣,并表示期望在读研期间参与相关研究和训练,然后阐述自己的职业规划,是就业导向还是学术导向,若是后者,可表明愿意长期投入该领域研究。最后,在附件中添加个人简历和个人陈述,如果老师对你的背景和经历感兴趣,他们会下载附件进行查看。

4.4.4 套磁升华——面谈

如果得到与导师(尤其是外校的导师)面谈的机会,那么恭喜你,你在保研的路上已经迈出了重要的一步。面谈有助于全方位地了解课题组和导师的情况,也有利于建立与导师的互信关系,为面试的成功打下良好基础。

在面谈前,同学们应当设想一些导师所关心的问题,并事先列出一份交谈提纲,以便有备无患。建议在面谈之前做如下准备:制作一份个人简历;复习相关专业知识;适当选读导师发表的论文;回顾自己的科研、竞赛经历,并准备相关资料;自拟一份导师可能问及的话题并准备相应作答提纲,比如为什么想读研,为什么选择该方向,读研期间和毕业后有何规划等问题。

除此之外,还要注意两个重要的问题:

一是保持仪表整洁。第一印象是相当重要的,导师可能会从穿着打扮和言行举止方面判断学生的性格和做事风格。一般情况下,不用穿正装,稍微正式一点即可,男生可以选择浅色系衬衫搭配牛仔裤或休闲裤,而女生可以选择浅色T恤或衬衫搭配牛仔裤或裙子。穿着不必过于正式,只需自然大方,能展现出青年学生的活力、朝气和个人特点即可。

二是要提前了解导师的相关信息,特别是导师的研究方向。试想一下,如果你口头上说非常想加入导师的课题组,但谈话中却不知道导师课题组的情况,就会显得敷衍且虚伪。如果有时间的话,还可以阅读导师的论文,谈谈见解,毕竟导师喜欢有准备和真心的学生。

面谈时还需要调整自己的心态,做到不卑不亢。学生可以与导师探讨专业背景和兴趣爱好,以导师感兴趣的话题和专业知识为核心,这就要求学生具备良好的综合素质,以便让导师认可自己的实力和潜力。同时,也要认识到,自己需要的是导师的指导,而不是施舍。谨记,不要紧张,自然地表现自己就好。

面谈结束后,应及时整理谈话内容和要点。回想交谈时的情形,思考导师的性格、你们的气场是否合拍,他对科研的态度,以及他对学生哪方面的能力更看重等。只有理解导师的心态,才能在面试中掌握主动权。

4.4.5 联系导师常见问题解答

1. 可以联系多位导师吗?

尽量不要同时联系多位老师。应当优先联系自己的意向导师,如果无法取得联系,或者该导师明确表示不接收,再考虑其他导师。根据往年经验,有些学生会遇到特殊情况,比如先联系的导师长时间不回复邮件,而在与另一位导师确认接收意向后,又收到前一位导师同意接收的邮件,让自己处于两难的境地。为了避免这种情况的发生,应注意两点:第一,邮件的标题要简单明了,不可省略或随意填写,以免被误判为垃圾邮件;第二,预留充足时间等待回复,必要时,可以隔几天再次发送邮件。此外,尽量不要使用 QQ 邮箱进行联系,因为这样很容易被视作垃圾邮件,采用学校提供的 edu 邮箱是最佳选择。如果最终还是遇到了进退两难的情况,可以选择其中一位并向另一位导师说明情况并道歉,以减少负面影响。

2. 邮件有去无回,怎么办?

一般来说,导师们都很忙,所以在发送邮件后没有及时收到回复是常有的事,尤其是对于优秀的导师。所以,同学们应当耐心等待。如果长时间(如一周)没有收到某位导师的回复,可以再次向该老师发邮件询问。如果最终还是没有回复,就可以尝试联系其他老师了。

3. 导师表示课题组为统一招生,有专门负责招生的老师,怎么办?

在一些院校,导师的确对录取没有话语权,但这不代表联系导师就没有作用。一旦通过复试,在选择导师时,事先联系过导师就很有帮助。

4. 导师的回答很官方或者没有明确的答复,怎么办?

"欢迎报考"之类的回复很常见,可能是导师的婉拒方式,也可能导师想等待面试结果。同学们需要根据邮件的内容进行分析,再决定是继续套磁还是更换联系的导师。

5. 如何与导师保持联系以建立良好关系?

当导师表明态度之后,同学们应把握机会,保持与导师的联系。在与导师展开正式沟通或参与课题组工作之前,要充分了解自己的兴趣和目标,以及对导师的期望。在与导师沟通时,应明确地表达自己的学术目标和期望,并说明希望导师如何帮助,与导师共同制订清晰的研究计划和目标。还需要认识到,要适应导师的指导风格和工作习惯,理解他的要求,从而与导师形成默契,建立合作关系。这样,可以更好地与导师讨论和规划未来的学术道路,确保双方在研究方向、项目计划等方面达成共识。此外,建议与导师建立持续的沟通渠道,保持积极的沟通与反馈。为了学术发展,应定期与导师进行讨论,及时汇报研究进展和成果,展示自己的工作,并征求导师的意见;同时,对导师的指导和反馈要保持开放态度,接受批评并思考和反馈,及时作出调整。与导师保持良好的互动,建立开放、积极的合作关系,这将有助于学生的发展和成长。在重大节假日,还可以向导师发送真诚的祝福语,但要避免简单地复制和粘贴。

4.5 定位投递攻略

在参营前期,同学们可以根据自身情况进行科学定位、适当海投,等拿到 offer 后再考虑后续择校事宜。前期无须过于纠结,毕竟拿到 offer 才能进行选择。

4.5.1 前期准备

1. 明确需求与合理定位

首先,充分考虑自己的兴趣爱好、专业能力和职业偏好,确定就读的方向和目标院校。明确自身偏好和需求,能大大地提高定位投递效率。同学们可以重点思考以下问题:是专业优先还是学校优先或是城市优先?是就读本专业还是考虑跨专业?我更喜欢哪个专业?更适合哪个专业?哪个专业能帮助我进入更好的学校?哪个专业更符合我的职业偏好和未来规划?此外,在学位类型的选择上,学硕、专硕、硕博连读或直博,取决于个人的职业规划和发展需求。不同的学位类型代表着不同的能力要求和上岸难度,这些选择需要与个人的职业规划相结合,以确保未来的学术和职业发展方向得到有效支持。

同学们可以通过深入地调研和咨询来确定投递的专业方向、学位类型和目标院校。可以向学长、导师或家人咨询,也可以向保研机构的顾问老师咨询,为自己的专业选择明确方向。如果在投递阶段还未能作出决定,则可以选择混合投递,在参营过程中进行了解和取舍。

与此同时,同学们需要对自己进行实力评估,并搜集各院校的偏好信息,对比不同学校的招生要求,有选择性地进行申请,以提高保研成功的概率。在院校的初步筛选过程中,一般来说,本科背景+专业排名>科研论文≥竞赛≥英语>其他实践或实习经历。不同的院校在初审阶段可能会有不同的侧重点,有的院校会特别关注本科背景,有的则会重视专业排名,还有的会关注英语成绩。同学们应选择符合自己条件的学院进行申请,同时也要客观评估自己的不足,并对此进行科学的规划。例如,如果英语成绩存在明显劣势,应考虑如何弥补;如果缺乏科研经历,应如何有效规划时间来提升。此外,可以制定一个详细的时间表,包括个人背景提升的安排(如备考英语、参加竞赛、准备科研等)、申请材料的准备、夏令营的时间线(包括通知发布时间、申请截止时间、参加夏令营的时间等)、课程的作业截止日期和考试安排等。这样做有助于申请过程的顺利进行,避免因时间安排不当而带来的麻烦和焦虑。尤其是夏令营阶段,保研的学生可能还会面临期末考试和参加夏令营的时间冲突,因此,做好时间管理、尽早准备申请材料、复习专业知识,将有助于高效协调各项事务的安排。

2. 弯道超车思路

对于实力一般的保研生而言,单凭个人硬实力可能不足以与顶尖院校的"六边形战士"竞争。要想实现逆袭,同学们就需要有意识地在选择学校、专业、城市、导师等方面做出权衡,通过发掘自身的优势,争取进入性价比最高的院校。

(1) 有所取舍

1) 舍弃地域——选择偏远地区或 985 异地校区保学校 title/专业

有些学校虽然是 985 高校,但位于偏远地区,交通不便,就业和实习资源有限,因此报名人数不多;还有一些学校在异地开设分校区,尽管培养方式、毕业证书与主校区相同,但许多人对于异地校区仍持观望态度,担心其师资力量、教育设施等不如主校区,因此竞争相对较小。保研生如果想要实现逆袭,可以关注这些偏远地区的 985 高校或名校的异地校区,这样既增加了上岸的概率,又能为自己争取到名校的 title。

2) 舍弃专业——选择相对冷门专业冲刺 top 院系

不仅同一学校不同学院的报名热度不同,同一学院内不同专业的报名热度也会有所差异。例如,在法学院内,法理学的报名人数相对较少;在社会学院内,社会工作等专业也较少人问津,相对而言竞争难度较低。因此,保研生如果想要上岸名校或者优先考虑地域,可以选择这些相对冷门和小众的专业。

3) 舍弃学位类型——选择工程硕博/直博冲刺名校

在当前的保研市场上,学硕往往是大多数人的首选,但学硕的招生人数较少,竞争激烈,因此也成为申请难度最高的学位类型。相比之下,直博存在延毕无法获得学位证的风险,工程硕博由于推行时间较短,面临认可度和培养质量的问题,总体来看竞争难度较小。加之教育部正在大力推广工程硕博,其招生名额较多,而高校和导师通常更偏爱直博生。因此,如果同学们想要冲刺名校,不妨考虑选择工程硕博或直博。

4) 多出钱——选择专硕、中外合作项目进名校

在保研过程中,有些项目对经济条件有较高要求,这使得不少保研生望而却步,这种情

况通常出现在中外合作项目和部分专硕项目上。例如,复旦大学社政院的社会工作专硕学费全程为 7.8 万元,相对较高,且不提供宿舍,这劝退了不少保研生,因此该项目每年都会开设九推。如果家庭经济条件允许,保研生可以大胆尝试这些收费较高的项目,竞争压力相对较小。

5) 敢吃"螃蟹"——选择新型项目/联培项目等拓宽选择

保研是一场勇敢者的游戏,对于保研生来说,每年都会有新的计划推出,如国优计划,此外还有新设立的实验室/研究院或联合培养项目。例如,昌平实验室、北京通用人工智能研究院与全国 9 所重点高校联合培养博士研究生的专项计划、上海人工智能实验室浦视团队联培博士项目。这些项目可能因为缺乏往年参考数据、认可度不确定或存在信息壁垒,导致保研生较少选择,但同时也提供了较大的上岸机会!因此,建议所有保研生先去了解新项目的发展背景、师资团队、培养模式等重要信息,如果自己能够接受,不妨勇敢地抓住新项目、新方向的"新"机遇,最终实现逆袭。上述所列方法仅为示例,并不适用于所有人。同学们需要根据自身情况及未来规划进行选择。没有所谓最佳选择,只有最合适的选择。

(2) 发掘优势

除了勇于取舍,保研生还需要学会放大自己的优势,因为实力才是硬道理。只有充分挖掘身边的各种资源,将自己的实力发挥到极致,才能无憾地进入理想的院校。

1) 身份优势——利用自身身份选择特色项目

对于本科出身较好的同学来说,可以充分利用自己的 985 身份投递一些科研院系,争取大牛导师的青睐,也可以选择那些偏好 985 生源的学校,如武汉大学、西安交通大学、哈尔滨工业大学等。对于这些院校来说,985 的身份足以让自己在起跑线上占据优势。此外,对于退役大学生等特定群体,可以利用自己的特殊身份参与一些特定计划,如士兵计划等,这些赛道的竞争人数较少,热度相对较低。

2) 履历优势——结合自身情况投递有偏好的项目

院校在初筛时会综合考察同学们的本科背景、成绩排名、科研实力、英语水平和竞赛奖项等因素。当然,这些要素的权重并非固定,而是因校而异,每所学校都有自己的评判标准。例如,中国科学院多数院所对本科背景、成绩排名等要求相对较低,背景有短板的同学可以针对性地投递。保研生可以提前了解院校的偏好,根据自己在科研、竞赛、英语等方面的履历优势,投递对应偏好的项目,以提高上岸概率。

3) 地缘优势——投递同一地域的院系

部分院校在招生时会有特定的地域偏好,如同城双子、同宗同源、地域集聚效应等。这些院校通常会在同一地域内先进行一轮筛选,然后再考虑其他地区的学生。地理位置的接近对于获取信息、了解院校专业、线下面试、与老师建立联系等方面都有天然的优势;同时,招生老师在录取时也可能会有主观加分。例如,中科大会更倾向于合肥工业大学、安徽大学的学生。因此,保研生可以提前了解自己所在高校是否有特殊的地缘优势,并抓住机会。

4) 历史优势——投递学长上岸的高校

同学们还可以参考往届学长的去向,看看是否有"扎堆"效应。一般来说,如果学长能去的院校,理论上也会更容易上岸,因为对方院校老师会对自己的学校留下较好的印象,自然也会优先考虑。例如,北京大学光华2023级拟录取名单中,有四个同学都来自西南财经大学,这也从侧面反映了高校的偏好。因此,保研生应提前联系往届学长或询问学院教秘老师,了解往届去向作为参考,为自己争取上岸机会。

5) 人际优势——寻求熟人推荐

此外,保研生还可以充分利用自己的人脉资源。学术圈相对较小,老师们之间很可能互相认识。如果自己和本科导师或院系的其他老师关系较好,可以主动与他们联系,寻求推荐。如果老师恰好与某些院系关系密切,那么对方院校的老师也自然会对同学们有更深的印象。

(3) 有的放矢

保研是一场信息战,要想实现逆袭就要进行精准打击。保研生在全面搜集信息并选出目标院校后,需要为此做好针对性的准备,包括套磁、文书润色、核心专业课/技能学习、面试准备等。

1) 套磁

在套磁方面,保研生首先应通过查阅目标院校官网了解导师的研究方向,确定意向导师。然后结合目标导师的研究方向发送套磁邮件,不仅要介绍自己的情况,还要找到自己与导师研究方向的契合点,并提出自己的想法,以增加印象分。

2) 文书

在文书方面,应根据目标院校的偏好调整文书的侧重点,突出个人优势,弥补不足,力求吸引注意力,使自己的文书在一众竞争者中也能脱颖而出。

3) 专业课复习

在专业课复习方面,保研生应对本科课程进行全面细致的复习,并针对所报名的专业进行专项强化,了解目标专业的前沿动态和最新学习资料。特别是对于跨专业的同学,更需合理安排时间,调整复习节奏,以实现逆袭。

4) 面试准备

在面试准备方面,保研生可以在面试前找伙伴一起练习或对着镜子进行模拟面试,提高个人表达能力,注意掌握面试节奏,提前了解目标院校的考核偏好和历年真题,有针对性地练习面试技巧。

总的来说,"逆袭"的秘诀在于一是懂得取舍,二是放大个人优势,三是有针对性地提升个人实力和应试技巧。

（4）弯道超车特色项目盘点

除了中外合作、异地校区等常见项目，以及前面介绍过的国优计划和工程硕博计划，接下来岛主将重点为大家介绍两个特定计划。

近年来，国家针对退役大学生士兵和少数民族学生推出了特定的研究生招生计划，大多数人认为这些计划仅适用于考研，但实际上也适用于保研。如果同学们属于这两类群体之一，不妨关注以下信息：

1）退役大学生士兵计划

自2016年起，教育部为支持更多大学生投身国防事业，针对退役大学生士兵群体设立了"退役大学生士兵"硕士研究生招生计划。该计划遵循"自愿报名、统一招考、自主划线、择优录取"的公开公平原则，旨在录取优秀的退役大学生。

关于"退役大学生士兵"与保研的关系，许多同学的认知可能还停留在二等功直接保研和推免加分的层面。实际上，在保研外校的过程中，退役大学生士兵也有相关优惠政策。教育部统一分配的"退役大学生士兵"名额，与普通考生的竞争渠道不同，士兵计划考生是在士兵计划的总名额内竞争，而不是各院校拟招录的推免接收名额，这提高了外保上岸名校的概率。

近年来，已有不少高校通过"士兵计划"接收了保研学生。同学们可以通过学校官网、历年录取名单查找详细信息，或咨询招生老师了解情况。

2）少干计划

少数民族骨干计划是国家针对少数民族地区实施的人才培养计划。该计划按照"定向招生、定向培养、定向就业"的要求，采取"统一考试、适当降分"等特殊政策措施招收新生。毕业生需按照定向培养和就业协议到定向地区和单位就业，硕士服务期限为5年，博士为8年，经费享受中央级高校研究生的拨款政策。

许多人误以为少干计划仅适用于考研，但实际上也适用于保研。与退役士兵计划类似，少干计划高校接收端的名额是单独列出的，不占用常规推免的招生名额，因此高校可以借此录取更多优秀人才，为保研生提供更多机会。根据经验，同学们仍需通过初筛，但若通过这类院校的初筛，复试录取将具有明显优势。因此，如果保研生符合条件并愿意接受定向就业，可以考虑争取这一机会。

4.5.2 定位投递技巧

1. 分档投递技巧：根据定位划分院校档次

制定保研院校的投递策略时，可以采取分档投递来提高成功率。该策略主要是基于个人实力和目标院校的综合评估，将院校分为冲刺型、稳妥型和保底型三个档次，有针对性地制订投递计划:要大胆冲刺高层级的学校,再投递相对稳妥的学校,还要选择几所保底的院校。这样,即使最后没有冲刺到高层级的学校,也会有托底的学校,不至于到最后连一所学校的 offer 都没有拿到。

首先是冲刺型院校。这类院校是指学生现有的软硬件条件还需提升才能达到申请标准的院校,通常是重点高校或在某一研究领域有较高影响力的学府。一般来说,冲刺型院校会比学生本科院校会至少高出一到两个档次。对于这些院校,同学们需要投入更多的精力和资源进行深入的研究和准备。

其次是稳妥型院校。这个档次的学校是在保研生的实力范围内,但同时也存在一定竞争压力的学府。同学们可以选择那些专业领域著名、师资力量雄厚且研究方向与学生兴趣契合度较高的院校,通过全面展示个人的能力和潜力来增加录取机会。

最后是保底型院校。这类学校通常是在实力范围内且较容易拿到 offer 的学府。尽管是保底学校,也不应掉以轻心,仍需认真对待。在投递保底学校的同时,还可以考虑一些非985/211学校或专业排名偏低但对个人发展有利的学府。

同学们可以按照4:4:2或3:4:3的比例对这三个档次的学校进行投递。

2. 名校捡漏技巧:挖掘小众保研项目,提升入营和获得优秀营员的机会

(1) 关注新项目

关注新项目,即留意学校最新推出的招生项目。新项目往往少为人知,申请者较少,竞争压力相对小。由于这些项目刚刚推出,录取政策可能相对灵活,更注重个人潜力和特长,而非仅仅依赖于成绩和科研经历。同时,新项目通常反映了学校在特定领域的人才需求,与其研究方向契合的申请者有更大的成功机会。因此,关注并申请新项目,既可以避开激烈的竞争,又能够依靠个人潜力和特长来获得更多的关注,是一种灵活且有战略性的投递方式。

(2) 关注热门院校的冷门专业或交叉学科

想要投递更高层次的院校但担心自身实力不够时,不妨关注一些热门院校的冷门专业或特定院系。一般来讲,这些领域的竞争不那么激烈,招生门槛较低,投递成功率和录取率会更高。

此外,选择交叉学科也是一个不错的策略。一些院校交叉学科的申请者并不多,这就给了申请者更多的机会。如果同学们的研究方向涉及多个学科领域,那么可以尝试在交叉学科中寻找突破口。

(3) 利用院校的特定偏好

如果就读于财经、政法或外语等特色明显的知名高校,那么可以优先投递与专业领域匹配的顶尖学校。比如,西南财经大学的同学投递上海财经大学、中央财经大学等学府可能会更容易。

此外,还可以利用地域优势。比如,在南京、武汉、上海等地的同学,可以优先申请当地高层次的院校。如果本科院校与目标院校的地理位置接近,那么可以利用自身所具备的资源,最大化自身优势,从而更精准地投递适合自己的目标学府。

3. 海投技巧

(1) 考虑空间距离

参加线下夏令营的主要限制因素是往返路程和时间成本,这影响了学生的"海营"效率。为了增加夏令营参与次数,建议申请地理位置接近的学校(如同省或邻省),这样就可以做同届推免生中的"海王"。

同一地区的高校一般联系较为紧密,对当地生源的质量也更认可。因此,就近投递院校,可以提升入营的机会。

(2) 申请专业策略

考虑申请相似或交叉专业的夏令营。要注意不同专业的夏令营开始时间和持续时长不一样。例如,经济管理类专业的夏令营可能较早开始(竞争相对激烈),如复旦大学经济学院在3月就会发布夏令营通知。

参加这些早期通知的夏令营,跨专业也无妨。这不仅可以增加获得offer的机会(一般早开的项目较好),而且可以提前体验夏令营氛围和考核流程,为后续其他夏令营做准备。

但需要注意的是,不必申请一定不会去的院校或专业。这既节省精力,也为其他学生留出机会。

(3) 错峰投递

由于保研过程很长,从3月便开始发布通知的夏令营到8、9月的预推免和正式推免,机会众多,因此,不必将所有的申请都集中在夏令营。建议同学们在夏令营期间尝试冲刺理想的院校和专业,包括学长推荐的优秀学校或自己渴望但难度较大的学校。即便没有获得夏令营offer或入营通知,预推免和九推仍有众多机会。当然,如果获得一个夏令营保底offer,就能减轻预推免的压力。所以,同学们要争取在夏令营阶段至少获得一个保底offer。

如果成绩排名不占优势,可以考虑与同专业同学错峰报名,选择不同的院系或专业,以提高入营率。在申请专业时,可以选择相对冷门的专业或尝试跨专业申请,以避开同专业的高手,减少竞争;在准备申请材料时,如果硬实力不足,一定要提前了解目标院校的考察重点。有些院校可能重视成绩,有些可能看重科研能力,还有些可能注重英语水平。同学们应尽量选择自己具有优势的院校,在个人简历和个人陈述中务必突出个人特色和亮点,并尽力展现自己的真诚态度,这样或许能够赢得招生老师的青睐。

4.5.3 注意事项

1. 详细了解目标院校及项目

在投递前,同学们需要详细了解计划投递的院校项目,包括可投递哪些学院、是否存在申请限制、各院系的学术资源、导师团队、毕业生就业情况、保研难度等。这些信息将有助于更好地定位自己的研究方向和选择合适的目标院校。

2. 及时友好地向招生老师咨询

在院校投递的过程中,如果遇到难题或疑惑,应及时向招生办咨询。在咨询前,要对问题进行充分的思考和整理,并准备相应的材料。交流时,要尊重对方,礼貌地提出问题。在获得对方的帮助后,要表达感谢和希望加入该校的诚挚愿望。

3. 合理安排申请进程

时间管理对于保研申请过程非常重要。考虑到申请包括准备材料、联系导师和填写申请表等环节,明确的时间安排是必要的。首先,需要提前了解目标院校的申请截止日期,确保有足够的时间准备和提交材料。其次,根据截止日期制定一个详细的时间表,将任务细分并合理安排时间。预留缓冲时间以应对意外或完善申请。同时,同学们要养成良好的时间管理习惯,优先处理重要任务,避免拖延和浪费时间。这可确保申请高效有序,提高成功率。

4. 与同学友好协作

把同院系同学当作竞争对手是自然的想法,但要把目光放到全国各所高校同一专业的学生整体上,认识到同院系同学也是队友,注意采取合理的竞争方式。良性竞争可以促进个体之间的共同进步,恶性竞争则会导致两败俱伤的后果。一方面,可以与同专业同学错峰报名,避免同时填报意向院校的同一专业,以提高入营率。另一方面,"众人拾柴火焰高",一个人搜集资料的效率和准确性比不上一个团体共同协作的成果,因此要与同学保持信息互通,及时更新讯息,保持共同协作和良性竞争。这样才能将利益最大化,尽可能避免内耗。当然,在与他人沟通协作的过程中,同学们也要注意保护自己,以防被有心人利用。

4.6 笔试攻略

4.6.1 笔试主要流程

在部分高校的保研考核中,笔试是评选优秀营员的关键方式。在一般情况下,笔试安排在讲座后、面试前。如果是线下笔试,我们需要按照院校的考场分配和具体要求进行;如果是线上笔试,首先要保证网络环境良好,再按照院校规定下载特定的监考软件,并按照具体规定进考场、答题、拍照交卷并邮寄纸质试卷。

笔试主要考查专业知识,形式包括但不限于名词解释、选择题、判断题、简答题、辨析题、论述题等。英语笔试一般面向英语专业的学生,难度和专四、专八相当。其他专业的英语笔试较少,一般考查专业英语,如翻译文献。

不同院校的考试形式差别较大,有的允许查阅资料。因此,同学们可以提前向考场老师询问并确认相关的要求。整体而言,同学们应认真对待考核,既不可过度紧张,也不可掉以轻心。

4.6.2 考核成绩占比

在不同院校的保研考核中,笔试与面试成绩的比例可能存在差异。例如,有的是 4∶6,有的是 6∶4,有的是 5∶5。有些院校规定,笔试未达到 60 分及格线则没有资格进入面试。同学们需要了解这些比例,这样才能发现考核的重点,并有针对性地准备。

4.6.3 分项准备技巧

1. 英语

在保研过程中,某些院校的笔试中可能出现专业英语的考核,通常采取英汉翻译的形式。还可能有专门的英语测试,通过阅读、写作、翻译多种题型综合考核学生的英语水平。这就要求学生注重平时的积累,尤其是对英文专业理论和专业外文文献等的掌握。

(1) *专业理论和文献翻译*

多数院校的保研考核中会要求学生翻译英文段落或根据英文内容回答问题。

翻译类需要阅读并翻译一段英文文献。回答问题类则需要读懂英文段落后回答有关问题,如其主旨或方法等,这类测试的概率相对高。

这两类题型都与专业知识或研究前沿有关。在准备过程中,学生应定期阅读专业论文或期刊,了解最新的研究动态,并积累专业英语词汇。参与笔试前可深入了解对应院校聚焦的研究方向和发表的权威论文等,选取部分文献中的一段进行翻译,并积累专业理论的英文表达。

在翻译过程中,若遇到不认识或想不起来的单词,可根据上下文理解词义,也可选择性跳过。若遇到长难句,要断成短句,提高流畅度。此外,翻译还需符合汉语的表达习惯。

(2) 听力

英语听力环节在保研笔试中不常见,但少数院系可能会采用。一般来说,如果考查听力,则题目难度和大学六级或大英赛相当。平时练习和积累能使考试轻松自如。以下是一些应对听力测试的技巧。

1) 计时训练

大学英语六级、大英赛和雅思考试的历年听力真题都是很好的训练素材。在练习时,应严格按照实际考试的时间限制进行,不要在音频播放过程中暂停,并控制每个部分的思考时间。这种严格的练习可以帮助同学们在实际考试中更好地控制做题速度,避免出现因思考上一题而错过下一题的情况。

2) 二次做题

在听力训练结束之后,对答案之前,可以重新听几遍那些不确定或未听清的题目,直至得出答案或确认无法理解。这个环节不计入分数,但能帮助同学们了解自己的实际听力水平以及受各种因素的影响(如读题时间不够、语速太快)的失分情况,并据此进行针对性训练。

3) 阅读听力原文

在对答案后,应查看听力原文,分析失分的原因,可能涉及生词、多音词、语法、逻辑等方面。根据具体原因进行错题整理,查询并学习生词、多音词、语法规则等。这样可以准确定位问题所在,是词汇量不足还是语速跟不上,并进行针对性训练。

如果因不认识单词而失分,就要加强词汇学习;如果是语速太快而听不清,就要通过反复练习和倍速听力训练来提高。错题整理是备考中重要的环节,有助于巩固知识和提高效率。应坚持这一良好习惯,并注重方法与效率,定期复习。

4) 重听原文

在查看原文后,应再次听错题的原文录音。如果能正确辨别答案,说明问题主要在于单词、语法、逻辑方面。如果仍难以分辨,可能是对语音语调和连读技巧不够熟悉。这时,建议多听几遍,同时看文字和听录音,感受视听差异。这时,应构建英文词汇的音形联想,直至迅速识别语句的意义。通过持续练习,大脑将自动处理类似连读和语调变化,减少语音干扰。

这需要长期练习才能达到。

(3) 阅读

高效阅读英文文段依赖于平时在词汇和语法上的积累。在词汇方面，无须盲目地翻阅厚厚的单词书，机械地背单词，而应该从英语六级或大英赛真题中学习生词、短语和高频词汇，并通过专业英文材料和文献掌握专业词汇的用法。将词汇置于具体语境中，分类记录并定期复习，灵活掌握其发音、含义和搭配。在语法方面，将学习融入日常生活，通过阅读英语新闻、杂志等，观察句子结构和表达特点，理解不同语境下的语法结构。推荐阅读的书籍包括张满胜的《英语语法新思维》和薄冰的《英语语法手册》。

在英语学习中，阅读英文原著可以有效提升综合阅读能力，并有助于掌握地道的英语表达方式，这对翻译和写作尤其有益。对于初学者，不建议直接阅读《老人与海》(*The Old Man and the Sea*)、《简·爱》(*Jane Eyre*)、《飘》(*Gone with the Wind*)等经典文学作品，因为这些书难度较大，内容复杂且深刻，而《追风筝的人》(*The Kite Runner*)、《火星救援》(*The Martian*)等书籍更适合大学生级别词汇量，它们的语境和语言风格更易理解。

(4) 写作

虽然很多院校的英语笔试不常涉及作文题目，但部分院系可能会考核写作能力，所以同学们不可掉以轻心，还应做好充分准备。在准备英语作文时，可以按照不同文体进行针对性训练。对于图表作文，应首先概括图表主题，然后分析极值和趋势，最后总结分析以构建有逻辑的结构。议论文则需围绕核心论点展开，提出多个分论点，并提供有力论据进行层层递进的论证。平时可以通过分析六级或大英赛真题的参考答案来学习行文结构和常用句型，形成适合自己的行文结构，以便在考试中快速完成逻辑构思和语言组织，并为检查与修改留出时间。

2. 专业基础知识

专业基础知识是笔试中的核心内容，考查方式可能包括简答题、论述题等。同学们需要深入理解和掌握学科知识，并能够识别知识点间的逻辑联系以便在考试中进行有效回答。

(1) 选取合适的复习资料

不同院校的教程和教材可能存在差异。同学们应该围绕现有的知识储备（包括教材、笔记等）和老师的讲义（通常为PPT形式），结合目标院校推荐的参考书目，有针对性地补充未学过或不熟悉的内容，从而减少知识盲点，避免仅依赖本科阶段的教材而忽视目标院校的特殊要求。

(2) 侧重关键问题和基础性知识

学生需要在短时间内复习大量的专业知识，而且不同院校的考核范围可能有所不同，还要准备面试，因此负担很大。为了减轻压力、在短时间内涵盖广范围的知识，建议挑选每本参考书中关键和基础的部分进行复习，而不需要按照单元先后顺序慢慢阅读。保研笔试通常会涉及院校认为研究生应掌握的基础知识点以及当前研究的热点问题,这不仅测试考生对专业知识的应用能力,也检验其对研究热点敏感度与深度的思考能力。因此,同学们没必要过于细致、呆板地将书籍里的知识刻存在脑海中,而应学会辨别和思考更具价值的问题。

(3) 关注专业热点和前沿性问题

保研笔试也会关注申请者对学科前沿理论和研究方向等的了解。因此,同学们需要通过阅读学科领域内的重要文献来跟进专业热点。

一方面,浏览高质量文献。在选取文献时,应注意以下几个方面:第一,关注期刊分类级别,如 SCI、SSCI、CSSCI、CSCD、EI 等。优先选择高等级的期刊进行追踪。第二,关注期刊主办单位。尽量选择那些由重点高校或领域内权威机构出版的期刊。第三,关注编委团队。由院士、知名学者领衔编委团队的学术期刊的专业度和质量层次通常更高。第四,关注期刊收录情况。选择那些刊登的文献被领域内主流、权威数据库广泛收录的学术杂志。第五,关注影响因子(IF 值)。通过知网、中国科学技术信息研究所官网等权威渠道查询影响因子,选择领域内影响因子较高的期刊进行追踪。

另一方面,跟进重要专家学者的最新研究动态,尤其是目标院校导师的研究方向和著作。这有助于了解学科前沿信息。

(4) 注重复习方法

同学们需要采取"以点带线,以线带面"的学习方法。"以点带线"指的是从一个核心知识点出发,向外拓展并链接到其他相关知识点,形成一条或多条具有逻辑性的知识链。这是系统性回顾知识的第一步,也是对逻辑思维和知识串联能力的初步锻炼。"以线带面"指的是将已经串联好的这些逻辑线进一步扩展,构建成一个广阔的知识"面"。这使同学们在考试中能够迅速从庞大的知识体系中提取相关信息,并进行发散性联想和拓展。

另一方面,也要将集中复习与分散复习相结合。从时间层面来讲,集中复习指的是集中一段时间对知识进行大量的复习,而分散复习指的是每隔一段时间重复学习一次或几次。分散复习的效果优于集中复习,尤其是对于需要花时间去理解的难度较大的知识。从内容层面来讲,集中复习相当于将知识进行整体性的整合,而分散复习则是将知识分成不同阶段和模块。这两种复习法的优劣是相对而言的,与知识的长度和难度有关。可以先根据目标院校夏令营笔试的常考题型来有针对性地采取不同的复习方法。比如,对于系统性较强的论述题、实验题等,可以集中复习;对于独立性较强的术语概念、单词、短语等,可以分散复习,有益于保持长久的记忆。

此外,可以将时间上的"分散"和"集中"与内容上的"分段"和"整体"进行交叉组合,采用"时间集中-内容分段"或"时间分散-内容整体"的匹配方式,以优化复习效果,从而在保研笔试中取得更好的成绩。

4.7 面试攻略

保研面试一般采用一对多的形式,持续时长为五分钟到数十分钟不等,主要环节包括自我介绍、简历面试、专业面试、压力面试和英语面试等,侧重考查学生的综合素质、科研潜力及口头表达能力。有的院校还会采取群体面试的形式或要求学生进行学术论文汇报。约80%的面试问题都可以提前准备,下面将详细介绍保研面试的攻略。

4.7.1 自我介绍

在保研面试中,自我介绍是一个必要环节,其内容和结构需结合所申请的院校和专业精心准备。一般而言,自我介绍的时间长度分为1分钟、3分钟和5分钟不等。

以下是自我介绍应包含的主要内容。

1. 基本信息

首先介绍自己的基本背景信息,即姓名、本科院校、申请专业等。这部分大致模板为:"尊敬的各位老师,我是来自××大学××学院的××,目前就读于××专业。怀着对××大学的憧憬和对××专业的热情,特此申请攻读贵校××专业。接下来,我将依次介绍我的个人情况。"

2. 学习情况

接着说明自己的学习成绩、排名、英语水平以及获得的奖项和技能证书。这部分大致模板为:"在学业成绩方面,前×学年,我的绩点为××,排名第×,我获得了国家奖学金和一等奖学金等荣誉,并取得了英语六级×××的良好成绩。在此过程中,我发现我热爱××专业,并决心在这个领域继续深造。"

3. 科研竞赛经历

然后简述参与的科研项目和竞赛活动,以及相关的成果。这部分大致模板为:"在科研竞赛方面,我参与了多个××科研项目,担任××项目负责人,负责××工作,项目最终获得国家级××奖项。基于××研究成果,我作为第一作者发表了××论文。此外,我还参加了××竞赛并获得××奖项,这些经历坚定了我想走学术道路的决心。"

4. 实践经历

简要提及社会实践、志愿服务和学生工作经历,特别是对于申请专业学位硕士生来说,实习经验也非常重要。这部分大致模板为:"在课余时间,我参与了××社会服务项目,累计志愿时间达到××小时。这些活动提升了我的××能力,并增强了我的责任感。在学生组织中,我担任××职务,负责××工作,获得了'优秀学生干部'的称号。"

5. 未来展望

最后,阐述对未来的学业和职业规划。可以从以下两方面入手:一是学业发展,包括研究兴趣、学业计划和行动指南(例如有读博深造的愿望、打算加强英语学习和积极开展科研实践等);二是职业展望,即未来想从事什么职业。

6. 结尾

结束时再次表达渴望进入该院校的愿望。这部分大致模板为:"如果有幸被录取,我……希望各位老师能给我这个机会,非常感谢!"

通过以上结构化的内容准备,可以使自我介绍环节清晰、有力,给面试官留下深刻印象。

4.7.2　简历面试

简历相关问题一般包括科研经历、论文专利、英语水平、专业学习及兴趣爱好等方面。

1. 科研经历

科研经历是评价学生学术潜力和研究能力的重要指标,因此老师们会对此非常感兴趣。

同学们需要对参与过的科研项目非常熟悉,并能够清晰地阐述项目的各个方面,如研究背景、研究意义、研究现状、研究对象、研究内容、研究方法、研究创新点与不足之处、研究结论及政策建议。同学们可以按照这个逻辑结构进行简单的梳理,并准备项目的整体概述以及各个具体方面。老师可能会从大方向提问,如"请介绍一下该项目",也可能会从小方向提问,如"请你具体说一下研究结论",所以同学们要做好两手准备。

同学们还需要提前思考在科研项目中所承担的任务、研究过程中所遭遇的困难,以及从项目中获得的收获。这些是面试老师可能会询问的内容。

此外,对于专业硕士申请者,老师们可能对实习经历更感兴趣。因此,同学们应准备好与实习相关的问题,比如:你有哪些实习经历?在实习中负责了哪些工作?最大的挑战是什么?你在实习中学到了什么?不同公司的实习给你带来了怎样的感受?

2. 论文专利

对于已发表的论文,可能会被问到关于论文的概述、研究契机、研究现状、所用模型、研究创新点与不足之处,以及研究结论和可能的政策建议等方面。因此,同学们必须对自己撰写的论文内容非常了解和熟悉。

对于专利,可能会被询问研究的契机、研究背后的原理和机制,以及发明的意义、申请流程等问题。

3．英语水平

对于英语水平较差的学生,老师可能会直接质疑英语水平。对此,同学们可以给出合理的解释,例如:之前忽视了英语的重要性,未能充分准备就参加了考试,但现在已经开始意识到英语的重要性,并且正在努力加强学习,计划重新挑战六级或雅思考试。对于英语水平较高的同学,老师可能会问学习英语的技巧,以及是否有出国的打算等问题。

4．专业学习

在学习成绩方面,如果专业排名靠后,老师可能会问到能否获得保研资格。在这种情况下,一定要确切地表示能获得保研资格。如果连你本人都不确定能否获得保研资格,那么老师们更会犹豫要不要录取你。

在所学课程方面,老师们可能会要求介绍某个课程的内容,或者询问你最喜欢的课程、收获最大的课程或最喜欢的老师,还可能会问及本科期间最成功的实验及其原理等。

在软件技能方面,老师可能会问你使用过哪些专业软件,以及你是否能够操作和设计相关的模型。

5．兴趣爱好

如果简历上写到了独特的兴趣爱好,老师们可能会询问你为什么喜欢它,什么时候开始喜欢它,以及你从中有什么收获等。

具体怎样准备简历面试?

首先,需要十分熟悉简历的内容,因为面试中的问题一般都来源于简历上的信息。在准备简历和面试时,确保对简历上的每一点都非常熟悉,尤其是论文、科研经历和学科竞赛等方面,这些都是面试官喜欢提问的点。

其次,重视简历中的"亮点"与"弱点"。在面试过程中,老师往往会对"亮点"颇感兴趣。例如,本科发表过论文,或者在国际竞赛中获得过出色成绩。同时,在压力面试中,面试老师也极有可能会针对简历中的弱点进行提问。例如,专业排名不太靠前,英语成绩分数较低,或者科研经历较少。因此,同学们需要提早做好应对准备,在被提问时能够做到不慌乱,有逻辑、有条理地予以回答。

再次,保持不卑不亢、有礼有节。既要充满自信,表现出积极的精神面貌,同时也要保持谦虚严谨。当老师问到不了解的问题时,要实事求是地回答,并表达后续会加强学习的积极态度。

最后,注重面试过程中的细节。例如,在准备线下面试时,带上足够数量的简历,尤其是在不确定面试官人数的情况下。又例如,进入面试教室后,简历先递给谁后递给谁也有一定的讲究。这些细节往往会影响老师对你的第一印象,进而影响面试成绩。

以下是一些常见的简历面试问题,供同学们参考:
- 介绍一下你在大学所学习的课程,哪门课程你学得最好?
- 你读过哪些专业书籍?请简单介绍一下。
- 你为什么选择转入 XX 专业?你的本专业与 XX 专业有什么关系?
- 你为什么选择跨专业?你认为自己的跨专业优势和劣势分别是什么?
- 你最感兴趣的研究方向是什么?为什么对这个方向感兴趣?
- 在 XX 项目中,你主要负责了哪些工作?遇到了哪些困难?
- 你的论文研究问题或主题是什么?
- 你的论文中 XX 模型的原理是什么?
- 已经有许多人在研究这个问题,你的创新点在哪里?
- 你做过哪些相关研究?能否直接上手进行相关工作?
- 在 XX 竞赛/项目中,你扮演了什么角色?主要负责什么工作?
- 你为什么选择参加 XX 实习?你有哪些收获?
- 你对研究生阶段的学习和研究有什么规划?
- 能否介绍一下你的未来职业规划?

4.7.3 专业面试

面试时间有限,长则 20 分钟到 30 分钟,短则只有 5 分钟到 10 分钟。因此,专业问题不会很多且难度适中。

专业面试以基础知识为主,所以同学们需要熟悉专业名词,并理解其含义,不需要像应对笔试那样刷题,而要关注概念性的知识,建立起完整的课程思路体系,并能够将不同课程的知识点融会贯通。

在这一环节,老师可能会要求解释一些专业名词或分析时事等,这主要是在考查专业知识是否扎实,所提的问题通常都比较基础。在专业名词方面,注重数学的专业可能会考查如概率论中的贝叶斯定理这样的概念。每个专业都有其特色和知识,所以同学们应当重点复习本专业的核心课程内容。如果对某个概念不太清楚或记忆模糊,则可以通过举例的形式进行说明;如果完全不懂,则需要诚实地表示将来会加强学习。而对于那些与时事结合紧密的题目,需要将理论与实际相结合。这就要求同学们不仅要认真复习书本知识,还需要积极关注时事。老师们都喜欢专业基础扎实,了解学术前沿和时事的学生。

专业课的准备工作宜早不宜迟,最好提前开始并多轮巩固。同学们可以向该学校的学长咨询往年保研面试的流程和常见问答,一般按照他们的经验来准备就足够了。

4.7.4 压力面试

压力面试旨在考验学生的心理承受能力。面试老师会提出很多奇葩问题,以此考验学生的临场应变能力与心态。在此过程中,面试老师通常并不要求学生说出一个完美的答案,主要是为了观察学生的反应和表情,以及面对一个未知的挑战环境时的应对对策。

常见的压力面试主要有以下两种形式:

一种是不断追问细节,环环相扣。这是一种常见也很有效的方法——打破砂锅问到底。老师会根据学生的回答提出一系列相关联的问题,使得学生难以保持思路的清晰和完整。

另一种是质疑你的回答,让你产生自我怀疑。一个常见的问题就是:"你最大的缺点是什么?"这个问题要求学生自我反省并公开承认不足,这在一定程度上会给学生带来压力。在准备面试时,学生们可以对这类问题做一些预先的准备。然而,需要注意的是,老师并不真正想了解你的具体缺点,同学们可以选择一些对个人形象影响不大的缺点来谈论,并且坦诚地承认这些缺点,同时阐述自己未来将如何改正和提升。

面对压力面试时,该如何应对?

首先,需要保持自信,并在心态上做好调整。既然已经预知到这种可能的情况,就应该在战术上对其予以藐视。仔细思考,能够进入面试阶段,说明你一定符合学校的选拔标准。学生与考官之间没有个人矛盾,所以他们所表现出的不满只是一种"姿态",并不代表他们对学生个人或面试表现的真实看法。相反,这样的测试可能表明他们重视你,或许希望你成为他们的学生,因此特意来测试你的承压能力。同学们需要树立信心,在遇到压力面时不去过度解读,要明白施加压力并不代表老师不认可你。明确这一点后,你就能在面试中透过考官一些略显"夸张"的表现,探查到他们的真实意图,并尽可能地保持冷静应对。

其次,面试前的准备至关重要,只有充分准备,才能在面试中从容不迫。准备工作主要分为两部分:常规准备和沟通能力的锻炼。常规准备包括复习专业知识、熟悉个人简历,并通过学长以及相关经验帖来了解可能被问到的问题。除此之外,为了应对可能出现的压力测试,还需要特别锻炼沟通能力,尤其是多与老师进行交流,这样可以建立对老师身份的熟悉感和信任感,从而提高即时反应能力。在保研面试中,面对压力测试,这种准备可以帮助你迅速建立起对考官的信任,快速作出回应,保持镇定。

再次,积极回答老师的提问,并做到不急不躁。如果老师确实指出了你的弱点,不要盲目辩解。相反,在承认后,你可以表明自己已经采取了哪些措施进行弥补,并且取得了一定的效果,以及今后计划如何改进。如果老师的问题背后有特定的原因,你也可以有条理地补充解释。此外,面对导师的挑战时,压力可能会使气氛变得紧张,此时保持冷静和微笑非常重要,因为微笑有助于缓解紧张的局势。心态的调整需要通过反复演练来培养,大家可以多与同学或朋友交流,提前进行模拟面试练习,以树立信心。接下来,列举一些常见压力面问题。

(1) 项目报名类
- 为什么选择这个学校或专业?
- 是否申请了其他院校?还获得了哪些 offer?
- 假如没有通过面试,你会怎么办?
- 有意向导师吗?为什么想选他?评价一下他。
- 对本项目或本校有多少了解?
- 你本专业不是××专业,为何想转到××专业?为了转专业,你做了什么准备?
- 是否把我们作为第一选择?
- 上一届师兄姐鸽了我们,你会鸽我们吗?

(2) 个人能力类
- 你的优缺点是什么?
- 你的英语六级成绩或专业课程成绩为什么这么低?
- 就你今天的表现来说,我不想录取你,你觉得是什么原因?
- 在你和你们学校另一个同学之间,我应该选择录取谁?
- 我们为什么要给你发 offer?相对于其他营员,你的优势在哪里?
- 你遇到过的最大困难是什么?
- 你最失败的经历是什么?
- 我觉得你的专业能力还有提升的空间,你认为自己没能充分展现出实力吗?如果是这样,为什么之前没有做充分的准备呢?

(3) 其他类
- 给你一个机会向我提一个问题,你会问什么?
- 评价一下指导你写论文的老师。

4.7.5 英文面试

保研英语面试一般有自我介绍、结构化问答、翻译、即兴演讲几种类型。大多数学校主要侧重于结构化问答,这部分应是复习中的重点。

英文自我介绍是唯一可以提前充分准备的部分,但需要注意不同学校对自我介绍的时长要求不太一样。因此,建议提前准备一分钟、两分钟和三分钟等不同版本的英语自我介绍,并熟练掌握。

在结构化问答环节,问题可能涉及生活类和专业类。平时应多练习口语,积累语感和素材。生活类问题可能涉及家乡、本科学校、专业、选择这个学校和这个专业的原因、研究生规划、个人优缺点、最喜欢的一本书、兴趣爱好、最尊敬的教授/老师等。专业类问题可能涉及课程、论文、科研、竞赛等方面。可以事先准备好常见问题的答案,并总结常用的方法论(如由主到次、总分总、以小见大、优劣对比等),以避免遇到陌生题目时哑口无言。

在文献翻译方面,流畅度至关重要。准备时可以阅读自己感兴趣领域的英语论文,并选择摘要或引言进行翻译练习。同时,要注意积累专业词汇并控制时间。

即兴演讲通常出现在外语类专业的考核中。老师会给出一个话题,或要求学生抽取一个话题,经过简短准备后进行两到三分钟的即兴演讲。即兴演讲的话题随机性较大,可能与时事相关,也可能与日常生活有关。

在英语复习的准备中,最有效的提升方法就是就是将英语学习当作日常习惯,持续积累常用词汇和句式,以增强语感。同时,平时应多关注中英双语新闻,掌握相关专有名词的英文表达。可以在手机上下载 China Daily、BBC 等英文新闻类 APP,平时多浏览,以积累词汇。此外,同学们在日常学习中应积极进行模拟练习,这样在面试时才能保持自信和从容。回答问题时,应注意语速适中,节奏恰当,并留意语气的停顿,确保声音清晰、响亮,发音要准确饱满。避免长时间的停顿或空白,也不要让考官感觉你在背诵答案。如果不小心说错话,可以立即用"I mean""in other words"等表达来纠正。如果没有听清问题,可以请求重复或通过提问来澄清问题。同时,要注意控制答题时间,避免超时,回答完毕后可以明确表示已经结束回答,提示老师进入下一环节。

总之,在面试时应该先理清思路,思考清楚后再作答。保持平和的心态并相信自己的能力。遇到不了解的问题不要试图掩饰,可以婉转地向老师表明情况,或者尝试将问题引导至自己熟悉的领域。持续的训练和积极的心态是面试中获胜的关键技巧。

4.7.6 思政和时事热点面试

1. 思政热点面试

思政类问题一般分为两种:一种是解释简单的名词,例如"四项基本原则""五位一体总体布局";另一种是分析时政热点。分析时政热点,即要求阐述对某个时政问题的看法或理解,例如对宗教信仰的观点、对巩固和拓展脱贫攻坚成果的理解。对于非马克思主义学院和非公共管理等学科的保研生来说,思政热点面试主要考查同学们思想政治态度,所以同学们无须太过紧张。建议同学们关注时政新闻,并通过复习《毛泽东思想与中国特色社会主义理论体系概论》和《马克思主义基本原理概论》重点掌握基本名词。

2. 时事热点面试

时事热点问题常用于考查综合素养和社会理解能力。通常,这些问题与专业相关,需要运用专业理论并从专业角度进行解释。因此,同学们应定期阅读各类新闻,包括政治、经济、社会、科技等,以掌握热点话题,例如"数字经济的影响"或"人工智能对高等教育的影响"。尤其重要的是,要深入分析社会上的热点问题和常见现象背后的原因和影响,并提出切实有效的对策建议,形成个人观点,锻炼批判性思维和问题分析能力。

在保研问答和书面考核中,为了论述条理清晰、思路明确,首要任务是掌握常用理论,熟练使用适用的逻辑结构和分析框架,将理论知识与实际问题相结合。此外,还需掌握进阶的分析模板,以应对潜在的难题。同时,关注与专业相关的时事话题也至关重要,特别是该领域的新闻和发展,以展现对专业的热情和深度理解。

4.7.7 群体面试

保研群体面试指的是一位或多位考官同时对多位同学进行面试。与单人面试相比,群体面试的效率更高,但同学们面临的不确定因素也相对较多。群体面试主要考查的是考生的组织能力、表达能力、逻辑思维、团队协作以及快速应变等综合素养。群体面试通常采取无领导小组讨论或程序化讨论的形式进行考核。

1. 无领导小组讨论

(1) 介绍

无领导小组讨论是一种面试形式,由一组面试者构成一个团队,围绕一个给定话题在限定时间内展开讨论,通过综合各个参与者的观点,最终达成一致的结论。这种讨论旨在考查学生在逻辑思维、团队合作、语言表达、组织协调和抗压等方面的综合能力。

在保研面试的无领导小组讨论环节,可能包含案例分析、正反辩论等多种形式。案例分析通常包括以下几个步骤:小组成员的自我介绍(中英文均可)、限时阅读案例、小组讨论以及小组观点的展示。在无领导小组讨论中,成员可能分为领导者、计时者、记录者、总结者等角色,也可能不分角色,直接根据讨论的主题进行全体讨论。考官一般不参与讨论,或者仅作必要的主持性发言,并在讨论结束时提出问题。无领导小组讨论的核心在于评估学生的团队合作精神和沟通能力,并考量个人对小组的贡献。

(2) 流程

在无领导小组讨论的具体流程中,一般会按照以下步骤进行:

① 面试官开场。首先,面试官会介绍面试的流程、注意事项以及讨论的主题。

② 审题思考。面试者需要仔细审题、独立思考,并准备自己的发言。这一阶段的准备时间一般为3~5分钟。

③ 个人陈述。面试者轮流陈述自己的观点,每个人的发言时间一般为3~5分钟。

④ 自由讨论。在自由讨论阶段,面试者不仅需要表达自己的观点,还需要回应他人的

看法。经过讨论,得出统一的结论。不同学校在这一部分的时间安排可能会有所不同,但一般为30~40分钟。在此阶段,面试官不会进行任何干预。

⑤ 总结陈述。由一名成员进行总结,其他成员可以进行补充。之后,面试官可能会向小组成员随机提问。

(3) 注意事项

① 遵守面试规则。同学们需要严格遵守面试的规则,包括时间限制和任务要求。例如,有些院校可能规定在群面中不得透露自己的院校信息。一旦违反规则,可能会对面试成绩产生不利影响。

② 注意发言顺序。虽然程序性群面采取半结构化的提问方式,但面试本质上仍存在竞争。在确保思路清晰的前提下,同学们可以争取成为第一个发言的人。这样不仅可以展现自己的自信,还能加深面试官的印象。

③ 整理发言思路。虽然争取抢先发言很重要,但这并不意味着在没有思考清楚之前就急于发言。一定要先冷静思考,确保自己已经构思周全后再给出有深度的回答,这样可以体现出你是一个深思熟虑的人。在回答问题或参与讨论时,应展现出清晰的逻辑思维,支撑自己的观点,并尽量用事实和例子来佐证自己的立场。

④ 调整发言状态。保持自信,用清晰且逻辑性强的语言表达自己的观点。在此基础上,尝试提出具体的事实作为论据来支撑核心观点,避免表现出慌乱或过度紧张的态度。

⑤ 保持心态平和。紧张是人之常情,但要学会控制自己的情绪,不要让紧张影响同学们的表现。可以尝试想象自己是在单独进行面试,不要受到他人发言和表现的影响,只要发挥出自己的正常水平,结果通常不会差。

(4) 准备攻略

① 研究学校和项目。在面试前,保研生需要深入地了解所申请的院校和项目。提前做好准备工作,熟悉对方院校的研究领域和特色学科,预先积累一些相关领域或学科的知识,这样在面试时可以帮助自己减轻紧张感,避免出现无话可说的情况。此外,同学们还可以了解对方院校的评价标准,以便在面试时更好地展示个人优势。

② 准备常见问题。自我介绍是同学们可以掌控的部分,因此自我介绍需要具体、生动,确保能在短时间内吸引面试官的注意。另外,同学们可以在面试前准备一些半结构化面试中常见的问题,并为每一类问题写下关键的回答点(关键词),这样在程序性群面中能够更主动地抢答。

③ 群面模拟练习。与同学或朋友一起进行程序性群面的模拟练习,以熟悉流程、减轻紧张感。同时,通过观察其他同伴的表现来学习他们的长处。练习从多角度思考问题:准备应对各种类型问题的回答模板,包括常见问题和情境问题等。面试结束后,要及时进行复盘总结,并根据每次面试的反馈来改进下一次的表现。

4.7.8 学术汇报

学术汇报通常采用口头演讲的方式,申请者需要在规定的时间内向面试官陈述一个学术主题或项目。有时,申请者可能还需要提交书面的学术材料作为辅助。它的目的是评估申请者的学术能力、研究潜力,以及对所申请专业领域的了解程度。

1. 整理汇报内容

(1) 提炼汇报的关键点

每个研究项目都有其核心要素。提炼并聚焦这些要点,不仅可以在有限的时间内清晰、准确地传达你的观点,而且能够帮助评审老师更好地接收和理解学术报告的关键信息。学术报告的重点通常包括主要论点、科学论据、采用的主要研究方法、数据支持、研究过程(如实验或论证),以及研究成果(例如图表、数据、公式)。具体汇报内容应根据项目的特点和报告的要求来决定。

(2) 梳理逻辑思路

同学们需要对汇报内容进行结构化梳理,明确一条清晰简明的逻辑线索,这将使你在讲解时更加自信。此外,还应根据研究项目的特点来细化呈现风格,寻找最适合展示自己研究内容的讲解方法。

基本步骤如下:

首先,进行思维构建。在脑中规划学术报告应采用的思维逻辑顺序,并检验其是否有说服力。如果发现某个细节存在缺陷,就必须进行调整。只有当自己被说服了,才能在汇报中树立坚实的信心,并使评审老师信服。

其次,制定大纲框架。可以通过思维导图、鱼骨图、程序图等形式初步搭建汇报的框架结构,将抽象思维具体化。

最后,不断调整和完善。在初稿的基础上,补充框架逻辑或细节层面的漏洞以及消除前后矛盾的地方,尽可能做到尽善尽美。

在介绍研究背景、目的和意义时,避免逐字朗读 PPT 内容。这样做可能会给人一种感觉,即这篇论文不是你写的,或者你对论文内容并不了解。建议用简洁的语言总结一下:为什么要写这篇论文?它的意义何在?它的可行性如何?简明的概述能让那些未曾阅读过你论文的听众迅速把握你的研究主题。

在开始序言部分,可以采用问题导向的方式,从现实生活或理论讨论中存在的问题出发,引出矛盾点,最终导向解决之道,也就是你的论文试图解决的问题。可以参考《金字塔原理》一书中关于回答疑问逻辑的建议(见表 4.1)。

表 4.1

背　景 (关于文章主题的公认事实)	冲　突 (推动情节发展并引发读者提出疑问的因素)	读者的疑问
需要完成某项任务	发生了妨碍完成该任务的事情	应该怎么做？
存在某个问题	知道解决问题的方案	如何实施解决方案？
存在某个问题	有人提出了一个解决方案	该方案是否正确？
采取了某项行动	行动未达到预期效果	为什么没达到预期效果？

（3）详略得当，安排有序

以下是建议的具体模块：

➢ 研究背景＋研究意义＋研究目的：这部分应详细论述。

➢ 研究假设：最好能够用一段话讲清楚内在逻辑。

➢ 研究方法：不需要说得太详细，应突出重点。

➢ 研究结论与讨论：应详细论述假设不成立的可能原因。

➢ 研究不足与展望：进行简要的说明。

对于论文中的数据处理方法，老师可能会提出一些关键问题，例如："为什么你要用这样的公式来操作化该研究变量？""这样处理会不会引发其他问题？"因此，同学们一定要将自己的论文烂熟于心，清楚每个部分的写作和安排背后的逻辑。没有绝对的正确与错误，但需要能够自圆其说，至少从你的视角能够清楚地解释你的选择。

（4）保持内容的明确简洁

① 围绕若干个关键性问题进行思考："汇报的主题(核心观点)是什么？""是否能够用简短几句话准确总结出汇报内容？""哪些信息是次要的，不影响主要观点，无须占用汇报时间？"

② 注意语言的严谨性、准确性和高度概括性。学术汇报要追求高效，应该使用最准确和简明的语言在最短的时间内传达信息和观点。能用一个词或短语准确表达的，就不要用一句话来解释；能用一个短句清楚表达的，就不要用若干句话来赘述。

2. 掌握汇报形式和技巧

（1）做好幻灯片

① 使观众保持高关注度。在任何情况下，能够一次性清晰地讲述一件事情便是最大的成功。因此，每页幻灯片应仅包含必要的信息，避免长篇累牍的文字，并尽可能减少展示需要额外解释的复杂信息(如专业术语或数学公式)。信息过于密集会使汇报的焦点变得模糊，不利于听众把握核心内容。此外，如果听众过多地关注信息密集的幻灯片，他们可能就没法专心听取汇报者的讲解了。

②安排各个部分内容的详略。在涉及听众共有的专业知识时,可适当减少幻灯片上的信息量;而在涉及新的物质、结构或方案时,需要结合幻灯片进行适当的拓展性解释和阐述。

③分步呈现关键内容。分步呈现不仅能够展现研究和汇报的逻辑思路,还能让听众跟随研究者的思维,以第一人称视角共同推进研究项目的开展,这有助于他们更好地接收和理解所汇报的内容。

(2)安排好放映的逻辑顺序

①根据提前设置的大纲框架具体安排页面次序。

②注意不同幻灯片内容之间的关联性,不要发生逻辑性断裂或突然的转换。

③可以根据论文的目录设置框架顺序,也可以参考类似经典论文的架构方式。

(3)保持页面风格的清晰整洁

①保持干净和整洁。学术科研汇报不需要使用过于花哨的背景、字体或特效,而应该保持页面的简洁。不要追求过于丰富的色彩搭配,白底黑字是便于听众阅读的最佳形式。切勿一味追求个性而添加许多不必要的设计元素,这样难免会干扰听众对汇报内容的关注和理解。

②把控呈现形式。

在必要时(例如,当需要插入与汇报内容关联性极强的资料时),可以嵌入视频或音频,但一定要控制时长和数量,尽量以基础的文本和口头讲解为主,避免本末倒置。

(4)适度留白

①文字不能顶格排版。在这里,"顶格"是指在幻灯片页面中,标题紧挨着顶部而没有留出一定的空间,或者根本没有标题,正文直接从顶部开始。与报纸或期刊不同,在幻灯片中,信息应以简洁和精炼为准则,因此没有必要进行顶格排版。这种排版方式不仅在视觉上显得不协调,也会给观众带来阅读上的压迫感。

②行间距不宜过窄。在每张幻灯片中,正文的行间距至少设置为 1.15 倍,以保证信息的清晰呈现。可以根据每张幻灯片的内容量适当调整行间距的宽窄。

③内容与幻灯片边缘要保持一定距离。将关键信息放置在幻灯片中央,并在四周留出一定的空间。如果一张幻灯片无法完全展示所有内容,应该将信息分配到多张幻灯片中,而不是沿着页面边缘排列。

(5)图多字少

这里的"图"包括图片、流程图、统计图、表格等。

在有限的时间内,图可以帮助听众迅速捕捉到报告者想要传递的信息,因为它们具有很高的视觉表现力。因此,如果可以用图来表达想法,就尽可能避免仅用文本来展示。相比于阅读文字,听众更倾向于看着图片听报告者进行说明。所以,最有效的报告方式是:结合图片和一些简短的关键性语句,再辅以报告者的口头解释。

(6) 稍加修饰，防止 PPT"撞衫"

一提到 PPT 汇报，许多同学的直觉反应是寻找带有学校风格元素的 PPT 模板。然而，直接使用模板可能会遇到与他人模板相撞的尴尬局面。因此，稍作调整并融入自己的风格，不仅能更好地体现个性和态度，也能使汇报更具有特色。

至于模板的下载，可以在各大资源网站进行搜索，例如千图网、包图网、当图网、熊猫办公、51ppt，通过搜索高校名称来找到相应的模板。此外，WPS 的稻壳会员服务或淘宝也提供模板购买选项。

在修改模板方面，建议在幻灯片的母版视图中进行个性化调整，比如适当移动校徽和引导线的位置，以形成自己独特的基础风格。删除过于花哨的动画和图案，增加页码，将这样调整后的样式作为基准，在不同学校的申请中，只需根据学校的主题色和校徽进行相应更改即可。

(7) 注重细节，严谨慎重

在进行 PPT 汇报时，如果要展示数据，一定要注明数据来源，以保障数据的客观性和真实性，并在一定程度上支持你的观点。当引用重要的理论或概念时，应注明相关学者和年份。必要时在幻灯片的脚注中提供参考文献，也可以在演讲结束时展示这些参考文献。

在设计 PPT 时，每张幻灯片最好不要使用超过三种字体样式，对于需要强调的内容，可以通过加粗来处理。

(8) 善用现场道具

在现场道具中，最常使用的莫过于与幻灯片配套的激光笔。关于激光笔的正确使用，需要注意以下三个细节：

① 不要在幻灯片上画圈，应该只点一下或划横线。

② 不要用激光笔照射听众席。

③ 使用时打开激光灯，不使用时关闭，指示内容时要准确，不要乱晃或手抖。

(9) 合理把控时间

应该严格遵循汇报的时间要求，考虑幻灯片与口头讲解之间过渡、转换的时间，并根据讲解内容合理分配每页幻灯片的信息量。

3. 掌握演讲技巧

(1) 保持自信

首先，需要充分掌握自己的汇报内容，无论是整体框架还是具体细节，都应了然于心。同时，对研究中引用的数据和论点也要提前进行核实。

其次，不必害怕老师。不应将听众视作严苛的审问者，而应将其视为展示自己成果的对象。

再次，需要注意管理好面部表情和肢体语言。在面部表情方面，可以借助镜子检查是否保持微笑,神情是否和善,目光是否坚定;在肢体语言方面,要检查是否有固定的站立位置,避免频繁徘徊。为防止显得僵硬或呆板,可以根据汇报的重点、连接和过渡预先设计一些走位和手势,但要避免过多、复杂或不恰当的动作。

最后,要保持冷静,避免上台时的紧张。登台前深呼吸,稳定情绪,把这次汇报当作是展示自己成果的机会,不要因为担心出错而增加压力。只有这样,才能尽量避免紧张所导致的语速过快、说话结巴、表情不自然或内容遗漏等问题。

(2) 适当停顿

首先,需要留意何时进行停顿。这需要根据汇报的内容和听众的感受来判断。通常在以下三种情况下,会使用停顿:

➢ 在汇报内容的关键点处;
➢ 在听众可能难以理解的部分;
➢ 在不同部分之间的过渡环节。

其次,要考虑如何进行停顿。停顿的主要方法是适当地降低说话的速度,适度提高语调,以及对某些关键词语加重发音。此外,在进行英文汇报时,还要注意英文句子和段落的停顿点,因为如果在不恰当的地方断句,会使句子变得难以理解。

(3) 节奏恰当

首先,需要根据汇报的内容来规划汇报的时间。合理分配各项内容的时间比例,尽量避免某些部分过于冗长而其他部分则被快速带过。

其次,根据听众的反应来适度调整汇报的节奏。如果听众聚精会神,则可以适度放慢节奏,凸显重点内容,甚至进行一定的拓展;如果听众反应效果不佳,则适度加快该部分的汇报节奏,简略提及次要细节,聚焦后续的关键内容。

(4) 提前准备好答辩稿件

在答辩时,如果没有编写答辩稿件,只是大致口头上过了一遍每页幻灯片的讲解内容,在实际演讲中就容易发生突然停顿、言语混乱的尴尬情况。特别是在正式答辩时,紧张的情绪更容易让人出现卡壳和停顿。因此,准备答辩稿件并在答辩前进行模拟演练是非常必要的,这样在正式答辩时才能做到语言流利、逻辑清晰,并充满信心。

可参考以下答辩稿:

> 尊敬的各位老师、同学,上午好!
> 我是×××,我的论文题目是×××。首先,感谢各位评审老师从百忙之中抽出宝贵的时间,参与本次夏令营的学术汇报。接下来,我将向各位老师简要陈述我的论文的基本思路。

> 一、选题目的与意义
>
> （以讲故事的方式引出。）
>
> 二、论文内容与框架
>
> 本论文立足于……致力于分析……并揭示了……探讨了……的问题。（参考论文的摘要。）
>
> 在现有文献方面……
>
> 在研究设计方面……
>
> 在研究结论与未来展望方面……
>
> 三、论文的创新之处与研究不足
>
> 四、结束语
>
> 虽然这篇论文已经完成，但还有许多地方需要更全面地改进。总的来说，在撰写的过程中，我真实地学到了许多东西，也积累了不少经验，更进一步丰富了自己的知识。但由于个人能力不足，加之时间和精力的限制，在许多内容的表述和论证上存在不当之处，与老师们的期望还有差距，许多问题还有待进一步思考和探究。借此答辩机会，希望各位老师能够提出宝贵的意见，指出我的错误和不足之处，我将虚心接受，从而进一步深入学习，使该论文得到完善和提高。
>
> 至此，我的答辩自述完毕，谢谢各位老师！

4.7.9 面试技巧

首先，着装要得体。穿着和仪容会影响面试官对你的第一印象，因此必须注意"首因效应"的影响。面试时的服装应干净、整洁，并且大方得体，避免佩戴过于夸张的饰品。

其次，态度要不卑不亢，谦逊有礼。在与老师交流的过程中，要保持谦逊与礼貌，并及时向老师道谢。回答问题时，语速应适中，声音要洪亮，自信地展现出自己的风采。

再次，逻辑要清晰，重点突出。在回答老师的问题时，可以按照"由浅入深、由全面到具体、由小到大"的逻辑顺序，分点阐述自己的观点，各个论点之间详略得当。尽可能使用专业词汇，熟练运用专业理论知识回答问题。

最后，要真诚交流。在面试过程中，如果遇到自己不熟悉的问题，既不能简单地回答"我不会"，更不能假装懂，夸夸其谈。在这种情况下，最明智的做法是诚实地告诉老师，这个问题目前还不太了解，但可以尝试提出解决这个问题的方向和初步思路。老师们实际上更看重学生的解题思路。同时，也可以表示将会加强对相关知识的研究与学习。

整体而言，在面试的过程中，心态很重要。自信而不自负，展现自己的实力，但不能过度炫耀。当遇到不会的问题时，不代表就必须直接承认自己不会，而应巧妙地将问题与自己熟悉和了解的内容相联系，至少要做到有话可说，若能做到条理清晰则更好。

4.8 机试攻略

机试即上机考试，主要是针对计算机类学生的考核方式。学生需要在规定的时间内编写代码完成指定的题目。对每个题目设置了多个测试点，根据完全解决题目的数量或解答通过点设置分数，以此来评判学生的知识储备量和动手能力。

4.8.1 考点解读

1. 数学知识要求

算数：素数，整除，余数，求模，不定方程。

代数：函数，方程，多项式。

解析几何：笛卡儿坐标系，点到直线的距离，极坐标。

复数：模，夹角，矢量的合成和分解。

线性代数：行列式，矩阵，向量，线性方程组。

概率论：大数定理，贝叶斯公式，正态分布，极大似然估计。

2. 编程语言要求

C/C++：结构体、数组、指针、位运算、标准输入输出、文件操作、递归、数据结构及其变体、函数模板、宏替换、汇编知识。

Java：基本语法、面向对象、网络编程、接口、集合、IO、多线程、内部类、异常与保护、数据结构及变体、设计模式、反射。

3. 数据结构与算法要求

数组 Array、动态规划 Dynamic Programming、字符串 String、树 Tree、哈希表 Hash Table、深度优先搜索 Depth－first Search、二分搜索 Binary Search、双指针 Two Pointers、广度优先搜索 Breadth－first Search、贪心 Greedy、栈 Stack、回溯 Backtracking、链表 Linked List、位运算 Bit Manipulation、堆 Heap、图 Graph、排序 Sort、并查集 Union Find、二叉搜索树 Binary Search Tree、队列 Queue、线段树 Segment Tree、拓扑排序 Topological Sort 等。

4.8.2 准备策略

1. 熟悉 OJ 系统

OJ 系统(Online Judge 在线测评系统),提供题目的描述、输入输出格式、样例输入及输出,用户将代码提交给 OJ 进行评测,系统返回给用户相应结果。结果一般有 8 种:

AC(Accepted),答案正确。

CE(Compile Error),编译错误:此类结果一般是由于代码本身错误或者使用库函数却未添加相应头文件。

MLE(Memory Limit Exceeded),内存超限:程序使用了太多空间,超过题目限制。

OLE(Output Limit Exceeded),输出超限:输出过量内容,一般检查输出内容。

PE(Presentation Error),格式错误:修改程序中错误输出格式即可解决。

RE(Runtime Error),运行错误:检查是否有浮点错误、段错误(非法访问内存)、递归层数过多等。

TLE(Time Limit Exceeded),运行超时:算法时间复杂度大,或者程序陷入死循环。

WA(Wrong Answer),答案错误。

2. 能力提升

(1) 入门

数据结构与算法是机试中最需要提升的能力。对于新入门的同学,推荐阅读《大话数据结构》(程杰,清华大学出版社)来入门。这本书的好处是通俗易懂,使用 C 语言进行讲解示例,而且讲述了每种数据结构如何运用在我们熟悉的生活中,对数据结构的理解很有帮助。接下来是算法的学习,推荐《啊哈!算法》(啊哈磊/人民邮电出版社),这本书介绍了栈、队列、列表、DFS、BFS、图的遍历、最短路径、树、堆、并查集、最小生成树等算法内容,而且内容生动有趣,针对具体算法都提供了代码和注释,很适合刚接触 C 语言和数据结构的初学者学习。然后可以开始刷代码随想录(https://programmercarl.com/other/introduce.html),利用哔哩哔哩的资源,以及分模块地去挑战 LeetCode 上的题目。

(2) 刷题

推荐题库:LeetCode。LeetCode 是一个在线编程的 OJ 网站,可以在线编写、编译、调试代码(包括修改输入样例的测试值),支持多种编程语言。

它将题目分为三个难度等级:Easy、Medium 和 Hard。此外,几乎每个题目都标有 Tag 标签(现在称为 Topics),例如数组 Array、动态规划 Dynamic Programming、字符串 String 等。这些标签基本涵盖了所有基础算法知识,分类清晰。在刷题时,可以根据自己的薄弱领域进行针对性练习。

由于题目按难度分为 Easy、Medium 和 Hard,可以按照题号顺序,根据难度等级来练习。先解决 Easy 题目(确实很简单),再攻克 Medium 题目(有些难,有些简单),最后 Hard 题目可以量力而行(保研面试中很少涉及)。这样的顺序能确保覆盖大部分算法题型。当然,也可以根据题目的 Acceptance(通过率)从高到低刷题,大致难度会从易到难,但还需参考题号,因为题号靠前的通过率更具客观性。例如,一道题的 Acceptance 很高,但题号靠后,说明坚持到最后的都是高手,而新手可能刷了前面的几十题就放弃了。所以,即使很难的题目也可能有高通过率。因此,Acceptance 并非绝对指标,但对于题号小的题目具有一定参考价值。

以上就是刷 LeetCode 的两种策略,可以根据自身需求选择,最好是结合两者,先广泛覆盖各类算法题型,同时提升编码和语言能力,然后针对自己不擅长的题型深入练习对应 Tag。利用碎片时间,如课间或晚上,刷一两道题即可。

如果已经刷过其他 OJ 并对算法有一定了解,只是某些题型掌握不够好,可以按照 Tag 进行针对性练习,效率更高。但要注意,Tag 可能导致惯性思维,如看到 Hash Table 标签就知道要用哈希映射,而实际面试中不会给出标签。因此,平时练习时也要注意培养这方面的能力,这对机试能力大有裨益。

(3) 持之以恒,编程机试无法突击,只能逐步提升内功

学习数据结构与算法需要不懈的努力。每天都应该刷一些题目,尝试解决新问题,同时不要害怕挑战自己。在解决问题时,不仅要追求答案的正确性,还要追求高效的算法(先从时间复杂度进行优化,然后再考虑空间复杂度)。尝试多种解决方案,了解每种算法的优缺点。

此外,参与编程社群也是一个不错的选择。强烈建议下载 LeetCode 刷题应用,与其他选手交流经验,分享解题思路,互相鼓励和竞争,这些都能激发你的学习热情。

面对高难度的学习任务,以较低的动机水平来进行会有较好的效果。通俗来说,如果一个目标很难实现,那么最好先不要太放在心上,每天只需稍微学习一点,以避免给自己增加过多的身心负担,随着时间的推移自然会有所提高,切忌产生焦虑。

最后,要相信自己具有不断学习和成长的潜力。刚开始做算法题目时,大多数人都会遇到挫折,但只要坚持不懈,你就会逐渐提高编程技能,取得出色的成绩。持续练习和学习,保持每天在 LeetCode 上打卡的习惯。

4.8.3 考场准备

当你刚在考场座位坐下时,可以做以下几件事情:

第一,打开 IDE 并检查其是否正常工作。如果你熟悉多种编程语言,如 C/C++ 和

Java/Python，不妨都尝试一下，因为有时某些问题用一种语言解决可能较为复杂，而另一种语言则可能更简单。可以先编写一个包含输入、输出的"hello，world"程序，运行以确认IDE是否正常工作，然后设置一个断点来测试调试功能是否可用。如果遇到任何问题，可以随时与考场老师沟通解决。

第二，测试鼠标和键盘是否正常工作。由于机房的计算机可能存在个别故障，你可以试着在键盘上输入"The quick brown fox jumps over the lazy dog"这句话，以检验键盘的所有字母是否都能正常工作(这句话包含了所有英文字母)。

第三，提前创建在做题过程中需要使用到的.cpp文件，并准备好常用的头文件、main函数以及return 0。如果你使用的是dev环境，新建一个.cpp文件后，保存时请确保不要直接保存在盘符中，例如D盘或E盘，而是在盘符内创建一个文件夹，并将.cpp文件保存在该文件夹中，否则在编译和调试时可能会出现问题。同时，注意避免将文件直接保存在桌面上，因为桌面通常位于C盘，而C盘大多数情况下是还原盘，也就是说，如果计算机重新启动，整个还原盘可能会被重置，你刚刚保存的代码文件就会丢失。因此，你可以询问考场的老师哪个是非还原盘符，一般情况下是D盘或E盘，即计算机重启后，上一次保存的文件仍然存在的盘。建议只创建一个.cpp文件，将所有题目都写在同一个.cpp文件里，也有人喜欢创建4~5个.cpp文件，每道题目分别放在一个文件中，完成一道题目后就切换到下一个文件。由于只使用一个.cpp文件编写代码，所以还需要创建一个记事本文件，保存在你刚刚创建的文件夹里，用以粘贴完成题目后的代码，以防代码提交(AC)后丢失，或者有题目未AC而你想尝试新的思路但不确定能否完美实现时，可以将旧思路的代码先保存在记事本中。

第四，头文件一般写以下几个常用的：

#include<iostream>
#include<cstdio>
#include<algorithm>
#include<vector>
#include<map>
#include<set>
#include<string>
#include<cctype>
#include<unordered_map>
using namespace std;int main(){int n;return 0;}

也可以直接用#include<bits/stdc++.h>代替以上所有。在考核中，使用这个文件是一个好主意，当考生想减少在选择上的浪费时间，特别是当排名对时间很敏感的时候。这样做还能减少编写所有必要头文件的烦琐工作，使得不必为使用的每个函数都记住GNU

C++的所有 STL。但是,这个方法也有缺点:它不是 GNU C++库的标准头文件,所以如果考生在一些编译器(除了 GCC)上编译代码,可能会遇到问题,比如 MSVC 就没有这个头文件。此外,使用它会包含很多不必要的东西,从而增加编译时间。因此,同学们可以根据经验选择最合适的方法来应对机试。

第五,所有机试都是严防作弊的,所以任何时候都不要尝试打开搜索引擎或者其他浏览器。绝对不要在考场中尝试作弊。

第六,在考试过程中,如果一道题,尤其是简单的题目因为一两个测试点没有通过,不要过分纠结以至于没有时间去看后面的问题。注意合理控制时间,很多时候后面的题目实际上并不难。如果因为前面小部分的分数而错过了后面的大部分分数,那就太不划算了。练习在有限的时间内完成尽量多的题目,这将是提高你机试表现的一个重要策略。

第七,留出时间进行调试。不要忽视调试的重要性。预留一些时间以确保你的代码在各种情况下都能正确运行,这可以避免因简单错误而丢失宝贵的分数。

第八,保持冷静和集中注意力。在考试过程中,保持冷静和集中注意力是至关重要的。不要因为遇到难题或时间紧迫而陷入恐慌。深呼吸,尝试以冷静的心态分析问题,寻找解决方案。记住,你有一定的时间来解决问题,不要让焦虑影响你的表现。

第九,注意审题和边界条件。在完成第一次完整的代码后,确保仔细阅读每个题目的要求,并注意特定的边界条件。有些题目可能对输入范围有限制,你的代码必须在这些限制内正常工作。不要忽略这些细节,否则可能会因一些微小的错误而丢失分数。

第十,检查代码。在提交代码之前,花一些时间仔细检查你的代码。确保变量名、函数名和注释都清晰易懂。检查是否存在语法错误或逻辑错误。避免犯如数组越界、内存泄漏等低级错误。

4.9　offer 抉择

offer 的选择是一个"没有回头路"的十字路口。一旦在推免服务系统中选择接受了某一个待录取 offer,我们就很难再作出改变了。如果选择了一个不适合自己的学校、专业或导师,同学们今后可能会面临各种困境。那么,我们应该如何选择 offer 呢?

4.9.1　明确个人定位,思考后续职业规划

1. 就业导向

在硕士研究生阶段结束后,除了小部分学生选择继续深造,绝大多数学生的规划都是投

入工作岗位中。因此,应当着重衡量目前已有 offer 中哪个在就业市场中更受欢迎、岗位更多、机会更大、薪资水平更好,需要更多考虑地域、学校、专业因素。对于一些岗位来说,尤其是专业程度较高、技术性要求较高的岗位,企业在招聘时更加注重所在专业的具体实力。而对于另一些岗位来说,企业则更看重名校 title 和相关实习经历。以下方面需要重点考虑:

➢ 学校排名与认可度:传统老牌名校,尤其是 TOP5、C9、中上 985 院校等,这些学校知名度高,社会认可度也高。它们能够为学生提供更多的就业机会和更优质的资源,因此这些学校的学生在就业市场上通常具有更强的竞争优势。

➢ 地域与就业资源:通常情况下,研究生就读的城市很可能会成为同学们未来就业的地方。因此,如果计划毕业后进入企业工作,同学们可以优先考虑那些实习和就业资源丰富、发展前景良好的城市,如北京、上海、深圳等一线城市。

➢ 专业与职业对接:选择与未来职业规划相关的专业,确保所选择的学校提供的课程和机会能够帮助自己获得就业所需的技能和经验。例如,如果想要从事金融行业的工作,可以选择财经、商科、数据分析等专业。

2. 考公导向

如果计划毕业后考取选调生、公务员,那么同学们需要重点考虑所在学校的层次、专业等因素:

➢ 学校层次和排名:应选择层次较高且受到广泛认可的学校。因为一些优质的央选、定向/紧缺选调生的招录通常只对部分 985 院校开放,且在国家或省级公务员考试中对院校层次也有明确的要求。例如,江苏省 2025 年针对应届优秀大学毕业生选调工作的公告中,一类高校范围仅包括以下 22 所高校:北京大学、中国人民大学、清华大学、北京航空航天大学、中国科学院大学、南开大学、天津大学、哈尔滨工业大学、复旦大学、同济大学、上海交通大学、南京大学、东南大学、浙江大学、中国科学技术大学、厦门大学、山东大学、武汉大学、华中科技大学、中山大学、四川大学、西安交通大学。

➢ 专业与可填报职位对接:应尽可能选择在公务员报考中具有优势、可以申报更多岗位的专业,如汉语言文学、新闻传播学等,以提高录取的概率。

➢ 院校地理位置及政府背景:考虑选择位于政治中心或具有较强政府背景的学校。这些学校可能更熟悉公务员考试的要求,并能为学生提供相应的支持,例如组织专题培训或校内宣讲报名等活动。

3. 读博深造导向

如果计划直接攻读博士学位或获得硕士学位后继续攻读博士,在具体选择学校时可以考虑以下因素:

➢ 目标院校导师的研究领域:应尽可能选择与自己研究兴趣和未来博士研究计划相符合的院校导师。研究方向的一致性更容易获得录取机会,并且在博士阶段也更容易取得研究成果。

> 研究设施与学术资源:确保学校具备先进的研究设施,并且导师能够提供充足的学术资源,以支持自己的博士研究顺利进行并成功产出成果。

> 所申报院校的排名及认可度:院校的排名和认可度不仅会影响论文投稿的质量,还将直接影响到未来的就业前景。因此,院校的声誉和学科实力是需要重视的因素。

值得注意的是,大家需要深思熟虑自己是否真心坚定地想要读博,而不是盲目跟风。因为一旦选择直博,就意味着不能中途放弃,否则不仅可能无法获得博士学位证书,还可能连硕士学位证书都拿不到,因此风险较大。

4. 暂时无明确规划

对于暂时没有后续规划的保研生,在择校过程中可以考虑以下因素:

> 院校提供的机会与体验:可以考虑选择综合型大学,这样可以在不同领域尝试新事物,为未来提供更多的选择可能性。

> 学校层次和排名:选择层次较高且受到广泛认可的学校,这样在明确个人规划后,无论是申请读博、企业就业还是进入体制内,都能为自己提供更大的竞争优势。

4.9.2 充分了解和比对现有 offer,做好决策准备

没有一份 offer 是完美无缺的。在确定了未来规划的大方向之后,大家需要充分了解并比较手中的 offer,同时考虑到 offer 的有效性、候补竞争状况、候补成功的可能性等因素,以确定每个 offer 的综合价值,并结合自己的实际情况做出最适合自己的选择。具体来说,可以从以下维度进行考虑:

1. 院校层次

在求职或继续深造的过程中,硕士院校的档次也是个人非常重要的背书。从院校整体水平来看,通常可以分为以下几类:Top2、C9、普通 985、头部 211、普通 211、新晋升的"双一流"院校或一流学科,以及"双非"院校等。一般来说,学校层次越高,社会认可度越高,无论是硕士毕业就业、考公务员还是继续读博深造,学校的 title 都能为我们带来一定的优势。然而,对于专业性较强的学科来说,一些强势的 211 和"双非"院校在专业领域内并不逊色于 985 院校,例如法学专业的"五院四系"和财经类专业的"两财一贸",它们在专业领域内仍然被视为名校。综合来看,强校的弱专业和弱校的强专业在保研选择中是需要仔细考虑的参考因素。

2. 院校专业排名

(1) 现有学科评估结果

在进行 offer 选择时,需充分考虑院校的学科和专业实力。同学们可以在网上查询相

关的学科评估结果，了解哪些学校的哪些专业实力较强、排名靠前，由于第五轮学科评估的结果未对外公布，可以参照第四轮学科评估的结果，特别是那些在第四轮学科评估中获得 A+ 评级的学科和院校，并结合个人能力及其他因素作出综合决策。

(2) 发展进步空间

有些院校的某些专业虽然在现有的评估结果中并未获得 A+ 评级，但我们必须认识到，获得 A+ 学科评级的学校毕竟是少数，那些未获 A+ 评级的学校未必就不优秀。我们也应该关注那些获得 A 类学科评级的学校，可以通过官网进一步了解该校对该学科该专业的发展规划和学术动态，评估该专业在该校的发展潜力以及跃升更高学科评级的可能性。总之，不应过于机械、局限于现有的学科评估结果，而应保持一种动态的视角和开放的心态来选择保研院校。

(3) 学术氛围

院校的学术氛围对研究生的学习生涯有着显著的影响。优秀的院校通常拥有更严格的管理模式，学习氛围更为浓厚，学风更为端正，学生普遍更加认真好学。在这样的环境中，我们自然会被激发，倾向于更加努力奋进。在面临 OFFER 选择时，如果面对的是两所以上层级相似的学校，我们应当了解和比较它们的学风环境(可以通过咨询学长学姐、浏览论坛分享、查看院校官网动态等方式)，优先选择那些学术氛围更为浓厚、学生协作性更强的院校。

3. 院校所在位置

院校所在的城市在很大程度上影响着我们未来几年研究生阶段的生活环境、状态以及就业机会，因此在选择保研 OFFER 时，必须将其作为一个重要标准进行慎重考虑。理想的学校应位于我们未来希望长期发展的城市。一线城市拥有更优质的资源，毕业后提供的就业和发展机会也相对更多；而许多二、三线城市也具有较大的发展潜力，我们可以结合个人对地理位置的兴趣进行综合考量。关于地理位置的选择，不同人有不同的需求和兴趣。例如，对于学习"国际中文教育"专业的学生来说，满足学习资源丰富、就业机会多、发展水平高这些需求的往往是沿海城市(同时也要考虑城市的相关开放交流政策)；有些学生偏爱南方的气候和饮食，因此可能会优先考虑南方的院校；而有些学生希望离家乡近一些，那么他们可以将家乡作为中心，以一定的半径画圈，将圈内的院校作为首选。

4. 目标导师

(1) 目标导师的研究方向

导师的研究领域在很大程度上定义了保研生未来的主要研究方向，这在理科领域尤为突出。如果导师的研究主题并非学生所感兴趣的，那么未来的学习生活可能会变得枯燥和痛苦；相反，如果导师的研究方向符合学生的兴趣，学生就会带着极大的热情投入研究生学习中。

(2) 目标导师的课题组

这一点主要针对理工科专业。同学们要了解的是导师的课题组中研究经费是否充足、最近的研究方向是否符合前沿趋势、实验室的技术是否先进。这些因素可以反映导师在业界和学界的影响力,以及他研究的课题在全国该领域内的重要性。

(3) 目标导师的头衔

一般来说,拥有多个头衔的导师往往是领导型的导师,在日常生活和学习中可能较为繁忙,因此他们带领学生进行学术研究的时间和机会可能较少。然而,他们的社会影响力通常较大,这在未来求职或申请博士阶段可能会发挥重要作用。如果同学们希望专注于学术研究,那么可以考虑选择年轻一些的导师,因为年轻导师通常承担更多的科研项目,有时也会指导学生发表学术论文。这个过程对学生们来说是一个很好的学习机会。

5. 特殊优惠政策

(1) 奖学金项目

如果在研究生阶段能够获得更多奖学金,将会对学生的学业和生活带来更多补助,减轻家庭的经济负担。因此,当面临几所综合实力相当的院校而难以抉择时,可以考虑将是否提供额外的研究生奖学金优惠政策作为选择的一个标准。

(2) 国际交流项目

如果计划在毕业后到国外就业或参与更多国际化活动,可以访问院校的官方网站,查看其公告以了解该院校是否提供丰富的国外交流机会,是否有紧密合作的国外院校伙伴,以及是否有成熟的国际交流项目。

(3) 科研竞赛项目

有些院校为学生参加科研竞赛提供了良好的福利,包括充足的资金、先进的实验室和试验田等以及高素质且经验丰富的指导教师。如果想在研究生阶段更深入地参与科研竞赛,可以向学长了解具体情况,也可以访问学校的官方网站查看相关公告。

6. 业内影响力

仅仅使用学科排名来比较学校的就业情况是片面的。例如,如果两所学校的专业实力排名分别是第一和第二十,大多数人会选择排名第一的学校;但如果排名是第五和第六,那么该如何选择呢?这涉及很多问题,其中之一就是行业内的地位和影响力。虽然这些因素在行业内客观存在,但很难像专业排名那样用具体的指标来衡量。很多人将专业实力与业内影响力等同起来,但实际上并非如此。举几个简单的例子:湖北某 985 高校的电气工程专业排名在十名之后,但在某些地区的就业率不亚于同城的 985 高校(专业排名前三);再比如"两电一邮"(北京邮电大学、电子科技大学、西安电子科技大学)在 IT 界的影响力也可以忽略学科排名,尽管北京邮电大学的计算机专业在第四轮学科评估中为 A,但凭借强大的校友网络和在 IT 界的地位,其就业率不亚于学科评估为 A+ 的学校。因此,如果以就业为导向,业内影响力是一个重要的择校考虑因素。

7. 读研成本

在研究生择校过程中,我们还需要考虑住宿费、学费等经济成本。每个人的家庭经济背景和财务状况都不尽相同。对于家庭经济条件一般的同学来说，教育支出可能占据家庭预算的较大比例。因此，在选择研究生院校时，必须考虑到学费和住宿费等经济成本，确保所选学校在经济上是可承受的。特别是近年来，专业硕士的学费有显著上涨，例如西南财经大学的会计专硕（MPACC）全日制学费从2024年的6.8万元上调至9.8万元，增加了3万元。如果学校不提供住宿，那么读研的成本将会更高。因此，同学们需要自行查阅目标学校的官方网站，了解院校的学费、住宿费以及其他可能产生的费用，并结合自己的实际情况进行综合分析，明确预算后，再选择适合自己的院校。

4.9.3 offer选择常见问题解答

1. 选择名牌学校还是强势专业？

是选择名校还是选择普通院校的强势专业，最重要的是明晰自己读研究生的目的。

对于计划毕业后直接就业的同学来说，建议优先考虑综合实力强、排名靠前的学校。就业方向有很多，比如在所学专业领域工作、跨专业就业、成为选调生或公务员、在互联网大公司担任非专业相关的职位等。对于打算成为公务员的同学，建议多关注那些有较多地区选调机会的高校，如北京大学、清华大学、中国人民大学、复旦大学、上海交通大学、同济大学、南京大学、东南大学、武汉大学、华中科技大学、浙江大学等。这些学校的选调机会更多，从这些学校出来的选调生通常级别较高、发展前景好、受重视程度高、定级快速且待遇优厚。具体的信息可以查询官方的相关统计数据。有些同学坚持在本专业内就业，对于这类情况，建议也要考虑学校的学科实力以及该学校在行业内的认可度，因为这些都能在一定程度上影响未来选择职业的平台、工作质量和机会。另外，对于打算跨专业就业或进入互联网大公司工作的同学，建议优先考虑知名学校。既然是跨专业，那么就业单位不会过多地关注研究生所在学校专业的层次，而是更看重学校的综合排名，所以推荐优先考虑名牌学校。

对于打算继续深造读博的同学来说，应该优先考虑学校在专业建设和科研成果方面的综合实力，包括实验室的培养环境、学校在行业内部的认可度、校友资源等方面。首先是学校在实验室培养方面的情况，需要考虑的主要包括实验室的氛围、培养方式（例如组会交流方式、出国交流、外部实习等）、研究方向、横向和纵向项目、人脉交往等因素。其次是学校在行业内的认可度，如果想申请博士，虽然导师的影响力很大，但研究生所在学校的行业认可度也是不可忽视的一点，许多博士招生点更倾向于录取那些行业认可度高的学校培养出来的硕士生。再者是校友资源，这实际上与行业认可度密切相关，强大的校友网络能提高学校的行业认可度，而较高的学校行业认可度又能为更多的校友提供更广阔的发展空间。因此，在选择学校时，可以关注往届校友的去向以及一些知名校友的学术成果，这些都有助于作出选择。

2. 优先考虑城市还是学校？

选择城市和学校并不能一概而论，必须结合自己的个人实际情况来决定。同学们可以从以下两个方面来考虑：一方面是专业，另一方面是个人的未来规划。

首先，考虑专业。对于文科类，建议优先考虑学校。因为985、211等高校确实比普通学校有优势。如果是水平相近的学校，再考虑城市因素。文科类专业的就业方向相对较窄，所以可以依靠学校的知名度来提升个人背景。一个实力强大的学校能够提供更优质的资源，而且凭借好的学历和丰富的经历，无论在哪个城市都能找到满意的工作。

对于经济类和理工科专业的学生，则建议综合考虑城市和学校。这类专业的就业导向性通常比较强，到大城市读研可以较低成本进入一个信息发达、行业前沿的地方，建立自己的行业视野和工作方式。即使以后回到家乡就业，有过在更发达地区的经历也是十分有益的。

其次，考虑个人规划。如果打算未来继续读博，建议同学们选择实力较强的院校或学科，因为这样的学校学术氛围更佳，有利于同学们参与课题研究，并且提供撰写和发表高质量论文的平台和渠道，为日后申请博士铺路；但如果计划未来直接就业，还是需要综合考虑城市因素，毕竟大城市的就业机会是其他地方难以比拟的，也有更加广阔的发展前景。大部分同学会选择在研究生毕业后直接在就读学校所在城市工作，因此优先选择城市可以帮助同学们在研究生阶段就积累一定的就业和人脉资源，为将来的工作带来极大的便利。

3. 选择中国科学院研究所还是985高校？

如果同学们想要致力于科研，并且有较强的抗压能力，希望在研究生期间取得科研成果，那么更推荐去中国科学院研究所；而对于那些文科类专业，或者对科研没有太大兴趣以及更加看重学校名望的同学，则建议选择985高校。

首先，在科研实力方面，毫无疑问，中国科学院拥有国内顶尖的科研实力和资源。无论是院士的数量、科技成果还是科研经费，都代表了相关领域在国内的最高水平，许多985高校也难以与之相比。因此，对于追求科研成就的同学来说，中国科学院研究所无疑是很好的选择。

其次，在学术氛围方面，研究所以科研为主，导师们也将更多精力投入学术研究中。研究所拥有众多项目，研究生有更多的机会参与导师的项目，并参加各种学术会议。就师生比例而言，高校一般是一位导师指导十几位学生，而研究所的师生比通常会更大。因此，那些想在研究生期间取得成果的同学可以考虑研究所，而更喜欢自由轻松氛围的同学可以选择985高校，但实际上985高校的学习环境也并不轻松。

最后，在未来规划方面，对于那些有志于从事科研工作或希望留任研究所的同学，去中国科学院研究所更为合适。一方面可以享受丰富的科研资源，另一方面对日后直接留在所里工作也有帮助，再者研究所的补助待遇通常比985高校要好一些，这也能减轻经济负担。

然而,如果计划毕业后直接从事专业相关工作或进入互联网大公司,那么建议选择 985 高校,因为一个知名学校的 title 也是相当重要的。

4.10 心态调整

4.10.1 如何调整焦虑的心态?

在准备保研的过程中,面对繁杂的事务、同龄人的压力以及对未来的种种不确定,感到焦虑是非常正常的心理反应。关键在于要合理地控制自己的情绪,避免陷入过度焦虑的状态。

1. 做好眼前的事情,不要过分担心结果

要缓解焦虑,最好的办法是行动起来。平静下来合理规划时间,按部就班地进行申请提交、准备考核和面试……如果未能成功入营,可以调整申请策略并优化申请文书;如果对面试焦虑,则多进行模拟训练,找出自己的问题所在,不断提升自己;如果担心笔试,则需静下心来复习专业知识。每天只需解决一小部分问题、取得一点点进步,最终量变一定会引起质变。

2. 提供积极的心理暗示

试着保持乐观的态度,并为自己提供积极的心理暗示。例如,不断地告诉自己:"我是最棒的,我一定能够做到!"即使遇到拒绝,也不能改变"我很棒"的事实。"我正在变得更优秀的路上。""不要我,是你们的损失——错失这样一位优秀的学子。"……虽然这样做听起来可能有些傻,但实际上,如果你不断地给自己这样的正面暗示,你会发现自己也会变得更加自信。

3. 认识自己,与自己和解

面对来自同龄人的压力,同学们应该专注于做好自己、追求与自身情况相符的目标,避免受他人影响。每个人都有自己的专长和独特之处,因此不应将自己的短处与他人的长处相比较。要认识到每个人都是独立的个体,都是独一无二的。保研的考核内容也因人而异,例如学硕更重视科研能力,而专硕则更注重实习和实践经验。因此,明确自己的核心竞争力所在,有助于同学们清晰地确定自己的目标和方向。

4. 多交流,多运动

与朋友、同学、导师和家人进行有效的沟通交流,可以显著减轻焦虑。另外,适度的运动也有助于缓解焦虑。运动时会释放如多巴胺这样的大脑神经递质,进而提升心情。约一两位好友一起在操场上慢跑、散步或打羽毛球,也是有效降低焦虑的好方法。

5. 允许自己适度地"躺平摆烂"

很多准备保研的同学对自己要求极高,以至于焦虑到影响了睡眠质量。适当的压力能推动我们前进,但当压力开始干扰我们的日常生活时,就需要作出调整了。适度地"躺平摆烂"并不意味着放弃追求更高目标的努力,而是给自己一个休息的机会。这样做可以减轻压力和焦虑,保持积极的心态和良好的身体状态,为未来的发展创造更有利的条件。

总之,感到焦虑是很正常的现象。短暂的挫折并不会决定保研的最终结果,在一切尚未成定局之前,都还有机会改变。关键在于迅速调整自己的心态,以免影响在后续保研过程中的表现。以最佳状态迎接即将到来的考核,努力迎头赶上,最终进入自己理想的院校。

4.10.2 保研结果不如预期,如何与自己和解?

成功保研本身就是一个阶段性的胜利。如果保研的结果不尽如人意,并不代表个人能力不足。一时的挫败感是正常而自然的心理反应。

1. 正确看待保研去向问题

一方面,保研是实力加运气的结果,不理想的成绩并不代表个人能力不足。在保研这场竞争中,一点点的运气也可能会成为决定成败的关键因素。另一方面,保研的去向并没有绝对的好与坏之分。也许你所去的学校名气并不大,但它可能提供更好的就业平台和资源;或者可能会遇到一位出色的导师,帮助你在研究生期间取得更多的学术成就。失败并不是终点,而是一个"过程"。正如俗话所说:"当上帝关闭一扇门时,也会为你打开另一扇窗。"如果同学们能够及时从保研的失利中恢复过来,将失败转化为前进的动力,并为自己的人生开辟新的方向,那么一定也能取得自己的成就。

2. 转变心态,学会全面性思考

人生由无数个阶段构成,每个阶段的胜败并不会对整个人生盖棺定论。随着时间的推移,你可能会意识到,当前的结果并不能决定一切,它根本不足以成为绊脚石。既然过去已无法改变,我们应将目光投向充满无限可能的未来。只有当你接受现状,才能更好地开始下一阶段的学习和生活。早日摆脱失败的阴影,便能投入更多有意义的事务中。因此,我们应该以更加积极和理性的态度来看待结果,将注意力转移到除学校选择之外的其他重要因素上,如保研过程本身所带来的成就感、未来的人际网络、研究生生涯的规划等方面。

3. 合理地宣泄和倾诉

保研是一场持久战,各种结果都难以预料,失败也是在所难免的,逃避并不能解决任何问题。然而,过于重视保研的结果,沉浸在自责和自怜中,很容易诱发抑郁情绪。当感到这些情绪难以自我调节时,同学们应该主动寻求身边的朋友、家人和老师的帮助,听听他们的建议,尝试以更积极的态度来面对问题。

此外,同学们也可以向那些积极乐观的人学习,了解他们的生活方式。例如,在微博、小红书、知乎等社交平台上浏览相关的问答,或者找到与自己有相似经历的人,看看他们是如何处理问题的。还可以在哔哩哔哩、抖音等视频平台上观看一些纪录片,帮助自己缓解压力。在这个过程中,你很可能会逐渐接受保研的结果,并与之和解。

4. 正确认识自己,重新确立目标

保研的结果与自己的期望不符,这可能与外部环境有关,也可能与个人因素有关。同学们可以重新设定目标和规划未来的步骤,将保研的不如意转化为前进的动力。

一时的挫折并不代表什么,关键在于调整状态并重新开始。无论是否满意,无论去向如何,保研的去向只是人生旅程中的一个中间站,可以将其视为跳板。首先,需要确定自己的位置和起跳的方向,无论是继续学术研究、就业还是考公务员,不妨提前做好准备,蓄力更久才能跳得更高。然后,最重要的是不要拖延,立即行动起来,现在就是你可以开始的最佳时机,一步步向山顶攀登,惊艳所有人!同学们不必纠结于一时的成败,是金子在哪里都会发光。

第 5 章　九推志愿填报指南

志愿填报是迈向保研终点的最后一步,如何确保万无一失?本章将从政策解读、具体流程、注意事项、常见问题等多个方面梳理整个系统填报流程。我们将一起了解志愿填报的锁定规则,并掌握各种捡漏的方法和途径,以稳妥地迈出这最后一步!

5.1　系统填报政策解读

根据当前教育部政策规定,所有推荐高校和招生单位均应通过推免服务系统完成推荐和接收工作。推免生(含推免硕士生和直博生)的资格审核确认、报考、录取以及备案公开等相关工作也均须通过推免服务系统进行。无论之前是否获得夏令营优秀营员或其他任何形式的录取承诺通知,推免生都必须在推免服务系统中进行志愿填报,否则无法被录取。本节以 2023 年推免服务系统官方说明为例,解读推免服务系统填报政策。

5.1.1　推免服务系统填报政策一览

1. 推免服务系统说明

全国推荐免试攻读研究生(免初试、转段)信息公开管理服务系统(简称推免服务系统)是全国统一的推免工作信息备案公开平台和推免生网上报考录取系统。推免生(包括推免硕士生和直博生)的资格审核确认、报考、录取以及备案公开等相关工作,均需通过推免服务系统完成。所有推免生都应通过推免服务系统填写报考志愿、接收并确认招生单位的复试及待录取通知。考生在 2024 年 9 月 28 日至 10 月 20 日期间,可以自主多次平行填报多个招生单位及专业志愿。所有推荐高校和招生单位都应按照规定,通过推免服务系统完成推荐及接收工作。

① 最终的推免生名单、录取名单以及推免生的学籍注册,均以推免服务系统的备案信息为准。推荐高校应公示推免生名单,并向推免服务系统进行备案;招生单位则应按照规定公示录取名单,并向推免服务系统进行备案。

② 2024年9月22日起,推免生可以开始通过推免服务系统进行注册并填报个人资料信息。2024年9月28日(上午9点开始)至10月20日,推免生需通过推免服务系统填报志愿、接收并确认招生单位的复试及待录取通知。

③ 推免服务系统中的推荐办法、推免生名单、复试录取办法以及录取推免生名单等备案公开的推免招生信息,均由各推荐高校和招生单位提供,并且按照教育部的相关规定,在推荐高校和招生单位的网站上进行了公开公示。考生如有疑问,可以直接与相关推荐高校或招生单位联系咨询,或者向推荐高校、招生单位所在的省级教育行政部门或省级教育招生考试机构提出申诉。

④ 推免生可以在规定的时间内查看本人报考并参加复试的招生单位相关专业同层次、同类别推免生的录取公示信息。

⑤ 服役期间获得三等战功、二等功以上奖励或二级以上表彰,且符合全国硕士研究生招生考试报考条件的退役人员(以下简称立功表彰退役军人免试生)须按照规定在推免服务系统中如实填写相关信息,并填报志愿。立功表彰退役军人免试生不会在推免服务系统中收到复试和待录取通知,如果被招生单位拟录取,由招生单位按照规定直接上报拟录取信息。

⑥ 2021级拟转段的强基生应在2024年10月13日至10月20日通过推免服务系统查询并确认本人的转段信息。确认后的信息将作为强基生进入研究生阶段的录取信息。

2. 推免服务系统推免生操作流程

① 注册。推免生在中国研究生招生信息网(网址:http://yz.chsi.com.cn/)或推免服务系统(网址为 http://yz.chsi.com.cn/tm)按提示完成用户注册。

② 填报个人资料。推免生注册后应登录推免服务系统,按要求填报个人资料信息、上传个人照片。请务必保证填写的信息真实有效,并注意查看系统页面的相关说明。推免生需按研招网推免服务系统提示网上支付报名费。

③ 查询。推免生在填写志愿前应认真阅读各招生单位发布的接收推免生章程和专业目录。

④ 报名。推免生(有特殊政策要求的专项计划推免生除外)可同时在系统填报三个平行志愿(不分主次),每个志愿在提交后的48小时内不允许修改,期间招生单位下载报名信息并决定是否允许考生参加复试。志愿提交48小时后仍未接到复试通知、复试未通过,或拒绝待录取通知的推免生可继续填报其他志愿。志愿提交48小时内,如招生单位通过系统明确拒绝推免生申请,推免生可立即填报其他志愿。立功表彰退役军人免试生只能填写一个志愿,报名期间可修改。

⑤ 确认复试通知。提交报考志愿后,招生单位将通过"推免服务系统"反馈是否同意推免生参加复试的通知。推免生应及时登录系统,查看相关通知信息,如收到复试通知,应在招生单位规定时间内通过系统回复是否同意参加复试,否则招生单位可取消复试通知。未通过系统确认接受复试通知的考生不能被招生单位录取。

⑥ 复试。推免生如同意参加复试,应按招生单位要求办理相关手续并参加招生单位组

织的推免生复试。

⑦ 待录取。通过复试的推免生,将收到招生单位通过系统发送的待录取通知,推免生应在招生单位规定的时间内通过系统答复是否接受录取通知,否则招生单位可取消待录取通知。如接受,推免生即成为该招生单位的待录取考生。推免生接受招生单位发放的待录取通知后,不能再填报其他志愿,或接受其他复试、待录取通知,其他招生单位也不能再向该推免生发放复试或待录取通知。推免生未通过系统确认接受待录取通知,则录取无效。

⑧ 各专项计划推免生的报考录取操作,应按照具体政策要求通过推免服务系统进行。

3. 推免服务系统报考注意事项

① 推免生如对系统自动填入的基本学籍(学历)信息有疑问,请及时向就读高校的学籍管理部门咨询。

② 推免生选择报考志愿时,应符合研究生报名条件和招生单位提出的学术要求,并按招生单位要求提供相关材料。

③ 推免生通过系统接受招生单位发放的待录取通知后,如欲取消,应在遵守推免政策规定的基础上,向相关招生单位提出申请。若招生单位同意,可通过系统取消待录取通知,并由推免生通过系统予以确认。相关待录取取消后,推免生可接受其他单位的复试、待录取通知。

④ 招生单位可通过系统查询报考该单位所有推免生的当前报考状态,包括考生接收的所有复试通知或待录取通知等。

⑤ 为顺利完成报名和录取工作,请推免生认真阅读系统各项提示信息,及时登录系统查看招生单位发送的复试通知和待录取通知,并与招生单位保持密切联系。

⑥ 推免生无须进行网上确认,以"推免服务系统"最终的报考录取信息为准。推免生因填写信息虚假、错误造成的后果由本人承担。

⑦ 2024 年 10 月 20 日前未落实接收单位的推免生将不再保留推免生资格。符合《2025年全国硕士研究生招生工作管理规定》所规定报名条件的考生可报名参加全国硕士研究生招生考试。已被招生单位拟录取的推免生,不得再报名参加全国硕士研究生招生考试。

⑧ 凡违反政策、弄虚作假的,一经查实,一律取消推免生资格,并按照《教育法》《国家教育考试违规处理办法》等有关规定严肃处理。

5.1.2 推免服务系统关键解读

1. 所有推免生都必须填报推免服务系统

无论同学们是在夏令营阶段还是在预推免阶段收到对方院校承诺的 offer,最终都还需要在推免服务系统填报并确认 offer。未经推荐高校公示和推免服务系统备案的被认定为无效推免。如在夏令营或预推免阶段获得 offer,那么推免服务系统填报实际上相当于走流程,无须再次复试即可被录取;如在之前未获得 offer,则要参加九推,通过推免服务系统进行志愿填报、参与复试考核。需要注意的是,近年来院校放鸽子的现象屡见不鲜,有些高校在夏令营或预推免阶段承诺的 offer 也可能是无效 offer。因此，同学们需仔细查看院校通知、多方打听，谨慎确认对方院校提供的 offer 效力。

2. 推免志愿为平行志愿，但报考的招生单位可查看推免生的复试通知和待录取通知

在推免服务系统中推免志愿为平行志愿，理论上不分先后次序。目前研招网并没有提到招生单位能否查看学生填报志愿的顺序和数量。但唯一明确的是，招生单位可以看到学生接受其他志愿复试通知的行为。有些院校明确指出只能将其作为第一志愿或唯一志愿，在这种情况下，同学们还是需要谨慎操作。如果院校对志愿顺序无要求，则同学们可以优先填写最想去的院校。

3. 志愿填报、确认复试及拟录取通知均有数量限制或时间限制

(1) 数量限制

首先，在填报志愿阶段，每个考生可以同时填报三个志愿，即选择三所学校，每所学校填报一个专业，或者一所学校的三个专业。

其次，在确认复试阶段，由于每个志愿都是平行的，因此填报的三个院校可能都会向考生发送复试通知，或者可能都不会发送。此时，考生可以接受多个复试通知，也可以选择不接受任何一个。

最后，在接受拟录取阶段存在严格的数量限制。虽然考生可以同时填报三个平行志愿，也可以接受多个复试通知，但考生只能接受一个待录取通知，并且待录取确认后将无法改动（除非对方院校招生办同意撤销）。

(2) 时间限制

考生填写并提交志愿后，系统会向招生单位推送考生的信息，招生单位根据考生的基本信息进行初步筛选、确定复试名单、发出复试通知和待录取通知。考生需注意对方院校开始发放复试通知的时间，例如 2024 年保研，招生单位需在 9 月 29 日上午 9 点之后方可开始发放复试通知，考生应保持关注。如果考生在规定时间内未确认复试通知和待录取通知，则视为自动放弃，不同学校的确认时限不同，需要考生注意。

此外，如果志愿提交 48 小时后仍未收到复试通知，复试未通过，或拒绝待录取通知，推免生可以继续填报其他志愿。如果在志愿提交的 48 小时内，招生单位通过系统明确拒绝推免生的申请，那么推免生可以立即填报其他志愿。

4. 拟录取经协商后可取消

取消拟录取并不是天方夜谭。推免服务系统明确说明推免生通过系统接受招生单位发放的拟录取通知后，如果打算取消，可以向相关招生单位提出申请，通过系统取消拟录取通知。所以招生单位是可以进行取消拟录取操作的。

虽然教育部允许取消拟录取，但考生确认拟录取通知后，高校一般不会同意取消拟录取。毕竟取消拟录取是一件非常复杂的事情，一方面会增加对方招生单位的工作量，招生单位需要继续补录；另一方面还会打乱原本正常的录取工作秩序，如果反悔的人多了，招生单位还需要重新组织老师、安排场地进行新一轮的招生工作。

勇敢者常有,而成功者却寥寥无几,更多的人面临的是失败与无奈。每年都会有一些保研的同学因过早确认待录取,之后又收到其他学校的待录取而感到遗憾。如果选择提出取消待录取,在遭受拒绝的同时,可能会给招生单位留下不好的印象,有些老师甚至会对考生的情况进行备注,这可能会在入学材料等地方对考生设置门槛。因此,同学们一定要先权衡好利弊,再慎重选择。

5. 系统关闭前未落实接收单位的推免生不再保留推免生资格

政策指出,在系统关闭前未落实接收单位的推免生将不再保留推免生资格,但可以报名参加全国硕士研究生招生考试。也就是说,如果在推免服务系统开放期间没有落实接收单位,那么就等于保研失败,后续只能通过考研来攻读研究生。同时,如果是出于主观原因不想保研,而浪费了保研名额,学校可能会扣减下一年本专业的推免名额,这很可能会引发本院校本专业相关老师和下一届同学的不满和反对。

因此,同学们需要谨慎填报志愿,衡量风险与损失。如果同学们在夏令营或预推免阶段没有任何 offer,九推或十推则是保研同学唯一的上岸机会,需要多关注九推招生信息,留意各方信息来源。

6. 推免生资格可取消

获得拟录取通知并不等同于推免完全结束,根据目前的政策规定,推免生的资格也可能会被取消。政策明确指出:凡是违反政策、弄虚作假的,一经查实,一律取消推免生资格,并按照《教育法》《国家教育考试违规处理办法》等有关规定严肃处理。一般来说,各高校对接收推免生还会有一些额外要求,如达不到某些条件将直接取消学生的推免生资格,如未顺利取得毕业证书和学位证书、未取得要求的资格证书或语言类证书、毕业论文未达到对方学校的要求、取得推免资格后受到学校处分且在毕业离校前未解除、政审不合格、体检不合格等,具体情况详见 6.1 节。

5.2 系统填报具体流程

一般情况下,推免服务系统每年都是在 9 月 22 日至 27 日开放注册和填报个人信息功能,并在 28 日正式开放志愿填报。① 下面将对 9 月 28 日开放填报志愿的普遍情况进行

---

① 通常,推免服务系统每年于 9 月 28 日开放志愿填报功能。2024 年推免系统的填报时间为 9 月 28 日开始填报志愿,而 9 月 29 日上午 9 点后,院校才能发放复试/拟录取通知。预计未来都会延续这一模式,但具体时间仍需以教育部官方通知为准。

说明。

1. 登录推免服务系统,查询推免资格和相关政策,填报个人资料并支付报名费(9 月 22 日—9 月 27 日)

9 月 22 日,同学们可以进入推免服务系统(https://yz.chsi.com.cn/tm/)进行网上报名(图 5.1)。

图 5.1

如已有学信网账号,可直接登录系统(图 5.2)。

图 5.2

在登录后,同学们可以查询到自己的推免资格基本信息,包括姓名、身份证号、推免资格类型、推荐单位及院系所、本科专业以及综合成绩(排名方式/综合排名)。如果查询结果无误,点击确认即可。如果推免生登录后系统提示无推免资格,那么需要与推荐高校核实推荐资格名单的上报情况。

推免生确认推免资格后,需要在系统中认真查看报考注意事项,明确了解推免服务系统的相关规则。然后可以按照要求填报个人资料信息、上传个人照片。这些信息包括基本信息、户档信息、学习工作信息、学籍学历信息、学位信息等,务必保证填写的信息真实有效,并注意查看系统页面的相关说明。表 5.1 所示是填写攻略。

表 5.1

类别	汉字名称	字段说明
基本信息	姓名	系统根据注册信息生成,不需填写
	姓名拼音	按姓名的拼音书写形式填写
	证件类型	系统生成,不需填写;二等功免试生需如实填写出生日期、性别及民族
	证件号码	
	出生日期	
	性别	
	民族	
	政治面貌	需如实选择
	婚姻状况	
	现役军人	可选择军队在职干部、军校应届本科毕业生(军校学员)或非军人,需如实选择
	入伍前所在高校入学年月等相关信息	专项计划填写"退役大学生计划"者不得为空。"高校入学年月"以实际入学年月为准;填"高校代码"时,列表中没有的则选择"其他";填"高校名称"时,列表中没有的则直接填高校名称,必须与毕业证书一致;填"专业代码"时,列表中没有的则选择"其他";填"专业名称"时,列表中没有的则直接填专业名称,以毕业证书为准;"高校毕业证书编号"按毕业证书上的编号填写,未毕业则不填
	批准入伍年月、入伍机关名称、入伍批准书编号	专项计划填写"退役大学生计划"者和二等功免试生不得为空。"入伍年月"以入伍批准书批准年月为准,"入伍机关名称"以入伍批准书批准入伍机关名称为准
	批准退役年月、退役机关名称、退出现役证编号	专项计划填写"退役大学生计划"者不得为空。"批准退役年月"以退出现役证批准退役年月为准,"退役机关名称"以退出现役证批准退役机关名称为准
	籍贯所在地	需如实选择
	出生地	
	户口所在地	
户档信息	户口所在地详细地址	具体格式为:省(区、市)/地市区(盟)/县市旗/乡镇/街村详细地址。需如实填写,最多 80 字节
	家庭主要成员	需如实填写
	档案所在地	
	档案所在单位	需如实填写,按国家规定,个人档案不得由个人持有
	档案所在单位地址	具体格式为:省(区、市)/地市区(盟)/县市旗/乡镇/街村详细地址。需如实填写,录取后调档使用,最多 80 字节
	档案所在单位邮政编码	需如实填写,录取后调档使用

续表

类别	汉字名称	字段说明
学习、工作经历	学习与工作经历	从高中毕业以后填起
	发表的主要学术论文和著作	需如实填写,最多200字节
	何时何地何原因受过何种奖励或处分	需如实填写,最多200字节
	作弊情况	推免生要准确填写个人信息,对本人所受奖惩情况,特别是在参加普通和成人高等学校招生考试、全国硕士研究生招生考试、高等教育自学考试等国家教育考试过程中因违规、作弊所受处罚情况,要如实填写。对弄虚作假者,将按照《国家教育考试违规处理办法》和《全国硕士学位研究生招生工作管理规定》进行处理
联系方式	通讯地址	具体格式为:省(区、市)/地市区(盟)/县市旗/乡镇/街村详细地址(为接收复试通知书、录取通知书地址,必须填写,最多80字节)
	通讯地址邮政编码	需如实填写
	固定电话	多个号码用英文逗号","分隔。需如实填写有效固定电话,并能使用到收到录取通知书时。这是招生单位与推免生联系的关键信息
	移动电话	系统根据注册信息生成,不需填写
	电子信箱	电子邮件信箱地址
报名信息	招生类型	需如实选择
	招生单位	需如实填写
	专项计划	可选择农村师资计划、少数民族骨干计划、退役大学生计划、支教团推免计划、公费师范生、二等功免试生或无专项计划
	院系所	需在推免服务系统中选择。二等功免试生无须选择导师姓名
	专业名称	
	学习方式	
	研究方向	
	导师姓名	
	定向就业单位	定向就业单位的汉字名称全称
	定向就业单位所在地	需如实填写

此外,同学们还需要通过学信网支付平台支付报名费。各省报名费用不一,请以当地情况为准。注意,一定要按时填写个人信息并支付报名费,否则将影响志愿填报。

2. 填报志愿并接受复试和待录取通知(9月28日—10月20日)

志愿填报功能通常于9月28日上午9点正式开放。一般来说,志愿填报流程如下:9月28日上午9点保研生开始填报志愿→9月29日上午9点后招生单位开始发放复试通知→保研生接受复试通知→招生单位发放待录取通知→保研生确认待录取通知。

推免生在填报志愿前,应认真阅读各招生单位发布的接收推免生章程和专业目录。9月28日上午9点,推免生(有特殊政策要求的专项计划推免生除外)可以同时在系统填报三个平行志愿(不分主次),在提交志愿后的48小时内不能自主更改或撤回。已在夏令营或预推免阶段招满的院校不会再受理其他学生的志愿申请,一般采用默拒的形式,同学们需要谨慎填报志愿,以免浪费机会。

推免生提交报考志愿后,招生单位将在9月29日上午9点后通过推免服务系统反馈是否同意其参加复试。推免生应及时登录系统,查看相关通知信息,如果收到复试通知,应在招生单位规定时间内通过系统回复是否同意参加复试,否则招生单位可能会取消复试通知。如果在夏令营或预推免阶段已经获得offer,院校一般不会再次要求进行复试,只是在系统中走流程。需要注意的是,同学们可以接受多个复试通知,但招生单位能看到同学们的操作行为。

通过复试的推免生,将收到招生单位通过系统发送的待录取通知,推免生应在招生单位规定的时间内通过系统答复是否接受待录取通知,否则招生单位可能会取消待录取通知。

待录取通知可以拒绝多个,但只能接受一个。一旦接受,推免生即成为该招生单位的待录取考生,不能再填报其他志愿或接受其他复试、待录取通知,其他招生单位也不能再向该推免生发放复试或待录取通知。推免生未通过系统确认接受待录取通知,则录取无效。

需要特别注意的是,在夏令营或预推免阶段获得offer的情况下,院校一般会要求在规定时间(如30分钟甚至10分钟)之内接受拟录取,如不接受则视为放弃offer。如果放弃offer而选择等待心仪院校候补或者决定参与九推冲刺其他学校,可能面临无学可上的局面。九推风险较大,请谨慎操作。

3. 核对拟录取信息

根据学信网往年的信息,当年的推免生可在次年的3月2日—3月31日查看相关录取备案信息。同学们如果不放心,可以在这个时间段内查询自己的录取情况。

5.3 系统填报注意事项

5.3.1 信息填报

信息填报无疑是推免服务系统填报流程中的重要一环,个人信息出现错误很可能会影响个人的录取资格,并可能给自己带来一系列的麻烦。同学们务必保证填写的信息真实有效,并注意查看系统页面的相关说明。这里整理了一些可能会遇到的问题。

1. 通讯地址如何填写?

通讯地址是用于接收录取通知书的有效地址,同学们可以根据自己的需求,选择邮寄到家里还是学校。

2. 姓名、籍贯等基本信息是按照现在的情况填写还是要与户口本保持一致?

姓名、籍贯等基本信息需要与户口本上的内容保持一致。如果你的户口已经迁移到学校的集体户口,那么可以填写学校的地址。姓名的拼音最多可以输入 80 字节的半角字符,要求顶格连续填写,不可有空格,大小写均可。

3. 何时何地因何种原因受过何种奖励或处分,如何填写?

需要尽量精简内容,不要使用回车、空格等字符。如果没有,就填"无"。最多可输入 200 字节的字符。

4. 如果个人信息填写有误,需要修改怎么办?

推免生个人信息在推免报名期间是可以修改的,但是必须在填报志愿前确认信息无误,否则在复试录取期间修改个人信息可能会导致各招生单位前后信息不匹配。

5. 系统中证件照上传的要求是什么?

本人近期一寸正面免冠彩色头像照片(参照居民身份证照片样式);格式为 JPG 或 JPEG,大小为 20 KB~500 KB;照片背景应为单色(白色、蓝色、红色均可),人像清晰,神态自然,无明显畸变。另外,需要注意的是,证件照中的嘴唇需要自然闭合,否则照片上传可能不会成功。

6. 考生联系方式重要吗?

考生联系方式非常重要。必须填写可以随时联系的电话。在填写固定电话时,应注意区号和分机号可以用"-"分开。如果有多个电话,可以用英文半角逗号","分隔,最多可输入 40 字节的字符。填写移动电话时,最多可输入 11 字节的数字。

对于电子信箱,必须填写常用且有效的邮箱,最多可输入 30 字节的半角字符。

5.3.2 网上支付

推免生需要在网上支付报名费。推免服务系统提供了代收推免报名费的服务,报名费的标准和规则都以推荐高校所在省级教育招生考试机构的规定为准。一般来说,只有在信息完善且支付成功后,才能进入志愿填报环节。因此,同学们需要在系统开放期间尽早完成信息填报和线上支付。

1. 支付前的准备

① 推免生所持的银行卡必须开通网上支付功能,进行网上支付前务必做好准备。

网上支付支持的银行(部分)或其他支付方式包括中国银行、中国工商银行、中国农业银行、交通银行、中国建设银行、中国民生银行、中国邮政储蓄银行、中信银行、北京银行、兴业银行、上海银行、招商银行、中国光大银行、浦发银行、平安银行及支付宝等。更多支持的银行可以在支付页面跳转的第三方支付平台查询。

② 提前存入报名费,存入金额一定要大于报名费,而且至少多出 10 元,以免造成支付失败。

③ 推免生在支付报名费前,如果没有网上支付经验,则先阅读各行银行卡使用说明,必要时一边对照说明一边进行操作。

2. 支付查询

如果系统没有提示支付失败或成功,建议推免生通过登录网上银行、电话、ATM、柜台等方式查询账户余额。如果报名费已经支付,可以等待推免服务系统更新支付状态,也可以致电第三方支付平台查询处理情况;如果发现支付未成功(例如银行卡未扣款成功),则需要在推免服务系统中重新支付。

5.3.3 志愿填报

1. 仔细核对填报信息

一定要仔细填报志愿,除了确保志愿信息无误,在填报志愿之前一定要和招生老师确认填写的信息,尤其是院校、专业、研究方向、导师等信息一定要慎重填写。如果志愿信息填报有误,招生老师可能不会发送复试通知。在这种情况下,要么联系招生老师退回或修改志愿,要么重新提交一个志愿。而这期间的不确定性很大,有可能因此错过 offer。

2. 明确填报规则与时间

同学们需要事先联系招生老师,了解志愿填报的具体时间。很多院校都要求保研生在 9 月 28 日 17 点之前完成志愿填报,如果未按时填报则不再接受报名。无论是已经获得

offer只需走流程的同学,还是需要参与九推复试的同学,都要仔细阅读院校的要求,注意志愿填报是否有特定的时间限制。此外,在开放复试通知功能后,同学们一定要密切关注短信、邮箱、官方微信群等渠道的消息,以免错过录取通知,追悔莫及。尤其是有些超额发放offer的院校会声明"根据志愿填报顺序发放offer,录满即止",所以同学们一定尽快填报并仔细核对志愿信息。

3. 合理安排志愿数量和顺序

同学们需要合理安排志愿数量。一旦提交,志愿将被锁定48小时,在锁定期间,除非被填报的院校拒绝复试,否则无法修改志愿。因此,同学们在填写志愿时一定要非常谨慎,绝不能随意填写和提交。虽然理论上可以填报多个目标院校,但在填报志愿时最好留出一个备用志愿。由于九推开放后时间非常紧张,而且很多高校的招生时间可能会重合,如果三个志愿都未被受理,需要等待48小时后才能重新填写;或者由于信息填错,需要联系老师解锁并退回志愿等,都可能错过院校的招生或补录,影响个人的推免进度。

另外,招生单位可以看到同学们接受复试通知的行为,而部分院校在招生简章或录取流程中明确指出只能将其作为第一志愿或唯一志愿,在这种情况下同学们需要谨慎操作。如果院校对志愿顺序没有特别要求,则可以优先填写心仪院校。

4. 规划志愿填报策略

如果同学们在夏令营或预推免中已经获得了满意的offer,那么需要在系统开放前与院校招生老师确认好填报流程,及时填报志愿,并确认待录取。

如果同学们在夏令营或预推免中获得了不错的offer,但仍希望在正式推免中等候补机会。建议可以填报两个志愿:一个是已经获得offer的志愿,另一个是作为候补的志愿。同学们需要及时关注候补信息,咨询在夏令营或预推免中排名在自己之前的同学的候补进度,以便掌握候补工作的进程。在系统开放当天,同学们也可以联系招生老师询问候补情况。

有些同学在夏令营或预推免中已获得offer,但仍想在正式推免中寻找更好的院校机会。建议可以预留一个空志愿,因为2024年填报志愿和接收复试/拟录取通知之间有24小时的间隔,所以从9月28日下午开始就陆续有捡漏通知发布,同学们可以关注。但是,这类院校的考核可能要到9月29日下午才开始复试,这意味着如果同学们想要参加九推考核,就可能需要放弃原有的offer(原有offer可能会要求你在拟录取功能开放后5分钟内接受拟录取,否则视为放弃),而且参加了考核也不一定能成功录取,因此需要慎重选择。在正式推免过程中,各校是否还有空余名额都是未知的。很多高校为了不让自己处于被动地位,通常会在夏令营、预推免过程中发放更多的offer,因此,正式推免时捡漏的难度也不小,同学们还是不应该轻易放弃手中的offer。

如果同学们在夏令营/预推免中没有收到任何offer,只能寄希望于九推。同学们也不用太过担心,毕竟现在的保研竞争越来越激烈。以2024年为例,大部分院校将夏令营改为参观营,不发放 offer、offer 无效力、超发 offer 成为高校的常规操作。大佬们释放 offer 的时间被延迟到 9 月 28 日左右,普通保研生的录取时间也被延长到九推期间。因此,对于这些同学来说,一定要尽早关注九推招生信息,谨慎填报志愿,随时做好捡漏准备。

九推招生信息一般有几个来源途径:

① 关注各院校在其官方网站公布的九推招生计划。

② 可以自己打电话询问院校是否在九推阶段进行招生。

③ 关注九推捡漏群、各高校老师在招生群发布的消息等。

另外,对于希望在九推中寻找机会的同学来说,最好事先准备好自己的保研申请材料,因为对方院校可能会临时发来通知要求提交,有了充分的准备才能应对突发情况。

整体来看,虽然每位同学的情况不同,但都需要注意志愿填报策略,对自身进行合理定位与规划,按照梯度配置志愿,优先考虑稳妥的选择。

5.3.4 确认复试和待录取

1. 提前调试设备

由于在填报当天会有很多学生同时登录系统,尤其是对于一些采取"先到先得"录取规则的学校来说,时间就是一切。同学们一定不要等到最后时刻才登录系统,如果家里或学校的网络状况不佳,可以准备多台设备,甚至考虑去网吧填写系统,以免错过重要的时间。

2. 注意通知确认时间

一般来说,院校会规定学生接受复试和待录取的确认时间,只有在规定时间内确认,才能被视作有效录取。因此,同学们一定要提前了解目标院校的填报要求,并与招生老师核对好时间,随时留意手机短信或网站的消息,以免错过确认时间,被误认为放弃资格,而与心仪的学校失之交臂。

尤其是对于那些有意向候补或捡漏上岸的保研同学,一定要提前与对方院校的招生老师通过电话或邮件保持联系,了解对方院校的招生进度。如果发现有名额,可以尝试填报志愿,并等待对方院校发放复试及待录取通知。但是,如果对方老师没有给出肯定的回复,而且保底院校又有时间限制的话,岛主建议同学们最好不要冒险等待,为了稳妥起见,还是先接受保底院校的 offer。

3. 谨慎确认待录取

在推免服务系统中,"拒绝"按钮比"接受"按钮更为醒目,同学们在这个时候千万不要因过于激动而误点"拒绝"。另外,推免服务系统中设有二次确认环节,同学们必须仔细操作。一旦确认了某所学校发来的待录取通知后,原则上就不能再更改了,除非得到对方院校的同意,并由对方院校取消待录取操作后,学生才能对已确认过的待录取通知进行取消。但这种做法成功的可能性较低(很多院校的老师不愿意撤销已经发出的待录取通知),所以不推荐同学们这样做。同学们在确认待录取通知时需尽量保持谨慎,并对自己的选择负责。此外,如果同学们有自己决定去的学校,最好能够及时告知不去的学校,以便他们有时间补录其他学生,不浪费招生名额。

4. 不得已取消待录取,务必做好沟通工作

在确认待录取后,如果同学们确实需要取消待录取,一定要做好与意向院校之间的沟通工作。

首先,必须确保想去的院校愿意接收你。这一步非常关键。如果接到了候补通知并希望前往心仪的学校,建议向对方招生老师说明目前的情况,并诚恳地与老师沟通,看看是否愿意稍作等待,同时为自己争取更多时间,因为你还需要联系其他学校以取消待录取。一定要注意自己的表达方式,一般来说老师可以理解这种情况,但也有可能会因急于补录而不会给学生太多时间。

如果已经确认了待录取,但随后看到了新的九推捡漏机会并想尝试,同学们需要慎重考虑,因为这个新的机会不一定能稳稳拿到,所以冒险可能并不明智。如果真的有意向,一定要提前通过各种途径了解这个学校的录取情况,比如询问自己的老师或参加夏令营的同学,看看是否还有剩余名额;如果时间紧迫,还可以尝试联系该学校的招生老师,了解招生计划,并结合往年的录取名单评估自己上岸的可能性。

在联系老师取消待录取时,同学们需要注意以下几点:首先,态度要诚恳且有礼貌,毕竟这是由于个人原因给对方带来了麻烦;其次,尽早联系,最好能尽快打电话给拟录取学校的研究生招生办,向老师解释原因,以免影响学校的后续招生进度。一般来说,需要先得到对方学院老师的同意,然后写一份自愿放弃拟录取资格的声明,收到学院盖章后提交给校级招生办,这样学校会授权学院研究生招生办进行取消操作,之后同学们再主动联系对方学院研究生招生办完成后续操作即可取消待录取。当然,并非所有学校都会同意取消待录取,同学们也需要做好相应的心理准备。

5.4 系统填报常见问题解答

1. 个人信息填写有误,9月28日还能修改吗?

可以,但保研生们务必在志愿填报前确认信息无误。否则,在复试录取期间修改个人信息可能会导致各招生单位信息不匹配,影响个人录取和入学。

2. 9月27日学校还未上传推免资格,9月28日还能填个人信息吗?

可以,在推免系统开放期间(9.22 – 10.20),都可以注册完善个人信息、缴费、填报志愿、接收复试/拟录取通知。如果临近志愿填报时还未查询到推免资格,需要联系本校老师尽快处理。同学们最好在9月28日早上9点填报志愿前完善个人信息,因为内容较多,容易出错,且需要时间检查修改。

3. 我怎么才能知道哪些学校有九推名额?应该从哪里获取信息?

通常,有名额的学校和对应专业会在院校官网上发布通知,同学们也可以直接打电话给招生老师询问。此外,也要密切关注相关保研群聊,尽可能多获取信息。大家需要时刻关注目标院校的官网,也可以关注"保研岛""保研"等公众号,推免期间会有及时的消息更新。

4. 填志愿前要拒掉其他offer吗?保留几个offer比较合适?

如果同学们已确定梦校offer并且确保其有效,可以拒掉其他offer,只保留梦校offer。如果效力不稳,可以根据学校类型、地域、专业、项目类型(专硕/学硕/直博)以及课题组或导师等情况,综合确定最优或最纠结的2-3个offer,在系统中填报志愿,以备不时之需。但确定不去的院校要及时拒绝,以免影响个人信用。

5. 想放弃学校,但又签了承诺书还可以放弃吗?什么时候放弃比较好呢?

签了承诺书仍可以放弃,但需看清承诺书上是否写明相关违约后果。违约可能影响个人声誉和日后发展,并可能影响学弟学妹,被放弃的学校可能会将本科院校纳入黑名单。如果拿到更好的offer后决定放弃,最好尽早通过邮件、电话等方式向协议另一方说明情况,不要拖到九推结束才通知,早沟通有利于院校及时补录,减少负面影响。

6. 系统上至多同时填几个志愿?几个志愿都是平行志愿吗?

正式推免服务系统可以同时填报3个志愿,这3个志愿都是平行志愿,不区分先后顺序。高校看不到系统里同学们的志愿顺序,但有些院校要求必须将他们的学院放在第一志愿才能录取(招生单位能看到推免生接受复试通知的行为),对于这类要求,保研生们应谨慎操作。

7. 获得有效力的offer/预录取资格后,在系统上直接填报高校志愿就可以直接发放录取通知吗?

一般来说,在夏令营/预推免中拿到offer的同学在系统上只是走个流程,不需要再参加复试,具体情况可以和招生老师确认。另外,高校的拟录取发放需要一定时间,建议事先与所报研究生院校招生部门电话联系,确认发放拟录取通知的具体流程、时间和注意事项。

8. 填报志愿时要把三个志愿都填满吗?

① 如果夏令营/预推免已获得满意offer且offer具有效力,保研生们在系统开放前应与院校招生老师确认好填报流程,及时填报志愿,确认待录取即可。如果担心被放鸽子,可以填两个志愿以防万一。

② 如果已获得保底offer,但仍想在正式推免中等待补录。保研生们可以填报两个志愿:保底offer+候补offer,留一个志愿作为备用,并积极联系招生老师及排名靠前的同学,

及时关注候补信息,掌握候补工作的进程。

③ 如果没有任何 offer,同学们一定要关注九推招生信息,留意信息来源途径,最好确认有名额再进行志愿填报:部分院校会在官网公布九推的招生通知,需及时关注官网动态;可以主动出击,直接致电院校是否在九推阶段招生;关注民间消息,如九推捡漏群、各高校老师在招生群发布的消息等。

9. 三个志愿可以不在同一时间填写吗?已提交的志愿可以随时修改吗?

三个志愿可以不在同一时间填写,且每个志愿在提交后的 48 小时内不允许修改。系统开放期间,各大高校会下载报名信息并决定是否允许参加复试,这时我们只能耐心等待结果。志愿提交 48 小时后仍未接到复试通知、复试未通过,或拒绝待录取通知的推免生可继续填报其他志愿。志愿提交 48 小时内,如招生单位通过系统明确拒绝推免生申请,推免生也可继续填报其他志愿。正式推免期间,各高校一般采取默拒形式,因此同学们要谨慎填报志愿,以免浪费志愿名额,错失上岸的黄金时期。

10. 报名本校还需要走流程吗?

所有同学都需要在正式推免中填报志愿、确认拟录取。如果同学们想要填报本校,也要走一遍系统流程,千万不要大意。就和其他学校一样,按照要求的时间完成操作,一定要注意截止时间。

11. 9 月 28 日早上九点开始填志愿,需要马上填写吗?

需要看院校方的规定,例如北京林业大学材料学院就明确说明报名截止时间为 9 月 28 日上午 10 点,保研生们就一定要严格按照对方院校时间完成填报。对于没有明确要求的院校,原则上来说可以晚点填写志愿,但保研生们也要及时跟对方院校老师确认是否有隐性规定,避免错过重要通知。

12. 推免复试和待录取通知可以接受几个?

推免复试通知可以接受多个(招生单位会看到同学们的操作),但是一个推免生只能接受一个待录取通知,同学们一定要注意待录取的确定数量。教育部通知明确指出:推免生接受招生单位发放的待录取通知后,不能再填报其他志愿,或接受其他复试、待录取通知,其他招生单位也不能再向该推免生发放复试或待录取通知。

13. 9 月 28 日志愿填报后可以立马收到复试通知、接受拟录取吗?

2024 年研招网规定在 9 月 28 日 9 点开放志愿填报通知,但是高校需要在 9 月 29 日 9 点以后才可以发放复试通知和拟录取通知。

14. 在我确认学校的预录取之后,学校还有权力拒绝我吗?

在同学们接受待录取之后,学校那边还会进行最终确认,一般来说学校都会通过。

15. 已经拿到 offer,在系统上填报志愿并收到院校复试通知是不是就稳了?

并不是。也有同学在收到复试通知后,迟迟没有收到拟录取通知。所以如果在收到复试通知后半小时还没有收到拟录取通知的话,建议抓紧时间打电话给院校招生办老师询问具体情况,以便做好其他安排。

16. 3个志愿的待录取通知能同时收到吗?

理论上来说可以。如果你同时拿到了多个院校的offer,同时填报了几个院校的志愿,就很有可能在同一个时间段收到两个及以上高校的拟录取通知。但很多高校对确认待录取的时间有所规定,同学们要看清限制及时进行确认,超时不确认高校可能会撤回待录取通知。如果不去其他院校的话,同学们也要和对方院校尽早说明,避免影响高校招生,也给其他候补同学留下机会。

17. 拟录取通知未及时确认会有影响吗?

会有影响。如果offer院校已经规定了确认时间,而学生没有在规定时间内确认拟录取的话,院校可能会撤销拟录取通知。即便是没有限制确认时间的院校,也建议不要拖太久,否则校方很有可能因为你久久没有给出答复而质疑你的录取意向,从而撤销拟录取通知。

18. 未在规定时间内确认拟录取,拟录取通知被撤回了怎么办?

推免系统开放时间紧张,通常院校会对接收拟录取的时间做出限制。如果未按要求接受拟录取,院校撤回也在情理之中。因此,保研生们一定要关注对方院校是否有规定时间要求,如果有明确规定,一定要在规定时间内完成填报,否则很可能失去拟录取资格。此外,如果由于不可抗力因素未能及时确认拟录取,建议立即电话联系对方院校,表明自己的意向,并对之前的失误表示歉意,积极争取老师的谅解,请求老师再次发放拟录取通知,并承诺会立即回复。但需要注意的是,招生办不一定会发放第二次拟录取通知。

19. 没拿到满意的offer,我能放弃保研吗?

如果学校未在系统中上传推免资格,此时放弃还能递补,影响不大。但如果同学们已经在推免系统中确认了推免资格,此时再放弃保研就相当于浪费了推免名额,可能会影响学院下一年的保研名额数量。本院老师大概率也不会同意此时放弃保研,可能会影响同学们的毕业。因此,大家还是最好找到愿意接收的院校,或者和本校老师争取本校保底的机会。

20. 推免生还可以参加统考吗?

在推免服务系统中已被招生单位接收的推免生,不得再报名参加当年全国统考和联考,否则将取消其推免录取资格。推免服务系统规定截止日期前仍未落实接收单位的推免生不再保留推免资格,可以选择参加统考报名。

第6章 获得拟录取通知后的建议

获得拟录取通知后,也不能掉以轻心。本章将介绍哪些因素可能会影响最终的录取结果,并基于这些因素提供针对性建议,以确保同学们能够为自己的保研之路画上一个完美的句号。当然,本章还会帮助大家成为时间管理高手,合理安排保研之后的时间以及研究生生活。

6.1 影响最终录取结果的因素

各位同学在推免服务系统中接受待录取后,不仅需要了解本校的保研注意事项,还应该通过查阅官网的细则,明确对方院校的具体要求,以避免出现意外情况。这里为大家选取了5所学校的推免录取要求进行介绍。

《北京大学2025年接收推荐免试研究生办法(校本部)》对推免录取的要求如下:

> 五、复审与录取
>
> 在发出录取通知书之前,我校将对拟录取的推免生按照以下要求进行资格复审。审查未通过的,取消其拟录取资格。
>
> 1. 完成本科培养方案规定的所有课程及实践环节(含毕业论文或实习)的学分要求;
> 2. 毕业论文或毕业设计应达到"良"或80分(含)以上;
> 3. 取得推免资格后,本科必修课程不得出现不及格;
> 4. 自取得推免资格至入学报到之日无违法违纪受处分记录。
>
> 已录取的推免生,应在入学报到当日将身份证、学历学位证书原件提供给录取院系进行核查,若在入学报到前未取得学士学位和本科毕业证书,学校将取消其录取资格。

《复旦大学2025年招收优秀应届本科毕业生免试攻读研究生章程》对推免录取的要求

如下：

> 1.考生必须保证提交的申请信息和其它全部申请材料的真实性和准确性。若考生提交虚假信息,一经查实,取消其录取资格。
>
> 2.考生填报志愿和接受待录取通知应慎重,诚实守信一经自主选择并被确定为拟录取,不得提出放弃。
>
> 3.拟录取推免必须在研究生入学前取得本科毕业证书和学士学位证书,否则取消拟录取资格;受到处分者,亦取消拟录取资格。
>
> 4.被我校拟录取为直接攻博生的考生,无须在我校研究生招生网(网址:https://gsao.fdan.edu.cn)上办理博士生报名手续。
>
> 5.拟录取推免生不得再报名参加当年全国硕士研究生招生考试,否则取消其推免录取资格。

《浙江大学关于2025年接收外校推荐免试研究生工作安排的通知》对推免录取的要求如下：

> 四、其他事项
>
> （一）申请人应提供真实、准确的材料。若申请人弄虚作假、违反招生规定、存在有违学术道德、专业伦理、诚实守信等方面的不当行为,一经查实,立即取消复试资格或录取资格或入学资格。
>
> （二）我校拟录取的推免生应出色完成大学本科阶段的学业,并按期毕业,拟录取后如出现以下情形之一者,将被取消录取资格:(1)思想政治素质和品德考核不合格或政审不合格;(2)从考生报名至入学报到之日,受到任何处分;(3)本科最后一学年计入毕业要求学分的相关课程成绩出现不及格记录;(4)本科毕业设计(论文)成绩未达到良好及以上(或80分及以上);(5)我校规定的研究生新生入学日期前无法提供毕业证书和学士学位证书。
>
> （三）我校拟录取的推免生请于2025年3月自行到当地二甲及以上医院体检,并于2025年3月31日前将体检表寄送到浙江大学录取学院(系)研究生科。体检不合格者取消录取资格。

《上海交通大学2025年招收优秀应届本科毕业生免试攻读研究生(含直博)办法》对推免录取的要求如下：

五、其他事项

1. 申请人应提供真实、准确的材料。对在推免过程中弄虚作假，有论文抄袭、虚报获奖或科研成果等学术不端行为或者有其他严重影响推免过程和结果公平公正行为的学生，一经查实，取消推免资格，已入学的，取消学籍，并由推荐高校所在地的省级教育招生考试机构按规定记入《国家教育考试考生诚信档案》。

2. 被拟录取的推免生，不得办理出国手续，不得列入就业计划，并不得再次报名参加当年硕士生招生统考。

3. 被拟录取的推免生应出色完成大学本科阶段的学业，并达到毕业要求，如出现以下情形之一者，将被取消录取或入学资格：(1) 思想品德考核不合格；(2) 考试作弊或受刑事、行政处分；(3) 毕业设计(论文)、实践实习等成绩达不到所在学校推免生要求；(4) 应届毕业时无法获得毕业证和学士学位证。

4. 联合培养基地招收的研究生仅第一学年在交大上海本部，其余学年在联培基地，学校上海本部不再提供宿舍。具体见各学院基地招生简章。

《中国科学院大学2025年接收推荐免试生章程》对推免录取的要求如下：

第二十七条 对拟录取的推免生，出现下列情况之一的，取消其录取资格：

1. 已被各培养单位接收的推免生，若再报名参加当年硕士研究生招生考试，取消其推免录取资格。

2. 在本科阶段最后一学年(四年制的指第七、八学期，五年制的指第九、十学期)专业主干课程成绩有不及格科目。

3. 本科毕业设计(论文)未取得良好以上(含良好)成绩。

4. 新生入学报到前未获得本科毕业证书和学士学位证书。

5. 政审不合格者。

6. 考试作弊或违纪(法)受到"警告"(含)以上处分的，或有其他情节严重的违法乱纪行为受到处罚者。

7. 申请人提交的材料有弄虚作假者。

因此，获得拟录取通知并不意味着保研已经一切确定。那么，哪些情况会影响最终的录取结果呢？本节在梳理各大高校对本校和外校保研生的要求后，总结为以下几种情况。

1. 未顺利取得毕业证书和学位证书

通过查阅不同高校的保研条例，可以了解到获取学位证书和毕业证书是比较基本的要求。如上文提到的北京大学、上海交通大学、浙江大学等学校都明确要求需要取得这两个证书。有些学校在研究生入学报到时规定，必须查验这两个证书后才能正常入学。因此，同学们在大学的最后一年也需要认真对待。除了仔细检查培养方案的学分要求,还要抓住毕业生学分核查的机会,一旦发现问题就要及时进行补救,避免因学业问题而影响正常毕业。

此外,部分学校和专业会对同学们的资格证书或语言类证书提出特定要求。例如,有些学校的外语类专业可能要求保研生在毕业前取得专业八级合格证书。因此,大家需要保持警惕,在充分了解相关政策的前提下进行自我检查,如果发现有未达到标准的项目,一定要及时采取措施进行补救。

2. 保研材料及考试过程中弄虚作假

在保研的整个流程中,必须牢记不可触碰"弄虚作假"这一禁忌。不论是在准备申请材料的初期阶段,还是在后续的考核过程中,一旦发现有作弊行为,各学校将严肃处理,轻则取消保研资格,重则可能影响毕业并记录于个人档案。

上述提到的学校均明确指出,如果申请人在推免过程中存在弄虚作假、论文(文章)抄袭、虚报获奖或科研成果等学术不端行为,一经查实,即刻取消其录取资格。因此,同学们应意识到,保研不仅看重个人能力,还对申请者的道德品质有明确要求。务必分清主次,不能因争取机会而违反制度和原则。

3. 毕业论文未达到对方学校的要求

在大四一整个学年,学生在学业上最重要的任务是保质保量地完成毕业论文。在收到目标院校的拟录取通知后,同学们需要了解对方院校是否在毕业论文这一项有额外要求。例如,《北京大学2024年接收推荐免试研究生办法(校本部)》明确地规定了"毕业论文或毕业设计应在'良'或80分以上"。此外,清华大学、浙江大学也都有类似的规定。建议查阅拟录取学校的相关政策,毕业论文成绩不理想可能会影响录取。

然而,无论学校对毕业论文是否有要求,同学们都不能马虎大意,毕竟毕业论文是对四年本科学习的总结,在一定程度上反映了科研能力,是未来科研学习的重要环节。

4. 取得推免资格后有课程挂科

除了对毕业论文有要求,部分院校在通知中也会规定大四学年不能有课程挂科,否则将取消拟录取资格。例如,中国科学院大学在2025年接收推荐免试生章程中明确指出:"在本科阶段最后一学年(四年制指的是第七、八学期,五年制指的是第九、十学期)专业主干课程成绩如有不及格科目,则取消拟录取资格。"因此,即使已经获得拟录取资格,同学们仍需认真对待大四学年的课程,做好预习和复习工作,为自己四年的大学生活画上一个圆满的句号。

5. 取得推免资格后受到学校处分且在毕业离校前未解除

在取得推免资格后,大学生涯还没有结束。因此,同学们必须严格要求自己,遵守法律法规和学校的管理制度,避免在最后一段时间内出现任何问题。北京大学、清华大学、复旦大学、中国人民大学、浙江大学等高校均明确规定,从报名到入学报到期间,如受到任何处分,将取消录取资格。

同时,同学们也需要重视个人品行管理。很多同学在收到拟录取通知后便进入放松状态,对个人品行不再关注。但往往悲剧就在不经意间发生。例如,山东某大学的L同学在微博上发表不当言论,引发了网友的强烈不满。部分网友认为L的言论过于偏激,希望其拟录取学校能够核实情况,取消他的研究生录取资格。随着事件的发展,L意识到了问题的严重性,立即公开道歉,但最终仍被取消了研究生录取资格,对此他深感后悔。

因此,要提醒大家,现在不是完全放纵自我的时候。适当的放松当然可以,但同时也要遵守行为准则,规范自己的言行,妥善管理朋友圈、微博等社交媒体账号,切勿因一时之快而受到处分。如果因违反规定而影响自己的前途,那将是真正的得不偿失。

6. 政审不合格

政审内容包括政治态度、思想表现、工作学习态度、遵纪守法等。通过审查材料,关注学生是否有不良行为和思想、是否参加了非法组织等。政审一般要求提供纸质材料,因此同学们一定要严肃对待,确保严格按照要求进行。例如,浙江大学、上海交通大学等高校明确指出,若政审不合格,则取消录取资格。特别需要注意的是,在邮寄材料时,一定要在规定时间范围内寄送到指定的地点,避免出现任何差错。

7. 体检不合格

在收到拟录取通知后,大多数高校会要求学生自行前往三甲医院进行体检。对于研究生,学校会在入学后统一安排相应的体检项目,并在指定地点完成。同学们需注意,如果选择自行体检,务必仔细阅读学校的要求,包括医院等级、体检报告的提交时间和地点。例如,浙江大学规定,拟录取的推免生应自行到当地二甲以上医院进行体检,并在规定时间内将体检表邮寄至浙江大学相应院系的研究生科。如果体检结果不合格,将取消录取资格。然而,同学们不必过度担忧,因体检问题被取消录取的情况极为罕见。

8. 报名参加当年硕士生招生统考

被拟录取的推免生不得再次报名参加当年硕士生招生统考,否则将取消推免生录取资格。同学们千万不要一时兴起去报名考研,否则将得偿失。

6.2 保研后规划

能完成漫长而艰辛的保研之路,同学们都付出了极大的努力。那么,如何合理地利用好间隔年(gap year)呢?在这里为大家提供一些建议,同学们可以根据自身情况,进行合理的规划,使得保研后的这段时间既充实又有意义。

6.2.1 与院校对接

一般来说，保研的要求和注意事项在官方文件中都有明确的描述。同学们不仅要熟悉本校的政策，确保能够顺利完成学分、撰写论文，并获得毕业证书和学位证书，同时也要了解目标院校的具体要求，院校一般会要求提交政审材料、处理党团组织关系转接、转移档案等事宜，必须及时关注这些信息，以免错过任何重要事项。

1. 提交政审材料

一些院校要求学生在参加复试考核时提交政审表，而有些院校则在推免服务系统关闭后才要求学生提交，还有一些院校是在入学后要求提交。因此，同学们必须仔细阅读对方学校的要求，例如是否有特定的模板、需要哪类印章、截止时间等，务必确保准确无误。例如，四川大学外国语学院就在公告中提到，如果未能按要求寄回政审表，将不发放录取通知书。

2. 档案转移

档案是跟随个人一生的重要资料，因此必须给予高度重视。通常，在拟录取后，学校会要求学生提供个人档案，提交时间、定向与非定向的要求各有不同，同学们应仔细查看官网的通知。一般来说，只需按照调档函上的指示，将档案带到学院领导处签字并提交给学校，学校会安排寄送。到时候，最好与对方院校的老师确认一下档案是否已经收到。

3. 组织关系转移

如果需要转移团关系或党关系，同学们必须严格遵循对方院校的要求，确保介绍信的抬头、转入单位和转出单位的名称正确无误，一旦出现错误，很可能导致整个流程受阻。通常，学校会有固定的格式和模板用于这种党团关系的转接，只需按照正常流程操作即可，主要考验的是同学们的耐心。

4. 提前联系导师

在研究生生涯中，导师是与学生联系最紧密的人，而一个优秀的导师会为学生的研究生生涯增添不少助力。当然，优秀的导师通常招生名额紧张，竞争非常激烈，有些学生在填写系统之前就已经确定了导师，但也有许多学生在拟录取结束后还未确定导师。对于这些还未确定导师的学生来说，保研成功后的首要任务就是寻找并了解潜在导师的研究方向。

有些保研生可能想先放松一下，所以不想提前联系导师。然而，同学们不必担心提前联系导师会有很多任务，从而破坏了自己保研后放松的计划。只要与导师协商好未来的计划安排，导师就不会提出过分的要求。如果因没有提前联系导师而错过了理想的导师，那将是一个更大的损失。

在联系前，如果没有确定研究方向，可以先在学院官网查看该专业的具体方向，然后查询各个导师的研究方向和内容，以确定适合自己的方向。如果有认识的学长，也可以向他们了解导师的学术风格和负责程度,为自己选择几个备选导师(由于当年的招生名额限制,可能无法选择心仪的导师)。

找到感兴趣的导师后,可以开始准备自荐信、个人简历、获奖证书和学术成果等材料。在联系导师时,要真诚地表达自己的来意,并尽量与导师建立良好的关系。如果导师表示愿意接收你,可以加一下导师的微信,礼貌地询问此时需要注意什么,以及在学术研究上可以提前准备哪些内容,为自己的研究生生活做好准备。如果导师说名额已满,可以用同样的方法继续联系其他导师。

6.2.2 学习

1. 认真打磨论文

许多保研生在申请夏令营或预推免时,为了增强自己的竞争力,都会尝试撰写一篇参营论文。即使没有参营论文,相信在前三年的课程中,也积累了一些相对完整或有数据的论文。在此,建议同学们可以找一段固定的时间,静下心来,认真修改手头上的初稿论文。如果修改得不错,认为已经比较完善,可以等到研究生阶段再将其投递到相关期刊。

毕竟本科阶段即将结束,在这个阶段发表论文的意义不大;但如果在研究生阶段能够发表这篇论文,它将被视为在研究生阶段的成果,这对于保研学生在研究生阶段的评奖评优、申请转博/硕博连读、满足毕业要求等方面都是非常有益的。

2. 准备证书考试或竞赛

同学们可以利用这段时间,结合自己的专业和未来职业规划,寻找一些值得参加的考试或竞赛。除了那些含金量高的英语证书,还可以考虑取得教师资格证、法律职业资格证、注册会计师证书等其他有价值的证书。参加这些对未来有益的考试或竞赛,不仅能够巩固已有知识、扩展知识面,还能获得未来工作所需的证书。

然而,不要盲目地投入考证的准备中,最好先思考是否真的需要这个证书,以及这个证书对自己到底有何帮助。毕竟,同学们的目标是提高自己未来的深造或就业竞争力,而不仅仅是获得证书本身。

大四学年仍然有一些考试或竞赛值得参加,但应确保参加的是高质量的考试或竞赛,主要目的是保持思考能力和竞争能力。这里整理了从9月到次年6月期间可以报考的认证考试和技能类考试(以2024—2025年为例):

9月
➢ 教师资格考试

10月
➢ 法律职业资格考试(主观题)

➢ 全国翻译专业资格(水平)考试(CATTI)

11 月

➢ 注册金融分析师考试(CFA)

注册金融分析师考试被誉为全球金融第一考。它采用英文命题,基本覆盖了金融投资领域的所有知识点。金融专业的同学不妨一试。

12 月

➢ 日本语能力测试(JLPT)

➢ 英语四六级考试(CET-4/6)

许多高校为研究生提供了英语免修的政策,但前提是必须满足一定的条件。研究生的英语课程要求通常较高,可能会占用平时的科研时间。如果能够申请免修英语,就能释放出更多的自由时间。同学们可以查阅自己理想院校的相关政策,将目标学校的英语免修分数线设定为自己的英语成绩目标。这样一来,一旦成功入学,就可以直接申请免修英语课程,实现双赢。

2 月

➢ 注册金融分析师考试(CFA)

➢ 国际交流英语考试(托业,TOEIC)

国际交流英语考试是专为在国际工作环境中使用英语交流的人们而设计的英语能力评估测试,由美国教育考试服务中心(ETS)设计。对于希望提高英语水平或有意在外资企业工作的同学,可以考虑报考这一考试。

3 月

➢ 教师资格考试

➢ 全国高校英语专业八级考试(TEM-8)

全国高校英语专业八级考试无疑是英语专业的大四学生绝对不应错过的重要考试之一。此外,德语、日语和法语等专业也设有各自的专业八级考试。

➢ 全国计算机等级考试(NCRE)

很多用人单位对应聘者的计算机等级会有要求(一般为二级)。

➢ 特许公认会计师公会注册会计师(ACCA)

5 月

➢ 注册金融分析师考试(CFA)

➢ 全国国际商务英语(BEC)

全国国际商务英语考试是由教育部考试中心和英国剑桥大学考试委员会合作举办的,始于 1993 年。这一系列考试是语言水平测试,旨在根据公务或商务工作的实际需求,从听、说、读、写四个方面全面评估考生在一般工作环境和商务活动中使用英语的能力。

6月
➢ 特许公认会计师公会注册会计师(ACCA)
➢ 英语四六级考试(CET-4/6)

此外,银行、证券、保险、期货、基金等行业的从业资格考试在一年中多次举行。有兴趣的同学可以访问国家职业资格考试网站(http://cpta.mohrss.gov.cn/)以获取更多相关信息。

3. 阅读专业书籍与文献

不论是不是跨专业,都推荐大家阅读一些与未来研究有关的著作或文献。毕竟研究生的课程与本科的最大区别在于,研究生阶段通常要求学生进行更多的学术报告和研究成果展示,这非常考验学生的学科素养和知识积累。同时,老师也会默认学生已经掌握了基础的理论与操作,所以很可能在课堂上只会讲解延伸内容。

对于已经提前联系到导师的同学们,可以主动与导师交流,根据导师布置的任务,有针对性地提升自己的学术能力。在任务开展期间,及时主动地与老师进行互动。如果无法提前联系到导师,也不必着急,可以参考利用网络平台进行学习,例如哔哩哔哩、中国大学慕课(MOOC)等。

另外,建议利用这段时间学习如何阅读英文文献。在研究生阶段,很多导师会将阅读英文文献视为学生的基本能力,很少给学生留出时间去学习如何阅读英文文献。因此,与其到时候焦头烂额,不如现在就掌握这一技能。同学们可以提前找一些英文文献(如一些量化的文章)进行阅读,逐渐找到感觉。久而久之,就会发现常见的学术词汇也能熟能生巧地总结出来。

4. 学习科研必备软件

不论是为了日后的科研生活还是个人提升,提前学习科研常用软件都显得极为重要。对于没有数理基础的人文社会科学类学生,可以从最基础的 SPSS 开始学起,待熟练掌握后再进一步学习 Stata(基本上,Stata 能够满足硕士毕业论文的要求)。至于那些数理基础较为扎实的理工科学生,可以向师兄师姐了解未来可能会用到哪些软件,并开始着手学习。

无论使用何种软件、采取何种研究方法,都强烈建议提前打牢数据分析等专业软件和工具的基础。这样,在未来的科研过程中,才能够从容应对,同时也将有足够的自信去把握各种机遇,解决各类问题。

5. 找一份高质量的实习工作

不论未来是选择就业还是继续深造,都强烈建议寻找一份高质量的实习机会。有了保研的经历,相信同学们都能找到一份相当不错的实习职位。在此,并不推荐那些技术含量不高的助教或体力劳动类实习,而是建议尽量去大型企业或大都市进行实习。

虽然这类实习赚的钱不多,但其对个人职业发展的帮助却是显而易见的。实习能够帮助同学们转变学生思维。作为研究生,同学们不仅仅是学生,从某种程度上来说,也是在为导师"打工",提前体验工作环境对实际操作能力和人际交往技巧都有很大的帮助。最后,通过实习还能学到一些实用的技能,或者消除对某些职业的误解,从而有助于更精准地规划未来。

6.2.3 评奖评优

1. 争取评上"优秀毕业论文"和"优秀毕业生"

毕业论文可以看作科研的一个起点,在完成毕业论文的过程中能学到很多东西,同学们可以抓住这个机会铺垫学术研究的道路。同学们需要提前做好论文写作时间安排,不论使用的是质化方法还是量化方法,都要扎扎实实地去完成,争取获得"优秀毕业论文"荣誉。如果同学们没有前面提到的参营论文或质量较高的课程论文,也可以结合未来研究生导师的方向撰写毕业论文,同时及时跟未来导师交流毕业论文,或许还有可能继续深耕发表一篇小论文。

另外,"优秀毕业论文"和"优秀毕业生"这两个荣誉称号的含金量还是较高的。如果同学们在研究生入学时想参加各种学生干部选举,在提交简历或作个人陈述时这两个称号都能起到很大的作用,所以建议大胆地为自己争取这两项荣誉。然而,想要申请"优秀毕业论文",可能就需要反复修改论文,所以还要根据自己的实际情况考虑是否申请。

2. 申请本科各类荣誉称号及奖学金

虽然已到大四,但仍有机会申请荣誉称号、奖项和奖学金,同学们应特别关注。学校一般会考虑到大四学生即将毕业,会倾向于为毕业生保留更多名额,这样一来,申请成功的概率就会大大提高。尤其是奖学金,它既是荣誉的象征,也涉及实质性的奖励,所以建议积极争取。

6.2.4 生活

1. 学习新技能或发展爱好

在间隔年期间,可以利用空闲时间通过哔哩哔哩上的教程认真学习一些实用工作技能,如制作 PPT、Photoshop 等,这些技能对同学们未来的发展很有帮助。对于 PPT 的制作,大多数人可能只是停留在套用模板的阶段,但在实际工作中,精通 PPT 是一项重要的技能。

因此，不妨现在就开始尝试创建一些个人的模板和排版设计，无论是将来作学术报告还是开始工作生涯，这都会是一个加分项。

如果不想学习新技能，也可以利用这个时间发展自己的爱好。比如，有些同学热爱阅读，但由于之前忙于追求高绩点，没有足够的时间去阅读专业以外的书籍，现在就有机会沉浸在"闲书"中，涉猎哲学、文学、心理学等领域的书籍，这样可以拓宽和深化自己的思考，陶冶情操，改善思维模式，帮助自己更清楚地认识事物的本质。

2. 享受生活

相信不少同学之前为了备战保研，牺牲了很多娱乐时间，甚至已经忘记了如何放慢脚步去体验生活。进入研究生阶段后，重新建立社交圈、适应新环境并非易事，因此可以利用本科的最后一年好好享受生活。在这一年里，同学们不仅要会学习，也要懂得如何生活。可以选择去看一场音乐会、现场演出、演唱会，或者进行一次说走就走的旅行，也可以探索新开的商店、拍照、学习滑板、跳舞等，尝试那些以前想做而没有时间实现的新事物。如果预算有限，还可以在家观看想看的电影或纪录片、学习打扮自己、锻炼身体、尝试在学校操场摆摊、拍摄不同风格的毕业照等。无论如何，希望同学们能够学会享受并珍惜本科生活的最后时光。

3. 多陪伴家人

研究生毕业后，很快就会进入新的人生阶段，届时很难再有大段时间陪伴家人。因此，如果有机会，同学们应该趁着假期多陪伴家人，不要等到将来后悔在有空的时候没能好好跟家人相处。

6.3 研究生规划

进入研究生阶段后，将面对更多的挑战。这时，需要更多地考虑未来的职业目标：是继续走科研路线读博、进入体制内考选调，还是直接就业进入企业？针对这些不同的目标，需要制定相应的规划。

6.3.1 读博规划

对于硕士毕业后想继续深造读博的同学来说，压力早在入学之前就已经悄然而至。目前，国内博士研究生的报考与录取比例已经达到10∶1，平均每个学生要发表3~5篇论文。许多顶尖高校录取的学生几乎都是本校的，一些热门专业甚至只招收本校的硕博连读生。

因此，只有那些目标明确、方向清晰的学生，才能充分利用这三年的学习机会，从而在毕业之际稳稳地拿到梦校录取通知。

那么，对于那些以读博为目标的硕士生来说，应该怎样制订读研期间的学习计划呢？

1．目标导向

一定要尽快明确自己的目标。如果目标是读博，那么毕业之后的职业方向是什么？如果只是想有一份稳定的高校工作，那么在国内211、985高校读博一般可以找到偏远地区一本大学或中东部地区二本院校的教职（近年来这个路径的难度也越来越大）。如果对科研充满热情，并希望未来在学术界有所建树，那么目标应该是清华、北大、顶尖的985大学或者海外排名前200的高校。

在选择目标时，也需要考虑自己本科和硕士的院校水平、个人的科研能力和目前的成果等基本条件。毕竟，对于"双非"大学的毕业生来说，想要进入清华、北大或者牛津、剑桥这样的顶尖学府，确实需要付出额外的努力。

2．清晰规划

制定清晰、循序渐进的规划非常重要。很多同学都有远大的目标，但往往没有付诸行动，常见的借口是"我太忙了，根本没有时间准备"。问题的根源在于没有根据个人实际情况来制定详细且可操作的行动规划。

对于打算申请或考博的同学来说，规划的制定其实并不难。

（1）选定目标高校

养成日常浏览各大高校官网的习惯，尤其是那些你感兴趣的学校。主要关注以下几个方面：招生和选拔的要求、往年的录取情况、意向专业的导师名单及其研究方向、学院网站上有关学术活动的通知。

通过这些信息，可以了解目标院校的基本要求和学术氛围等相关信息，这将帮助同学们判断这些高校是否真的适合自己。

（2）明确目标高校往年招生要求

在广泛浏览高校网站的基础上，选择3~5所最吸引你的学校，然后收集它们最近一年的招生和选拔要求，结合自己的实际情况进行对比分析，明确接下来需要努力的方向。

（3）尽快让自己达到招生的门槛

目前，大多数高校和专业的博士选拔已经转变为"申请-考核"制，初试统考的形式基本上已经被取消（部分院校的初试只有英语），仅有中国科学院系统（初试包括专业课+英语）以及个别院校和专业还保留初试。

这意味着希望读博的学生想要在逆境中翻盘，仅依靠考试能力取胜的可能性正在减小。博士的考核更加注重个人的综合学术能力，这包括英语证书（如六级、雅思、托福）、在中文核心期刊及SCI期刊上发表文章等成就。

这些都需要在硕士学习期间争分夺秒、日积月累才能实现。

(4) 尽可能超越门槛

据统计,2021年全国共招收了12.58万名博士生,而2022年这一数字为13.90万,2023年招收博士生15.33万人。随着博士研究生的不断扩招,报考人数也在逐年上升,但博士招生计划的增幅远小于报考人数的增幅。

因此,招生选拔的标准也越来越高。很多同学表示:"官网上的报考要求看似很低,但提交材料后却如石沉大海。""学术内卷"已经成为不争的事实,在此背景下,只有尽可能地超越最低标准,才能增大进入初试审核的机会。

3. 时刻关注论文

论文是学术科研人的立身之本,因此在硕士学习期间一定要时刻提醒自己阅读和撰写论文。尽管包括清华大学和北京大学在内的很多知名高校已经陆续取消了硕士生毕业必须发表期刊论文的规定,但在申请选拔的过程中,论文的质量和数量仍然是硬性的评价标准。

① 尽早选定研究方向。硕士期间发表论文如同和时间赛跑,有些同学仅选题就花费了两年时间,最后一年苦于毕业压力,只得草草完成毕业论文,更别提发表了。因此,在与导师研究方向匹配的前提下,要尽快找到自己感兴趣的研究方向。好的开始是成功的一半,选题是否稳、准且有研究价值,这关乎后面的研究是否能够顺利、高效地开展。

当然,如果导师能够给出明确的方向,就基本上没有改变的余地了,按照导师的要求去做即可。

② 养成阅读文献的好习惯。如何快速选题?脑海空空,毫无头绪,怎么办呢?这就需要大量吸收信息,养成每天阅读文献的习惯。同时,重视对关键文献的记录、摘要和管理。这有利于后期梳理文献、对比分析和撰写综述。随着你阅读的文献数量增加,自然就会有很多想法。

③ 多和科研能力强的同学交流。除了与文献交流的自我输入式学习,与高手交流的互动式学习也必不可少。同学们要善于从他人的学习经历中汲取经验,少走弯路。除了师门本身的组会交流,也可以带着问题和身边的同学、师兄师姐、任课老师等进行交流。不过切记,交流之后,一定要记得及时记录。

④ 快写快投。撰写论文要集中精力,快速完成,因为论文的修改和发表会耗费很长的时间。很多SCI期刊从投稿到外审需要3~6个月,从修改到录用需要2~3个月,综合来看通常需要一年以上的时间才能见刊。

需要提醒的是,日常阅读文献时,可以多留意期刊的发文特点、JCR分区以及影响因子、发文周期等信息,这将有助于选择更加高效、匹配的期刊,以缩短论文发表周期。

4. 适当表达需求

要学会在适当的时机跟导师沟通,表达自己未来想发表论文和考博的目标。

具体的沟通情况取决于导师个人的性格。有些导师平易近人，完全可以理解并帮助学生实现目标；但有的导师以利益为导向，学生不做项目挣钱就会受到批评和排挤，这种情况就会非常棘手，可能需要多次沟通或者和导师打游击战，项目、论文两手抓。

5. 考虑硕转博

对于硕士期间已经进入本专业领域顶级学校的同学，建议可以选择本校硕转博，一般在研二上学期提出申请，通过后开始进入博士学习阶段，按照博士要求进行培养，培养周期为5年，比硕士毕业后再读博能够节省1~2年的时间，而且不需要完成硕士论文的写作，也是很划算的。

（1）原导师直升

如果觉得自己的导师各方面跟自己都很匹配，且性格、学术规划也十分契合，或者导师的科研项目很大，短期内很难出成果，那么就可以选择继续跟随原导师读博，即直接硕转博。

（2）换导师转博

如果自己的导师没有名额，或者觉得跟自己的需求不太匹配，在征得导师同意的前提下，也可以选择转到其他与自己更加契合的导师团队继续读博。当然，换导师也会带来一系列的问题，需要在明辨优劣势后再作选择。

需要提醒的是，硕博连读有风险，假如科研学习过程中遇到较大的困难，达到博士最长修业年限，又没有拿到博士学位，很可能连硕士学位都拿不到。

6.3.2 选调规划

如今，考公务员已经成了热门选择。考公选调的竞争也越来越激烈。那么，如果目标是选调，在研究生阶段应该如何规划呢？

1. 选调的分类和要求

选调可以分为三大类：省级普通选调、省级定向（紧缺）选调和中央选调。

（1）省级普通选调

一般而言，省级普通选调是和省考一起报名、考试，是三种选调中要求最低的，同时对应的岗位也更偏向基层，如乡镇岗位。如果想往上晋升，可以通过遴选等途径。

以四川省为例，其选调范围[①]的要求如下：

---

① 参考来源：四川省人力资源和社会保障厅官网《四川省2025年度选调优秀大学毕业生到基层工作公告》https://www.scpta.com.cn/content-45-73E3537317076D6A。

二、选调范围

（一）国家各部委属、各省（区、市）属高校（即 2024 年教育部公布的全国高校名单中主管部门为国家部委或各省〈区、市〉的高校，详见附件 2）和全国党校、行政学院、科研院所等 2025 年毕业的大学本科及以上学历学位应届毕业生，具体包括：

1. 全日制大学本科学历、学士学位应届毕业生；

2. 非定向就业的硕士研究生及以上学历学位应届毕业生；

3. 四川省定向培养的少数民族高层次骨干大学本科及以上学历学位应届毕业生（非在职）。

（二）在四川参加"大学生村官"（限全省统筹选聘人员）、"三支一扶"、"农村义务教育阶段学校教师特设岗位"和"大学生志愿服务西部计划"项目人员中，2024 年 11 月 6 日前服务期满、考核合格且担任过建制村（社区）"两委"常职干部的人员（不含任期未满中途卸任人员），以及 2024 年 1 月 1 日至 2024 年 12 月 31 日期间服务期满、考核合格且在服务期间获得过县（市、区）及以上党委政府及部门表彰的人员（以下简称"服务基层项目人员"）。

服务基层项目人员在服务期内有被借调到县级及以上机关或者企事业单位工作、就读全日制研究生等情形的，借调（帮助）工作时间和就读时间不计入服务年限。

对于后期的工作安排如下：

八、工作安排

（一）被录用人员在各市（州）党委组织部要求的时间内，持毕业证、学位证和招考机关要求的其他资料，到所录用市（州）党委组织部报到。无正当理由超过规定时间未取得毕业证、学位证或不报到的，取消录用。

选调名额分布在两个及以上县（市、区）的职位，由市（州）党委组织部组织考生，按考试总成绩由高到低的顺序，依次选择该职位对应的一个县（市、区）。考试总成绩相同的，以笔试成绩高低确定选择顺序；笔试成绩仍相同的，以《行政职业能力测验》成绩高低确定选择顺序。

（二）录用人员原则上安排到有编制空缺的乡镇机关工作，在乡镇的最低服务年限为 5 年。根据各地编制、职数及工作需要，第二轮"双一流"建设高校毕业的人员（以教育部、财政部、国家发展改革委《关于公布第二轮"双一流"建设高校及建设学科名单的通知》（教研函〔2022〕1 号）公布的高校名单为准，含本科在上述高校就读的硕士研究生及本科或硕士在上述高校就读的博士研究生）、乡村振兴重点帮扶县和艰苦边远地区（详见附件 4）录用的人员，可安排到县（市、区）直机关（或参照公务员法管理机关(单位))和街道工作,之后按有关规定采取挂职、定点帮扶、到村任职等方式到乡镇、村锻炼。

(三)新录用公务员(含参照公务员法管理机关(单位)工作人员)试用期为1年。对新录用选调生的管理,按照公务员法及其配套政策法规和中央组织部、中共四川省委组织部对选调生的有关规定执行。

(四)各级组织部门建立选调生信息库,加强对选调生的日常管理、跟踪考察。把选调生培养使用纳入年轻干部队伍建设总体规划,对表现突出的选调生,根据工作需要和个人条件,择优选拔进县(市、区)、乡镇(街道)党政领导班子或交流到重要岗位。

(2)省级定向(紧缺)选调

各省(区、市)基本都会有定向选调的招录,部分省(区、市)称之为急需紧缺专业选调生。这一类的选调要求较高,一般由各省(区、市)省级委组织部统一组织,主要面向国内的部分重点高校的重点专业,其突出特点主要在于几个限定,即高校、专业、政治面貌、奖励和任职等。

对于高校的限定,各个省(区、市)差异很大。有些省(区、市)以"双一流"建设高校(或985高校)作为目标高校,比如重庆,浙江等;有些省(区、市)会把国外一些知名高校也纳入进来(这已经是一种大趋势),甚至会专门划定一定的名额给这些国外高校学生,比如山西;有些省(区、市)会把区域内一些层次较低的高校也纳入进来,但一般会限定岗位,可能只能报考乡镇岗位,比如江苏;有些省(区、市)可能会分两个批次,第一批次仅清华大学、北京大学或C9,第二批次才是整体985高校,比如四川。需要注意的是,现在很多省(区、市)都会在统一报名招录前,在清华大学、北京大学开展一次招录工作,相对来说,其提供的岗位质量更高。

定向选调对专业的限定相对没那么严格。一般而言,公布出来的专业基本上会把高校绝大部分专业都包含进去。专业限定主要体现在岗位选择中,有些省(区、市)会依据专业分岗位报名,比如湖北、四川;但也有个别省(区、市)对专业要求比较严格,比如广西、重庆,若专业不在公告的专业名录中则无法报考。这里提醒一下,因为各个高校的专业设置比较复杂,研究生阶段尤是如此,所以在报考中如果对自己的专业有疑问,一定要尝试联系目标省(区、市)的组织部,询问能否报考,避免因专业不符,填报信息之后白费功夫。

对于政治面貌的限定,也就是党员身份。一般而言,各个省(区、市)都是当作几个条件中的一个,只要你满足这几个条件中的一个即可。这就意味着,党员并不是必需的条件,但是也有个别省(区、市)会设置比较严格的限定条件。比如2022年江苏名校优生,要求中共党员(含中共预备党员,入党时间截至报名截止日)。

对于奖励和任职的限定,这个和党员身份类似,大多数省(区、市)不是硬性条件,但极个别省(区、市)严格限制,比如江苏、浙江。建议对这些省(区、市)有想法的同学提前做好准备,要有意识地提前了解这些省(区、市)对奖励和任职的要求,进而努力拿到要求范围内的奖励和任职。

这里列举一下2025年江苏名校优生[①]的要求,大家可以看一下,对这些限定条件有所了解。

> 一、选调对象及数量
>
> 2025年选调工作分两批进行,共选调1192名全日制大学本科及以上学历2025年应届优秀毕业生。
>
> 第一批,县级以上机关职位选调(名校优生选调):面向全国部分"双一流"建设高校、政法类高校(附件1),选调618人到县级以上机关工作。
>
> 第二批,乡镇(街道)职位选调:面向全国部分"双一流"建设高校、省内普通高校(附件2),选调574人到乡镇(街道)工作。
>
> 选调对象不含委培、定向、专升本和独立学院毕业生。每职位选调数量男女保持平衡。
>
> 二、选调条件
>
> 1. 政治立场坚定,爱党爱国,有理想抱负和家国情怀,选调志向明确,甘于为国家和人民服务奉献;品学兼优,综合素质和发展潜力好,有较好的人际沟通和语言表达能力;具有中华人民共和国国籍。
>
> 2. 中共党员(含中共预备党员,入党时间截至报名截止日)。
>
> 3. 县级以上机关职位选调(名校优生选调):在选调职位对应高校就读期间(研究生含选调职位高校范围内本科阶段)担任过班级(党团组织)委员或院系学生会(研究生会)中层副职及以上职务满1学年(任职时间截至考察之日);获得过国家奖学金、校一等奖学金、校三好学生(优秀学生)、优秀学生干部、优秀党(团)员、优秀党(团)干部等校级及以上综合性表彰奖励,对在选调高校1范围就读的,可以放宽至校二等奖学金或院系级及以上综合性表彰奖励;报考法院系统、检察系统、公安系统和盐城、淮安、宿迁、连云港市县机关职位的,放宽至院系级及以上表彰奖励;报考法院系统大学本科、研究生均须为法律类专业,且录用时须取得国家法律职业资格证书(A类);报考检察系统和省司法厅法律类专业要求职位的,录用时须取得国家法律职业资格证书(A类);报考公安系统需符合人民警察基本资格条件,其中报考法律类专业要求职位的,录用时须取得国家法律职业资格证书(A类);应届大学本科生学习成绩在班级

[①] 资料来源:中共江苏省委组织部官网《江苏省2025年应届优秀大学毕业生选调工作公告》。

排名前50%。报考专业要求参照《江苏省2024年度考试录用公务员专业参考目录》（附件6）。

4. 大学本科生一般为2000年7月1日以后出生，硕士研究生一般为1997年7月1日以后出生，博士研究生一般为1994年7月1日以后出生。

5. 具有正常履行职责的身体条件和心理素质。

6. 在校期间没有违法违纪行为、学术不端和道德品行等问题。

7. 法律法规规定的其他条件。

（3）中央选调

中央选调是选调生中最高级别的，直接对应的是中央的各个部委。中央选调要求相对于其他选调高了很多，对于学校、专业、党员、奖励等都有限制，而且需要同时满足。中央选调的信息一般不会上网，高校在报名阶段中的各种信息都是采用线下渠道。大家如果想报名，需要在辅导员通知之后，线下查看相关报名文件并提交报名材料。

中央选调对于学校的要求很高，985高校中只有不到30所学校可以报名；每所学校的中央选调名额最多是200个，但不同高校的名额也存在差异。以武汉大学为例，每年在200个名额左右，名额会直接分配到各个院系，然后各个院系会在内部进行名额的竞争，具体竞争方式各不相同，但基本还是以平时的成绩、奖励等为主。此外，北京某高校采用全校统一考试的方式竞争名额，前200名获得中央选调报考资格。中央选调对于专业的要求，一般是在报考岗位上，考生在获得校一级中央选调报考资格后，在报名系统上根据岗位的专业要求进行报名。中央选调对于党员身份是硬性要求，这个要注意。对于所获奖励，中央选调一般是要求校级以上的三好学生、优秀学生干部或者优秀毕业生等。

中央选调的考试和国考一起进行，采用副省级试卷。一般情况下的进面比1∶5，进面之后北京高校可能会有优势。中央选调的招录人数每年都在变化，但整体应该是在100人左右。

总体而言，中央选调可以用"神仙打架"来形容，报考者都是985高校中的佼佼者，竞争十分激烈。如果想备考中央选调，需要很认真地学习。但备考中央选调的好处在于，如果中央选调能进入面试，则各个省（区、市）的选调都不在话下，并且往往可以在选调中拿下较好的岗位。

2. 选调规划的注意事项

（1）背景提升

一般来说，选调会有院校专业背景、政治面貌、奖励、任职等方面的要求。越好的岗位要求会越高。在保研后院校和专业已经确定而无法改变，只能从其他几个方面着手提升。在本科阶段没有入党的同学在研究生入学后需要尽快提交入党申请书，入党流程较为复杂，一般需要两年以上，需尽早规划。在奖励方面，保研的同学在本科阶段一般至少获得过校级奖学金等奖励,在研究生阶段可以继续努力,争取拿到更高级别的省(区、市)乃至国家级奖励。在任职方面,可以竞选班干部、加入研究生会,同时与辅导员建立良好关系,以获取更多的选调信息。

(2) 地域选择

选调意味着稳定,也就意味着未来只要不辞职,工作地点就很难有较大的变动,因此地域是首要考虑因素。

1) 热门发达城市

一般来说,经济越发达的地区,选调的竞争也会更为激烈。以热门选调地区成都市2024届紧缺(定向)选调拟录取名单为例,2024届成都市急需紧缺专业选调共录用652人,其中985高校437人,占比近70%。同时,经济发达地区选调生的薪酬福利也更好,不过在经济发达地区,生活压力也会更大。

2) 家乡二三线城市

选择家乡二三线城市的原因主要是离家更近,生活环境更为熟悉,生活压力更小,可以和家人互相照应,而且选调生录取一般也会偏好本地人。

3) 学校所在地

一般来说,选调对本地院校的要求更低。以广东省2023年选调生高校范围为例,报名要求省外院校最低是一流学科建设高校,省内则放宽到了部分"双非"院校。选调生的录取也会更青睐本地院校。以2024届成都市紧缺选调拟录取名单为例,共录取652人,其中四川高校248人,占比高达38.04%,远超人数排名第二的北京高校107人。

(3) 日常积累

选调笔试一般都是行政职业能力测验、申论,部分省(区、市)会以公共基础知识代替行政职业能力测验。公共基础知识的覆盖面较广,平时还需要多关注时政,尽可能拓宽自己的知识面。行政职业能力测验题量大,覆盖范围广,所以平时要多关注时政以增加常识,在考前半年开始进行系统性复习。申论主要考查写作能力,通常涉及青年、党员和基层这三个主题词。通常将这些主题词结合起来,要求考生探讨青年人(青年干部)应该如何行动。可以多关注半月谈、人民日报评论、求是网、学习强国等微信公众号或APP。

(4) 体制内实习

通过提前进入体制内实习,一方面可以判断自己是否适应体制内的工作;另一方面可以直接接触体制内的工作,熟悉单位内的运作机制。此外,还可以锻炼笔试和面试的能力。一般可以通过政府官网、学校政府联动项目以及亲戚朋友推荐等渠道进入体制内实习。

2. 选调规划常见问题解答

(1) 选调生与普通公务员相比,有何特殊之处?

报名条件不同:选调生一般要求是中共党员、优秀学生干部、应届毕业生,而且有年龄限制。

培养目标不同:选调生一般是党政领导干部后备人选,通常在县级以上单位工作。

选拔程序不同:选调采用本人自愿报名、院校党组织推荐、组织(人事)部门考试考核相结合的选拔办法。

管理使用有所差别:选调生的人事权归省(区、市)委组织部管辖,委托接收单位考评。

基层锻炼要求不同:选调生录用后必须到基层,进行基层锻炼。

发展前景有所差别:选调生是省、市、县委组织部掌握的后备干部,提拔速度比普通公务员快得多,实习期后,一般学士的行政级别定为科员,硕士定为副科,博士定为正科。

(2) 能不能同时报考多个省(区、市)？选调、公务员、事业编是否可以同时考？

在时间和精力允许的情况下,可以适当报考多个省(区、市)的选调公务员或事业编职位。虽然不同省份的考试内容可能存在一定差异,但大体形式相似。因此,通过适当报考多个地区可以增加录取机会。但也不建议报考太多地区,否则容易导致后期疲于奔波,无法集中精力进行复习。

6.3.3 就业规划

每年都是"史上最难就业季"。一方面,内卷现象使得研究生学历成为求职的必备条件;另一方面,毕业生期望的高薪职位数量却锐减。在如此严峻的就业形势下,仅仅依靠学历是远远不够的,提前通过实习积累职场竞争力才是关键。

那么,在研究生的三年里,应该如何安排实习,规划目标就业岗位呢？

1. 做好目标就业规划

(1) 确定目标行业岗位

研究生在寻找合适的实习工作时,首先需要明确自己的目标岗位。可以在智联招聘、BOSS直聘等求职网站上找到2~3个目标岗位,并收藏5~10个目标岗位的职位描述进行了解与分析。

职位描述是了解一份工作最直接的渠道。通过职位描述,可以了解目标岗位对于应聘者学历、技能等各方面的要求,以及需要掌握哪些技能。根据这些要求,可以提升自己的职业技能。在一些行业中,职位描述可能还会写明求职者需具有的能力证书。这时,也可以根据职位描述提示准备考证相关事宜。

(2) 补充实习经历背景

在确定目标行业岗位后,同学们要做的下一步骤则是补充实习经历背景。

在学历贬值的大环境下,985、211硕士学位可能仅仅是某个热门岗位的敲门砖。在求职时,你可能会遇到几十个学历相当的竞争者。这时候,实习履历将成为脱颖而出的关键。好的实习经历将弥补研究生工作经验上的不足,获得人事主管的认可。因此,实习规划也是必须要重视的一件事。

（3）转行的规划方向

如果研究生专业和本科专业不同，或者你在未来有转行的考虑，那么在找实习工作时也要提前做好目标就业规划。与本科学习相关专业的同学相比，中途转行的同学在知识掌握上可能不够扎实。因此，这些同学更需要通过实习经历来提高履历的含金量。

在寻找目标岗位时，这些同学应该寻找那些具有实践价值、能够快速提升工作技能的实习机会，以此来锻炼自己，并提高求职竞争力。

2. 寻找高质量的实习工作

（1）高质量实习需要满足哪些条件？

① 实习与所学专业对口。高质量实习的第一个条件是要与所学专业对口。实习的目的是培养工作经验，并将大学所学的知识运用到实践中。大学专业对口的实习经历更容易被人事主管视作有效实习，并对应聘者予以肯定。如果你在大学期间做过很多实习，但这些实习都与本专业不对口或与应聘的岗位缺乏相关性，那么这些实习在应聘中很难起到加分作用。

② 进入知名企业实习。在知名企业实习过的同学，往往会被人事主管认为拥有高质量实习经历，因为知名企业名声响亮，可以为履历增色，而且能够在这些企业实习也意味着求职者足够优秀，已经在实习生的竞争中胜出过。同时，知名企业完善的人才培养机制也让实习生能够获得更加全面的培养。对于用人单位来说，知名企业的实习经历意味着可靠的背书，让求职者更易得到招聘企业的信赖。

③ 岗位工作内容有含金量。如果你仅仅是进入了名企实习，但工作的内容却过于简单或无关紧要，那么这份实习也不能被称作高质量实习。很多实习岗位听起来高大上，但实际工作却是买咖啡、点外卖、替办公室的员工处理琐碎事务。实习的目的是帮助没有经验的学生提升工作能力，但这种打杂的岗位却无法给予锻炼的机会，反而消耗了时间，因此这类实习对就业的帮助很小。真正的高质量实习不仅要有面子还要有里子。这里的"里子"指的是实习期的工作内容。实习内容与正式岗位的接轨程度越高，就越有含金量，对于后期的职场帮助也就越大。

（2）如何寻找高质量实习工作？

① 通过正规实习渠道。首先，找实习的渠道要正规。可以关注企业的招聘网站和内部推荐，例如腾讯、阿里巴巴、爱奇艺等知名企业一般都会在寒暑假招聘实习生，公布众多实习岗位需求。其次，大家可以关注高校就业实习平台，充分利用学校资源，因为很多企业都会和高校建立合作平台，这种人才输送渠道为在校大学生降低了信息门槛。最后，注意筛选官方权威的求职软件和公众号，切勿盲目听信小网站上发布的"低门槛高收入"的招聘信息，时刻提防网络诈骗。

② 利用学校师生人脉。一方面，可以通过老师了解校招各大企业的基本情况和岗位需

求,寻找适合自己的心仪岗位。因为老师对往届毕业生的就业去向和企业需求都非常了解,他们可以在求职方向和渠道上给同学们提供指导,大大减少信息差,提高信息检索效率。另一方面,可以借助往届学长进行企业内推,因为企业员工内推可以直接跳过简历筛选的第一步,求职简历更容易直接到达人事主管手中,借助学长内推可以避免浪费不必要的时间成本。

③ 从学校社团或小公司做起。对于没有实习经验的同学来说,直接找大公司实习的难度较大,部分大公司甚至在招聘实习生时就要求学生已经有过实习经历。因此,可以先尝试在学校社团或小公司实习,积累工作经验,从而提升自身的就业竞争力。实习前期需要先确定自己感兴趣的就业方向,然后再持续发力。选择小公司实习同样需要经过筛选,尽量选择对个人职业发展有帮助的岗位,在实习过程中尽量可以主动去负责一些业务。

④ 参加大公司举办的竞赛。很多大公司都会举办一些针对在校大学生的竞赛,例如华为财务精英挑战赛、阿里天池大数据竞赛、宝洁 CEO 挑战赛、"贝恩杯"咨询启航案例大赛等。以华为财务精英挑战赛为例,获奖者不仅可以获得最高 10 万元的团队奖金,还有机会获得暑期实习 offer,甚至在正式校招中免去部分面试环节。

⑤ 利用家里的关系资源。大学生缺乏社会经验,获取第一份实习的难度较大,如果家里的长辈正好有相关的资源渠道,帮助孩子找到第一份实习,打好基础,将更有利于孩子的未来发展。人脉关系是职场中的重要资本,有资源一定要合理利用。但是家长也不宜过多地插手孩子的实习工作,让孩子在实习工作中得到锻炼才是最终目的。

3. 就业规划常见问题解答

(1) 专硕和学硕实习有哪些差别?

由于就读年限的不同,学硕的学习任务会更重,在研究生第一年期间更多要以课程为主。而就读年限较短的专硕,则更偏重于与职业的链接,在研究生第一年的下半学期的寒假就可以开始准备实习,为职场之路做铺垫。

(2) 导师不让我实习,怎么办?

如果导师不支持研究生实习,可以先尝试进行沟通。如果沟通无果,可以考虑错开学校的安排自行实习。毕竟实习是求职的重要敲门砖,缺少了这块敲门砖,找工作也会面临困难。如果担心实习和导师的安排发生冲突,也可以考虑先以远程实习的形式积攒实习经验。

(3) 如何兼顾学业和实习来安排时间?

目前研究生的学制大多为三年。在第一年里,同学们需要打好专业基础,应对各类学业任务,因此在这个时间段内,不建议过早占用学习时间进行实习。从第二年开始,学校的课程大幅减少,因此第二年的暑假就适合同学们开始实习,培养工作能力。从实习时长来看,理想的实习期应为 3~6 个月,因为过短的实习时间可能会被人事主管认为缺乏实质性价值。

求职需要做的准备很多,实习是所有准备工作中最关键的一环。希望同学们在忙于研究生学习的同时也能重视实习,提前做好实习规划。

第 7 章 推免过程中面临的抉择

在推免的过程中,同学们可能会面临许多选择时刻:是保研还是考研抑或是申请留学?是继续本专业还是跨专业?优先考虑学校还是专业?本章将详细比较不同决策的成本和收益,为同学们提供选择建议,帮助大家做出最适合自己的决策。

7.1 选择保研还是考研?保研边缘人如何准备?

每年的保研竞争都异常激烈,可谓是没有硝烟的战场。许多同学担心自己不能成功保研,在努力争取保研和一心备战考研之间犹豫不决。对于处于保研边缘的同学来说,该如何选择?希望以下的内容能够给同学们提供一些参考。

7.1.1 保研与考研的异同

想要在国内继续攻读研究生,通常有两种方式:通过保研获得录取资格或者通过考研成功上岸。就最终目的而言,无论是保研还是考研,都是为了达到相同的目标,但二者在资格条件、考核模式等方面存在许多差异。接下来将对这两种方式的异同进行简单介绍(表7.1),帮助同学们对这两条道路有更清晰的了解。

表 7.1

项目	保研	考研
时间线	背景提升阶段:大一至大三 夏令营和预推免投递、考核时间:4月—9月 系统开始填报时间:9月28日左右 结束填报时间:10月中下旬	报名时间:10月末至11月初 初试时间:12月末 复试时间:来年3月—4月
可报名的院校	无上限	1个
可获得的offer	无上限	1个

续表

项目	保研	考研
模式	申请—笔/面试	报名—笔试—面试
资格条件	需获得本校保研名额	普通大学本科毕业生(具体参照教育部公布的《全国硕士研究生招生工作管理规定》)
是否能够调剂	否	是
优点	① 风险低。只要有保研资格,基本上可以成功保研。 ② 选择自由。可向多所院校投递申请,既有可能冲击更高水平的院校,也可以选择作为保底的院校,同时还能提前挑选团队、导师等。 ③ 成本低。学费低,奖学金覆盖广,有推免生奖学金	① 战线较短。考研生一般从大三的第二学期才开始准备。 ② 报考条件较低。考研对本科成绩基本上没有过高的要求,对本科期间的其他经历也没有硬性要求。 ③ 选择自由。可以报考自己喜欢的任何院校的任何专业,上限高
缺点	① 保研名额有限,保研资格获取有不确定性。 ② 战线长,需从大一开始持续努力	① 风险相对高。可能面临被调剂到不喜欢的学校、专业,甚至考不上的结果。 ② 研究生导师的选择机会较少。考研生的正式录取要到三四月份,而此时很多保研生都已经与研究生导师建立了联系,所以留给考研生选择的导师较少

7.1.2 保研和考研的时间线

首先,保研过程(包括夏令营、预推免以及九推)与考研的报名、考试时间并无冲突。一般情况下,推免过程会在 10 月底之前基本结束,而考研的报名截止时间则设定在 10 月底至 11 月初,具体的考试时间则安排在距离此时尚有一段时间的 12 月下旬。这样的时间安排为推免失利的学生保留了参加考研的机会,即使推免过程中没有达到预期结果,仍有机会直接报名参加考研,并投入到考研的备考过程中。

其次,保研与考研在考核内容上相辅相成。考研主要强调专业基础和通识知识的掌握,而近年来,保研在考核过程中也部分回归到对专业知识本身的关注。因此,同学们在复习考研专业知识的同时,实际上也在为保研过程的考核做准备。在保研面试中,老师的提问和追问往往都是围绕专业知识展开的。因此,如果踏实地准备考研内容并进行体系化学习,一方面可以为可能需要参加的考研做好准备,另一方面也能大大提高通过保研考核和成功上岸的可能性。

当然，考研与保研在考核内容上也存在一些差异。作为全国统一考试，考研需要同学们针对通识课程和专业课程进行应试化的复习。而保研则主要通过面试的形式进行，更多地考查个人的综合素质和对专业知识的应用能力。以英语为例，在准备考研的过程中，需要攻克完形填空、语法、阅读理解等应试题型，这些主要是检验同学们的英语基础能力。而在保研过程中，考核形式往往以口语交流为主，因此更加重视在听、说方面的能力。面对这样的差异，同学们需要在特定的时期内进行针对性练习。

另外，值得一提的是，不少院校为那些在夏令营阶段获评"优秀营员"但最终未能获得保研资格的学生提供了考研复试的优惠政策。如果通过了目标院校的推免考核，但没有获得本校的推免资格，也有机会在未来该院校的考研复试阶段享受到相关的优惠政策。

7.1.3 保研和考研两手准备

近年来，保研名额呈现波动的增长趋势，这为位列保研边缘的学生增加了获得本校保研资格的概率。然而，如果在9月突然获得保研名额再开始准备投递，那么由于部分院校的预推免项目可能已经截止报名，加之文书准备时间紧迫，保研外校的机会将变得十分有限，这将使同学们处于相对不利的境地。因此，即便是处于保研边缘的同学也应尝试提前准备保研，包括申报夏令营和预推免。

但需要注意的是，保研名额的最终确定通常要等到9月中旬，此时距离考研仅剩3个多月的时间，这就要求同学们必须同时做好保研和考研的双重准备，以备不时之需。以下提供一些小建议，供处于保研边缘的同学们参考。

首先，排名处于保研边缘的同学应仔细阅读本院校的保研细则，针对细则中的加分条件，从成绩、科研、竞赛、英语等方面着手，争取在有限的时间内尽可能增强自己的保研竞争力，提高获得保研名额的可能性。

其次，合理利用保研与考研考核内容的共通之处，通过同步复习提高自己的成功概率。考研中的专业课和英语考核内容也是保研过程中各院校关注的重点，所以处于保研边缘的同学可以将保研与考研中重复的考核内容结合复习，为后期准备其他内容节省时间，同时也能达到事半功倍的效果。

再次，保研阶段的信息量很大，处于保研边缘的同学需要及时关注相关招生信息，可以借助专门的小程序如"保研岛"来即时获取信息，提高申请的频率，增加成功的机会。同时，这些同学还需要根据自身情况制定合理的申请策略：一方面，广泛申请可以提升被录取的概率，但同时也会消耗大量精力，不利于同步进行的考研复习；另一方面，申请太少可能错过合适的项目，导致没有收获。建议同学们咨询情况相近的学长，参考他们的申请经历进行投递，或向专业的保研顾问寻求建议，制定科学的申请策略。总的来说，对于保研边缘的同学，大致的时间规划可以是:在大三下学期准备保研文书材料,适当申请一些院校,并开始准备专业课和英语的复习,如果有机会参加夏令营,就认真准备相关的复习与考核。在暑期期间,将重点放在考研的准备上,全心复习专业课和英语。到了9月,分配部分精力申请部分院校并准备推免资格评定。按照这样的时间安排,即使未能获得保研资格,同学们仍有3个月的时间复习政治课,巩固专业知识,完成考研的准备。

最后,想强调的是,在备战保研和考研的过程中,同学们可能会感到迷茫,产生焦虑情绪。希望大家能尽量平复这些情绪,确保自己在有效的时间内专注于解决问题,避免因迷茫和焦虑而浪费宝贵的时间。综合考虑以上建议,相信同学们心中会有一个明确的答案,未来无论遇到何种问题,都能理性思考,做出现阶段最佳的决策。

7.2 选择保研还是留学?保研和留学可以同时准备吗?

关于选择保研还是留学,这是一个涉及学生未来发展路径的重要问题。每位同学都需要结合自己的兴趣、职业规划等因素,作出适合自己的未来发展方向的选择。当然,除了考虑个人的主观愿望,这两种选择的客观特性和各自的优缺点也是必须面对的现实问题。因此,以下将对比分析保研和留学的特点与优劣势(表7.2)。

表 7.2

项目	保研	留学
模式	申请一笔/面试	申请一面试
可报名的院校	无上限	无上限
可获得的 offer	无上限	无上限,可能需要交留位费
时间线	在大三下学期到大四上学期,推免服务系统开放(9月下旬),可以持续申请各院校并参加相关的考核	在大四上学期陆续开始申请,在大四下学期3月前出结果
学费	全日制学术硕士学费通常为 8000 元/年左右,大部分全日制专业硕士学费为 10000~20000 元/年,部分专业可能更高	授课型硕士以就业为导向,学费较贵,美国留学学费为 30 万~50 万元/年,英国、新加坡和中国香港等地区的学费为 20 万~35 万元/年;研究型硕士和博士学费较低,奖学金覆盖率高
学制	硕士研究生学习时长为 2~3 年,学硕的学制是 3 年,专硕的是 2 年或 2.5 年,硕博连读或直博的为 5 年	授课型硕士,在英国、新加坡和中国香港等地区的学制是 1 年,在美国和澳大利亚是 1~2 年;研究型硕士为 2~3 年

续表

项　目	保　研	留　学
优点	① 风险低。只要有保研资格,基本上都可以成功保研。 ② 选择自由。可向多所院校投递申请,既有可能冲击更高水平的院校,也可以选择作为保底的院校,同时还能提前挑选团队、导师等。 ③ 成本低。学费低,奖学金覆盖广,有推免生奖学金	① 选择自由。可以申请多个院校,并获得多个offer,既有机会冲击更高级别院校,还可以选择作为保底的院校,确保不会最终无学可上。在同等背景下,可以申请国外更好的学校。 ② 学制短,提升学历时间成本低
缺点	① 保研名额有限,保研资格获取有不确定性。 ② 战线长,需从大一开始持续努力	① 需要一定的经济基础。 ② 可能担心安全问题等。 ③ 与亲友相隔万里,承受生活与学业的双重压力。 ④ 战线较长,需要持续努力

总的来说,保研和留学有许多不同之处,从生活习惯和语言交流的小事,到生活成本、奖学金和学制等大事。同学们需要结合自己的实际情况来分析,慎重选择自己的求学之路。当然,也有部分同学会同时准备保研和留学,不是把哪个选项作为"备胎",而是还没有确定要走哪条路,或者想要更多地探索自己的潜力和可能性。无论如何,保研和留学在本质上都是一个"背景提升"的过程,两者在准备过程中也有许多相似之处。无论是保研还是留学,都需要学生具备优秀的成绩、良好的语言成绩、丰富的科研经验和各种竞赛经历。而且,两者的准备时间基本上都处于大三暑假和大四上学期,因此有这类打算的同学完全可以同时准备,互相补充。

表7.3列出了一个同时准备保研和留学的时间规划建议(具体还需要根据个人情况调整)。

表 7.3

阶　段	时间	保　研	留　学
蓄力准备阶段	6月—8月	① 确定夏令营目标院校,及时关注报名信息并申请。 ② 参与夏令营并获得offer或分析夏令营失利原因,有针对性地备战预推免笔试和面试考核	① 初步选择学校和专业,针对目标院校尽快拿到合格的语言成绩。 ② 开始撰写文书,整理申请材料

续表

阶段	时间	保研	留学
预推免冲刺+第一轮留学申请	9月	① 申请预推免，接收复试通知，参加复试考核。 ② 申请本校保研资格。 ③ 根据保研资格和offer情况选择保研还是留学	① 进一步确定目标院校与专业。 ② 准备申请材料，完善和润色文书稿件。 ③ 网上递交申请材料。 ④ 若语言成绩不理想，则可以继续刷分
全力冲刺留学申请	10月—12月	—	① 集中网申填写和递交申请。 ② 确认申请状态。 ③ 不断根据offer更新情况补充申请
最终选择offer	次年1月—3月	—	① 准备和参与面试。 ② 选择offer并交付定金。 ③ 准备签证材料等事宜

7.3 获得更好的留学offer后可以放弃保研吗？

一般来说，确认保研资格后是不能申请留学的。如果放弃已获取的保研资格去留学，可能会产生以下三个方面的负面影响：首先，留学申请所需的材料可能无法获得；其次，未来本专业的保研名额可能会因此减少；最后，母校可能会被offer院校列入黑名单。

7.3.1 留学材料受阻

从学校制度的角度来看，部分学校明确规定，一旦学生确定接受保研资格，他们就不再被列入当年的学校或学院就业计划中，所有出国留学所需的证明文件，如英文成绩单等，学校将无法提供。这实际上是学校从制度层面防止学生同时考虑保研和留学的行为。有些学校甚至会要求学生签署保研协议，在协议中明确规定，学生必须在出国和保研之间作出选择。

7.3.2 保研名额缩减

如果学生所在的院校已经公布了保研名额,并且这些信息已经上传到了推免服务系统,那么该学生的保研资格就可以说是确定无疑了。即使在此时该学生选择放弃保研资格,这个名额也不会再分配给其他学生。在这种情况下,学校考虑到有学生放弃保研名额,下一年可能会减少放弃保研资格的学生所在专业的名额,以此来提醒和强调对保研名额的重视和尊重。

7.3.3 失信后果

从信誉度的角度来看,如果学生获得了保研名额并收到了某院系的录取通知,但最终选择出国,放弃了这次保研的机会,这可能会给接收该学生的学校留下负面印象。此外,如果一个学校出现了这样的先例,后续的学生可能会效仿这一行为,这种连续放弃录取资格的情况很容易使该学校被列入其他院校的黑名单。

综上所述,对于有出国留学计划的学生来说,在最终确定保研资格时需要慎重考虑。若确定了保研资格与录取院校,建议专注于保研的道路,而不是在获得更好的留学机会后放弃保研及其录取资格。

7.4 选择本专业保研还是跨专业保研?

在投递夏令营和预推免的过程中,许多保研生会面临继续深造本专业与尝试跨专业的选择。本节将从跨专业保研的动机、条件等方面出发提供一些建议。

7.4.1 跨专业保研介绍

跨专业保研是指保研的目标专业与本科专业没有直接关联或完全不相关的情况,例如从土木工程专业保研到金融专业,或者从国画专业保研到汉语言文学专业。许多学生考虑跨专业保研的原因包括:

① 对本科专业不满意,希望在心仪的专业领域深造。
② 为了避开本专业激烈的保研竞争,如经济管理类专业的竞争强度很大。

③ 出于就业考虑,希望进入高薪行业,例如金融、计算机等。

④ 为了增加自己的多元专业背景,如法学与计算机的交叉背景。

然而,需要提醒的是,理想与现实存在差距。跨专业的学生可能会在入营阶段因专业不匹配而被筛掉简历,或在考核过程中因专业知识不足而失去梦校的 offer,甚至在入学后发现实际的专业与预期差距太大,或者由于自身背景和能力的不足难以适应新专业的研究生生活,从而追悔莫及。

因此,对于是否选择跨专业保研,同学们需要明确自己的初心和实际条件,慎重考虑,避免仅凭一时的热情盲目地选择跨专业,这可能导致最终疲惫不堪,甚至一无所获。

7.4.2 跨专业保研的条件

1. 背景过关

不论是继续本专业还是跨专业保研,学生都需要具备坚实的基础条件:

① 成绩优异,排名靠前。

② 英语水平和语言成绩达标甚至优秀。

③ 拥有出色的简历,或者有实习、科研等经历来证明自己的能力。

这些基本条件是进行跨专业保研的首要条件。因此,如果同学们计划进行跨专业保研,在准备专业知识和经历之前,应确保这些基础条件得到充分满足。

2. 本专业与跨专业有交叉

如果本科专业与想要跨专业保研的目标专业在核心课程内容、研究方向和领域等方面存在交叉,那么可以在申请材料中强调这些相关性,展示自己具备相关的学习经历和专业基础。同时,两个专业的交集部分也可以在面试中帮助应对老师的提问,增加跨专业保研成功的可能性。基于原专业的基础知识,同学们也可以对新专业有一定的了解或体验,这有助于减轻入学后的适应压力和焦虑不安的情绪。

3. 有相关的科研或竞赛经历

科研和竞赛经历是专业能力和兴趣方向的重要体现。如果拥有与目标专业相关的科研或竞赛经历,这可以构建起对应的专业背景,成为跨专业保研过程中的一大优势。

在面试环节,老师可以通过了解学生的科研和竞赛背景来评估其对专业的兴趣和能力,通过提问相关问题,进一步考查学生的专业思维。同时,有跨专业保研意向的学生也可以通过展示自己与目标专业的深厚联系,增加获得入营和优秀营员的机会。

4. 心态良好,抗压能力强

相较于继续本专业保研,跨专业保研无疑是一条更具挑战性的道路。由于缺乏直接可参照的成功案例,跨专业保研的整体不确定性较大,所带来的心理压力也更大。跨专业的学生需要比普通保研生付出更多的努力,并准备好面对诸如实际专业情况与预期不符、学习压力大等风险。因此,选择跨专业保研的学生需要具备更为坚定的心态和更强的抗压能力,以便应对可能出现的各种情况,例如因专业跨度过大而在初审阶段就被淘汰,或在笔试环节中成绩不如本专业学生而失去优势,以及某些专业可能更倾向于选择本专业的学生等情况。

7.4.3 针对跨专业保研的建议

跨专业保研确实是一个需要学生持续投入精力和时间的复杂过程。在这个过程中,同学们需要进行深思熟虑和慎重选择。

1. 评估本专业保研和跨专业保研的学校层次差异

一般来说,衡量保研结果是否理想的关键因素是学校的层次。在跨专业保研的过程中,一方面,可能需要为了进入目标专业而选择稍低一层次的学校,但应尽量确保所选学校的层次不会比本专业保研低太多,以避免得不偿失的情况。另一方面,跨专业保研可以帮助一些学生规避原专业的激烈竞争,从另一个方向争取到更高层次的学校录取机会,但同时也要关注目标专业的前景和发展潜力。

2. 衡量时间成本和个人精力投入程度

保研的任务是非常艰巨的,尤其是对于跨专业保研的学生来说。不仅要准备各种能够为保研加分的项目,处理各种复杂的程序和材料,还要准备跨专业保研所需的专业知识以及科研和竞赛经历,这很容易导致精力分散。因此,同学们需要做好充分的准备,合理分配时间,避免因小失大。无论如何,保证能够获得保研资格是最重要的。

3. 思考后续问题和规划

跨专业保研并不是终点,而是新的起点。它意味着选择了一个新的赛道和方向。因此,同学们需要提前规划未来的任务和安排,例如是否需要提前选择导师、是否需要充实自己在新专业领域的知识、是否需要进行相关实习等。

4. 做好本专业保研与跨专业保研的两手准备

虽然很多学生急切地希望进行跨专业保研,但仍然需要做好充分的备选计划,争取在本专业也能获得 offer。这样,即使跨专业保研的计划失败,也能避免陷入"无书可读"的困境。

7.5 选择学硕、专硕还是直博？

关于学硕、专硕和直博的区别,已在第 1 章作了详细的分析,在此不再赘述。需要强调的是,不同的学位类型并没有好坏之分,关键在于学生要明确自己的未来规划,选择最适合自己的学位类型。

7.5.1 直博生涯的挑战与选择考量

直博意味着将要开始一段长达数年时间的研究生涯。实际上,科研生活与本科学习存在极大差别,较为枯燥,人际接触也较少。有些学生可能因无法适应直博期间的科研节奏而选择休学或放弃。目前,大多数院校的直博退出机制并不完善,若直博生完成不了课业与科研项目,可能最终只能获得本科学历。因此,在选择直博之前,建议同学们要慎重考虑,并了解所申请的院校是否允许直博生转为硕士生,尤其是为了想去某个更好的院校、没有获得硕士项目的机会而只得选择直博项目的同学,更需要考虑自己能否顺利毕业。

然而,如果你对未来从事科研活动有浓厚的兴趣,自身能力出众,能够耐得住寂寞,性格坚韧,那么在多方评估后,可以按照自己的意愿选择直博,投身于科研事业中。

7.5.2 学硕的灵活性与经济优势

学硕进可申请硕博连读,退可直接就业,具有一定的灵活性。同学们可以在读研期间看看自己是否适合读博、是否热爱自己的研究方向,再作下一步的选择。

对于经济条件不是特别好的同学来说,学硕也是一个值得考虑的选择。学硕的奖学金比较丰富,并且相对专硕来说学费更低。很多学校学硕的奖学金足以抵消学费。另外,大部分学校为学硕生提供住宿,减轻了学生的租房负担,从而降低了经济压力。

然而,与直博、专硕相比,在一般情况下学硕的招生名额较少,竞争更加激烈。

7.5.3 专硕的录取与就业优势

专硕的培养模式在名义上更侧重于就业导向。清华大学、上海交通大学、复旦大学等学校的专硕项目,为学生提供了丰富的实习机会。特别是在清华大学深圳国际研究生院,部分专业的学生被要求参加强制性实习。这为学生提供了提前进入工作模式并获取求职 offer

的机会。对于没有科研兴趣的学生,专硕可以视为一种提升学历的途径;而且专硕名额一般较多,对于处于保研边缘的学生,选择专硕通常有可能增加录取优势,提高被录取的可能性。

近年来,由于国家的政策支持和倡导,专业硕士(专硕)的热度逐渐上升。2024 年出现了许多保研学术型硕士调剂至专业硕士/直博的例子,专硕的招生规模持续扩大,与此同时,专硕的接受度和社会认可度也在不断提升。此外,专硕一般学制较短,课程以实战为主,对于以就业为导向的学生更为有利。然而,近年来不少院校逐渐将专硕学制调整为 3 年制,使学生们有更充裕的时间学习专业理论知识,并进行实习实践锻炼。广西师范大学研究生招生办公室在 2024 年宣布,为进一步提高研究生培养质量,结合研究生教育实际情况,经学校研究决定,将对 2025 级部分全日制研究生的学制进行调整。其中,化学与药学学院的化学专业博士研究生学制由 3 年调整为 4 年;教育学部的教育管理、现代教育技术、心理健康教育、学前教育等专业学位硕士研究生学制由 2 年调整为 3 年。此外,文学院的学科教学(语文)、外国语学院的学科教学(英语)、历史文化与旅游学院的学科教学(历史)等大量学科教学类专业的硕士研究生学制也从 2 年调整为 3 年。专硕学制的延长已成为当前研究生培养的大趋势,准备保研的学生们需要做好心理准备。

7.6 是否选择特殊专项计划(工程硕博或国优计划)?

"工程硕博"和"国优计划"之类的专项计划作为保研过程中的新兴选择,逐渐被保研生认可,但也有不少学生存在疑虑:"包分配、门槛低的项目真的适合我吗?"本节将针对这两个专项计划进行更深入的讨论,帮助保研生明确决策的关键因素。

7.6.1 工程硕博计划

1. 学位含金量

工程博士实际上是一种与传统哲学博士学位(PhD)相对应的专业博士学位,它与工学博士学位属于同一层次,其含金量并不低。工程硕博士的培养以实践创新为导向,旨在培养能够解决复杂工程技术问题、进行工程技术创新以及组织实施高水平工程技术项目的专业型领军人才。这一学位的设立是为了适应创新型国家建设的需求,满足国家在重大工程和项目上对高层次专业型工程技术人才的需求。

2. 研究待遇与市场需求

工程硕博项目通常与企业合作,涉及更多的横向项目,因此获得的经费支持也相对充足,学生能够享受到更优厚的薪资待遇。例如,中国海洋大学针对工程硕博项目有相应的激励政策:"在校期间除享受学校和导师提供的奖助学金外,另由企业(科研院所)自行安排。""到企业(科研院所)进行科研工作期间,根据其规定提供优厚待遇,并提供食宿、交通、保险等补贴,参与科研项目可争取相应的科研奖励。"

该专项设置的主要目的是培养应用型人才。根据国家统计局的数据预测,我国高技术产业的研发(Research and Development,R&D)人员(具备中级及以上职称或博士学历(学位),主要负责新知识、新工艺等的构想创造或课题项目,以及 R&D 机构的高级管理)数量将从 2018 年的 66 万人增加到 2025 年的 136 万人。从产业对高层次人才的需求来看,现有的工程博士数量难以满足高技术产业的研发需求。工程硕博正好符合未来高学位学生培养模式的发展趋势,对未来的工作就业具有较大优势。

对于合作培养工程硕博的企业来说,这类学生的培养周期较长,且需要投入一定的成本,因此这些企业可能会优先考虑录取这类学生。例如,中国海洋大学明确指出工程硕博"毕业后自由择业,可优先选择留在联合培养企业(科研院所)就业"。因此,对于那些以就业为导向的保研生来说,工程硕博项目提供了难得的就业机会。

3. 上岸难度

工程硕博项目的保研竞争激烈程度相对于其他保研项目较低,部分工程硕博的招生条件较为宽松。例如,上海交通大学、复旦大学、中山大学、华南理工大学等高校在 2024 年 10 月份因工程硕博学生未招满,纷纷发布了继续接收工程硕博士的九推通知。因此,工程硕博的录取难度相对较小,对于更看重学校声誉的保研学生来说,这是一个不错的选择。

4. 哪类人不适合申请?

如果未来想进入高校从事科研岗位,学术型硕博相对工程硕博具有更大的优势。这类学生可能不太适合申请工程硕博,因为学术型硕博项目提供的学术研究时间更为充足,科研产出也更可观(这与导师的指导密切相关)。此外,由于工程硕博项目目前还没有毕业生进入就业市场,其社会认可度,包括在公务员考试、事业单位招聘等方面是否存在差别,还有待观察。

7.6.2 国优计划

1. 学位含金量

"国优计划"是教育部为了支持以"双一流"建设高校为代表的高水平大学选拔成绩优秀且乐教适教的学生,作为国优计划研究生而推出的专项计划。只有本科专业为理工科的学生才有资格申请这一计划。该计划的毕业生不仅拥有本专业的学位,而且由于学习了教育学相关课程,还能获得教育学学位,并免除了教师资格证的考核过程。总的来说,"国优计划"具有较高的含金量。

2. 市场需求

"国优计划"作为教育部在2023年新推出的专项计划,体现了其对社会需求的响应——当前市场迫切需要"专业成绩优秀且乐教适教"的中小学教师。同时,该计划鼓励试点高校通过多种方式与中小学合作,这能够有效地确保参与该计划的学生顺利就业,不用担心寻找工作的问题。

3. 上岸难度

"国优计划"的遴选方式主要有两种。第一种是在推免过程中进行选拔。由于这个专项计划是新推出的,部分保研生可能会考虑到未来就业方向的限制而不愿意申请,因此这一专项的录取难度较低。第二种方式是试点高校在在读研究生中进行选拔,这需要结合学生的专业课成绩和面试等多方面综合考查学生的从教潜质。想要参加这种二次遴选,学生本身就必须在试点的30所高校里就读,并且是非教育类研究生。总的来说,因为选择的机会较多,且存在许多基本门槛,所以入选"国优计划"的难度并不大。

4. 哪类人不适合申请?

对于那些不想在硕士研究生毕业时限制自己的就业选择,想要继续探索更多可能性的学生来说,"国优计划"可能并不是最佳选择。这类保研生应该继续按照原定的计划准备本专业或跨专业的保研。要专心致志,坚定信念,不被其他信息干扰。

7.7 夏令营和预推免冲突,如何选择?

每年暑假,各大高校都会举办许多夏令营,这些夏令营的时间大多会集中在相同的时间段,因此可能会出现你所申请的所有夏令营时间重叠的情况。此外,在夏令营结束后的9月份左右,一些高校还会通过预推免来继续选拔推免生,这个过程也可能会导致许多项目的面试时间重叠。那么,保研生在面临夏令营和预推免的考核时间冲突时,应该如何选择呢?

7.7.1 结合自身情况

如果尚未获得任何offer,当遇到学校层次和通过率差别不大的项目冲突时,应选择一个自己更喜欢的;若学校层次和通过率都有显著差异,可以考虑参加更有把握的学校考核,以获得一个"落袋为安"的offer,这将增加后续保研冲刺阶段的信心与底气。如果已经有了保底offer,可以不必过分考虑通过率,而应选择更好的院校。

值得注意的是，在作出选择时，还应结合院校的招生批次、个人偏好、自身准备情况等因素综合考虑，避免盲目选择保底院校而导致日后遗憾。

7.7.2　沟通以求兼顾

有些夏令营第一天的活动是报到和开营仪式，并且不是强制性参加的。如果在时间上有困难，可以尝试和招生办老师协商，询问是否可以请一天假，而参与后期的考核。有些学校的招生办老师相对容易沟通，只要说明情况，通常能够获得理解。同时，拒绝某个学校的面试机会时要谨慎，因为一旦放弃夏令营的面试，有些学校可能不会在预推免阶段再次提供面试机会。

对于预推免，其考核安排得较为紧凑，往往一天内就能完成。如果遇到同一天内有多个心仪院校进行考核，可以依据院校间的距离和具体的考核时间，尝试与招生办老师沟通调整考核顺序，以便争取时间前往不同的学校参加考核。

除了以上情况，保研生还会遇到线上考核与线下考核冲突的情况。这时，通常可以通过合理安排时间来错开考核，例如利用线下考核间隙参加线上考核。如果时间完全重合，就需要与两边的老师沟通，尝试调整考核时间，确保不错过任何一个获得 offer 的机会。

总之，夏令营和预推免的考核时间冲突时有发生，但这并不意味着一定会错失机会。同学们需要多角度、全面地搜集信息，进行综合分析，并从全局角度进行客观总结评估。

7.8　优先参加期末考试还是夏令营？

夏令营的考核时间一般安排在 6 月—7 月，部分高校的期末考试恰好也安排在这段时间内。每年都有很多保研生面临如何协调夏令营与期末考试时间冲突的问题。本节将介绍如何最大限度地避免这种冲突给保研生带来困扰。

7.8.1　积极协商

有些学校设有针对特殊情况的缓考政策。如果发现夏令营与考试时间冲突，可以咨询本校教务老师探讨是否可以申请缓考。然而，需要注意的是，某些学校可能规定缓考不计入平时成绩，此时就需要根据自己的实际情况仔细权衡，考虑这门考试对获得保研资格的影响，然后作出选择。另外，有些学院的专业课仅由本专业学生参加，上课人数不多，考试时间也由任课老师安排。在这种情况下,可以主动与任课老师沟通,看是否能够调整考试时间或安排单独考试。

从另一个角度看,意向保研的同学也可以与夏令营的招生老师进行沟通,说明自己的情况,询问是否可以调整面试顺序或采用线上面试的方式。鉴于许多学校在同期举行期末考试,一些夏令营的负责老师会考虑到这一点,并会作出相应调整,以确保每位学生都有机会参与考核。

7.8.2 明确重点

对于意向保研的学生而言,最终获得保研资格至关重要。因此,同学们在准备夏令营的同时,不应忽视期末考试,以免最后一学期的成绩大幅下滑,甚至失去保研资格。如果因疏忽而无法保研,即使在夏令营中表现出色,获得"优秀营员"称号,也将成为无用功。

此外,除了夏令营,预推免也是获取录取机会的重要途径。相较于夏令营,预推免的竞争压力通常较小,许多学生都是通过预推免成功进入心仪院校的。因此,如果无法协调期末考试与夏令营的时间冲突,建议同学们优先考虑期末考试的复习,确保成绩稳定,保住排名。待到 9 月份,可以参与预推免活动,争取更高层次院校的录取机会。

7.9 选择名校弱专业还是弱校强专业?

专业与院校的选择是每年保研生必须面对的一大难题。多数学生往往难以进入顶尖学校的热门专业,因此不得不在"选择学校"和"选择专业"之间作出抉择,这个过程通常会消耗保研生大量的精力。本节将系统地梳理研究生阶段在专业与学校之间的权衡问题,并提供一些相对理性的抉择建议。

7.9.1 影响因素

1. 专业领域

专业背景会直接影响决策。对于人文学科的学生来说,由于未来倾向于考公务员或进入职场的较多,而大多数综合性大学的人文学科都有一定的实力,因此选择 985 等知名大学相对稳妥。社会科学专业的学生则面临不同的情况。国内有许多财经、政法类院校在社会科学领域具有强大的实力和影响力,校友网络广泛,这在就业市场上是一个重要的优势。相比之下，综合性大学可能提供更多样化的职业方向。因此，社会科学专业的学生在决策时，应更多地考虑自己未来的职业规划，以决定是重视专业实力还是学校名气。

对于自然科学领域的专业，除了国内的顶尖985高校，同学们应该更加关注某一院校在该学科领域的实力。自然科学专业的知识门槛较高，学生区分度较大，人事主管在招聘时也会更加注重技能水平和专业知识。因此，专业的认可度在求职时非常关键。

2. 职业规划

在选择学校和专业之间，还建议充分考虑自己未来的职业规划。

首先，对于任何专业的学生来说，985院校在公务员考试中的优势是不言而喻的。如果保研生计划毕业后立即进入体制内工作，那么作为985应届毕业生的身份将极为重要。其次，对于那些期望投身科研的学生，学校的名声可能只是锦上添花。更重要的是关注未来导师的资源和专业的科研实力，合适的导师才是后续科研路上坚实的奠基石。最后，如果希望研究生毕业后直接从事与本专业相关的工作，那么选择专业排名较高的学校通常优于综合排名更高的学校，因为在一个强大的专业环境中，能够享受到校友资源的有力支持，这会在求职过程中带来帮助。

当然，如果很难在专业和学校之间进行权衡，保守的策略通常是优先考虑综合性名校，因为这将为学生提供更广泛的未来选择机会。在没有明确的选择方向时，选择综合性名校较为稳妥。

3. 个人偏好

除了以上因素，个人偏好也相当重要。很多学生容易陷入功利的泥沼，只根据周围亲朋好友的推荐进行选择，而忽略了个人偏好。其实，同学们应该深入思考：如果自己做出某个决定，会不会有遗憾存在？例如，有些学生在211院校读本科，期间没有体验到综合类大学的氛围；或者在综合类大学就读，希望获得专业型院校的校友资源。无论做出何种决定，都建议回归本心，这样才能作出真正无悔的选择。

7.9.2 抉择示例

在分析影响决策的因素后，为了便于理解，下面以经济管理类专业为例，针对学生的不同情况，提供一些具体的选择建议。

1. 没有明确求职目标，更希望体验校园生活

如果在做最终决定前，还未确定未来职业规划，或在本科期间未能体验校园生活，且希望在研究生阶段能享受综合类院校的多元化氛围，那么建议这类同学优先考虑综合排名较高的院校。这些院校的认可度通常较高，未来求职的选择也会更广泛。

2. 毕业想尽快求职，深耕金融经济实务领域

如果经济管理类保研同学在实习或与前辈交流后，决定继续从事本领域的工作，那么专业实力更强的财经院校是不错的选择,毕竟丰富的校友资源和广泛的人脉无疑会成为未来工作的助力。

3. 想在金融方向读博深造

如果保研同学未来想要从事科研工作,则可以从导师资源、专业水平等方面考虑。例如,本校科研资源充足,导师也非常欣赏本校生,那么选择继续在本校深造也不失为一个很好的决定。

7.10 选择冲刺九推还是接受现有offer?

经历了夏令营和预推免,即将面临推免服务系统的正式填报。是保守选择,直接填报已经获得offer的学校和专业,还是冒险一试,冲刺更理想的院校和专业?如何选择才能不后悔?

7.10.1 九推的优点

在夏令营和预推免阶段,80%的offer通常被20%的学生获得。而在正式推免时,这些学生只能选择一个学校接受待录取,导致许多学校的offer出现空缺。未招满的院校会进行九推补录,这一过程相较于夏令营和预推免更快、更狠。由于这些学校急于完成招生任务且时间紧迫,通常会降低申请门槛,考核也相对宽松。对于条件稍逊或实力较弱的学生而言,九推是一次反击的良机,因此被视为"高风险高收益"的机会。

7.10.2 九推的缺点

1. 不确定性高

(1) 院校和名额不确定

只有在夏令营和预推免阶段未录满的院校才会继续进行九推,所以每年参与九推的院校和项目无法确定。在最终系统确认前变数众多,无论是院校还是学生都无法确保双方能顺利报名并发送复试通知以确认录取。只有在推免服务系统正式开放后,根据实际录取情况,才能确定具体的九推名额。

(2) 发布时间和渠道不确定

九推时,信息发布更偏向非正式渠道。招生老师可能会直接打电话给候补学生或参加过夏令营的营员,也可能在招生群里发布未满额的消息,甚至在朋友圈中直接发布相关通知。这种做法一方面加快了补录速度(在官方网站或官方微信发布信息需经过更多审核流程,耗时较长),另一方面也能较为精准地覆盖目标优质生源。但这也加大了同学们获取信息的难度。

(3) 机遇与运气不确定

想要在九推中成功上岸,仅凭实力是不够的,运气和把握机会的能力同样重要。由于九推过程通常较为混乱,谁能第一时间得知空缺名额的消息,往往就占据了先机。当你看到广泛宣传的信息时,可能已经晚了一步。因此,如果想要了解目标院校是否还有名额,仅仅关注官网的通知是远远不够的。有时候,正是信息获取的差距,使得你与梦想中的学校擦肩而过。

2. 风险较大

正式推免是保研过程中的最后一道防线。如果这时还未获得 offer,处境是非常危险的。尤其是在九推阶段,时间紧迫,难以确定哪些院校还有补录名额,可能导致错过报名机会,留下保研的遗憾。

一旦放弃已有的 offer,选择其他院校参加九推,就必须承担没有院校接收、保研失败的风险。此外,还需准备好接受九推成功后,可能入读的院校不如先前获得 offer 的院校这一心理预期。

大部分进行九推招生的院校和等待九推上岸的学生已经处于"饥不择食"的状态,院校担心招不到足够的学生,学生也担心没有书读。在时间和任务的双重压力下,通常结果是:只要学生报名,院校就收(当然,也有院校要求较高,宁愿招不满也不会收考核不合格的学生);学生不敢等待,没得选只能马上报名。局面一度混乱,虽然上岸不稳,但风险与机会并存,客观上可能出现捡漏进入名校的机会,但同样也极易造成"一失足成千古恨"。

7.10.3 参加九推的建议

选择参与九推的学生主要分为三类:一是那些参加了多次夏令营和预推免却未获得 offer,只能寄希望于九推的学生;二是手头虽有一两个 offer,但与心中的理想学校仍有差距,不愿轻易放弃的学生;三是之前未考虑保研,最后发现有保研机会,而时间上只剩九推这一条路的学生。这些学生会争取有限的九推机会。

实际上,九推很大程度上是一次运气的博弈。学生们通常不清楚目标院校在九推阶段是否还有名额,而且很多高校为了保持主动地位,会在夏令营和预推免阶段发放较多 offer,这使得九推阶段捡漏变得相对困难。如果学生在夏令营和预推免中已经拿到可接受的 offer,那么稳妥的做法是在 9 月推免服务系统开放后直接填报已有 offer 的院校,静待录取通知。当然,如果对现有 offer 不满意并认为将来会后悔,那就不妨一搏,利用九推寻求更好的机会。

在系统正式填报时,建议按难度梯度选择几所不同层次的院校报名,以避免滑档问题。同时,应注重信息收集。有些学校在正式推免时不会公布剩余名额,有意参与九推的同学应积极关注相关信息,可以主动打电话给招生院校询问剩余名额,或提前联系心仪导师建立沟通;也可询问自己学院的老师,因为他们通常拥有广泛的人脉资源,熟悉众多院校情况,能够为学生提供额外的机会。

7.10.4 如何为九推做准备?

1. 查缺补漏,为面试做准备

选择参与九推的同学在九推开始前应该重新审视自己的综合实力,总结之前投递或面试失败的原因,并尽可能挖掘自身的独特之处和核心竞争力,利用这些优势来实现逆袭。由于九推的时间紧迫,招生老师需要在很短的时间内了解学生,可能会采取视频或电话面试的方式,提出的问题通常直截了当。尽管如此,同学们也不能掉以轻心,必须做好充分准备。

2. 调整心态,保持良好情绪

参与九推的同学会面临周围同学陆续确定最终去向的情况,此时保持平和的心态尤为重要,要积极准备,千万不要急躁,以免陷入不利境地。要相信,机会总是留给有准备的人。重要的是不要只停留在想法上,不付诸行动甚至自怨自艾才是最危险的。保持良好的情绪可能会带来更好、更意想不到的结果。

第 8 章 保研经验帖

8.1 经济管理类经验帖

211上岸Top5,财经学姐教你如何提前两年准备

1. 个人基本信息
- 本科学校:财经211院校
- 本科专业:财政学类
- 成绩排名:1/100+
- 英语成绩:四级590;六级563
- 科研竞赛情况:全国大学生数学竞赛二等奖、国家奖学金、一篇普刊论文、一篇参营论文、大学生创新训练项目
- 实习:某投资基金公司行业研究岗位
- 入营offer:中国人民大学、中央财经大学、对外经济贸易大学、武汉大学
- 参营院校:中国人民大学、中央财经大学、对外经济贸易大学、武汉大学
- 最终去向:中国人民大学

2. 前期准备

从大二开始,我才逐渐了解到保研的相关信息,具体的规划则是从大二下学期启动的。根据以往的经验,保研过程中最为看重的几个因素依次是成绩排名、英语四六级、科研竞赛和实习经历,其重要性逐项递减。

鉴于成绩的重要程度靠前,首要任务是稳住成绩排名,认真对待每场考试。

其次是积极参加科研项目。对于经济管理类学科,可供选择的项目主要包括大学生创新创业科研训练、学术年会、发表论文等。

接着是参与学科竞赛。在大学前三年,有许多值得参加的学科竞赛,如广受认可的全国大学生数学竞赛、数学建模大赛、美国大学生数学建模竞赛、全国大学生英语竞赛、翻译大赛、计算机类竞赛等,这些都可以丰富个人简历。大家可以根据自身优势和获奖概率进行衡量,选择对自己来说"性价比"最高的竞赛,从而节省许多精力(大部分精力还是要投入专业课的学习中)。最后,利用寒暑假积极参加社会实践或与专业相关的实习活动,努力展示出积极进取的形象。

(1) 投递准备

关于目标院校夏令营信息的获取途径,一是访问学校的研招网或院校官网,二是及时关注保研公众号的推文(如"保研岛"公众号会及时发布相关招生信息)。大多数学校的夏令营活动集中在 6 月—8 月(少数学校可能会在春季举办春令营),而预推免的开展时间在 8 月—9 月。所以,投递材料的准备时间通常安排在 4 月和 5 月。

(2) 文书准备

首先,准备好基本的文书,包括推荐信、简历、自我陈述等。不论是使用自己设计的模板还是按要求使用目标院校提供的格式,这些材料的准备都是十分必要的。推荐信建议选择与目标专业相关的导师来撰写。简历则建议准备中文和英文两个版本(如中央财经大学需要双语简历,但多数院校只需要中文版)。自我陈述可以先制作通用的模板,再根据申请专业的不同稍加修改,这样可以节省大量时间。

此外,还需要将奖励证书、科研成果、个人身份证明(如身份证、学生证)以及英语四六级证书等材料扫描成 PDF 版本,并编号存放在计算机的一个文件夹里。当进行网上申请时需要哪些文件就可以直接使用,这样做非常方便。

(3) 专业课准备

入营后的面试主要考查专业能力。因此,学弟学妹们至少需要提前半年开始复习专业知识和英语。在回答专业问题时,要确保内容充实且完整,包括问题产生的背景、解决方法的具体例子,以及个人对问题的深入思考和未来展望。这些内容能够在短时间内给面试官留下深刻印象,并帮助你在众多优秀的竞争者中脱颖而出,展现自己的优势和特点。

为了更好地准备,建议使用一套模板来组织开放性问题的答案:"是什么?为什么?怎么办?未来趋势怎样?再给出两三个具体例子。"这样的方法可以帮助你将书本知识转化为自己的东西,并通过像小老师一样讲解来深化理解和记忆,同时锻炼即兴表达能力。

3. 夏令营参营情况

（1）中国人民大学财政金融学院

论文在面试中占比非常高，大约 2/3。

中国人民大学的面试形式相对简单。在自我介绍后朗读一段英文文本并翻译。接着进入论文答辩环节，在这一部分，老师会根据每位学生论文的特点提出不同的问题。为了应对这一环节，建议提前进行几次模拟答辩以熟悉流程。需要注意的是，论文在面试中占比非常高，约为 2/3。

（2）中国人民大学经济学院

笔试持续两三个小时，有三四道专业论述题，考查范围涵盖宏观经济学、微观经济学以及国际经济学。面试相对流程化，包括自我介绍、英语能力测试以及针对专业知识的提问。复试结果的成绩排名是选择专业的标准。考生需要填报三个志愿，录取时按照考生的排名顺序依次进行。这意味着，最终就读的专业可能与最初申请的专业不同。

（3）中央财经大学

中央财经大学的面试非常流程化，全程没有老师与考生之间的问答互动，总共 30 分钟。

面试开始时，考生需在 10 分钟内介绍个人基本情况并展示自己的论文，这部分不会设有提问或答辩交流环节。接下来的 15 分钟，考生将抽取并回答专业相关问题。英语问题环节规定为 5 分钟，同样采取抽题的形式进行。

（4）对外经贸大学

对外经济贸易大学的面试主要分为三个部分：论文展示、英语能力测试以及专业问题提问。

首先考生有 8 分钟的时间进行论文展示。然后老师会针对论文内容提出问题，通常这些问题都比较常规，主要考查论文的质量以及考生回答问题时的逻辑性和流畅性。接着进行英语抽题环节。最后是专业提问环节。

4. 预推免参营情况（武汉大学）

面试开始时，考生有 1 分钟的时间进行中文自我介绍，即使超时，老师也不会打断。英语问题涉及西方经济学专业内容，而中文问题则涉及计量经济学和财政学。整体而言，武汉大学的面试流程类似于流水线作业，每个环节都十分紧凑。

5. 最终选择

最终选择了中国人民大学。

6. 给学弟学妹的话

参营论文一定要尽早写。最好在大三下学期开学前完成初稿。我当时是在大三下学期边写论文边复习专业课，写完初稿后就开始准备文书，那段时间确实手忙脚乱。建议寻求专业机构来指导论文写作，因为学校的老师没有时间提供细致的修改建议。文书也可以找机构进行润色，这可以在一定程度上增加入营的机会。在经济管理类领域，很多举办夏令营的学院不会再开设预推免活动，如果未能进入夏令营，那么基本上就与其无缘了。

英语能力非常重要。一方面是四六级的成绩，理想情况下六级成绩应在 550 分以上。另一方面是英语口语能力，一定要加强练习。几乎所有的学校都会进行英语口语面试，因此提前准备英语问题至关重要。这些问题大致可以分为三类：日常口语问题（占 50% 的项目）、文献朗读与翻译（少数院校要求）、专业问题的英文解释（占 30% 的项目）。如果没有提前准备，用英语回答专业问题可能会很具挑战性，因此建议多阅读英文文献和专业书籍，积累专业术语并熟悉英语表达方式。日常口语问题可以参照雅思口语备考来准备，目标是能够流畅表达，不必过于深刻，但应有亮点以留下好印象。

进入面试阶段后，多进行模拟面试是非常有帮助的。经过多次模拟，我找到了最舒适的面试状态，真正面试时就不会感到紧张，可以自信地展现自己。如果夏令营中有论文答辩环节，请保持灵活和真诚的态度，面对老师的尖锐问题，如果不知道答案不要故作知晓。对于论文的潜在问题，可以采取请教的方式向老师征询意见。回答问题时要尽量详细，确保不是干巴巴的，并在回答完毕后明确告知老师，以便进行下一个环节。

最后，希望学弟学妹们对自己充满信心。既然有资格参与保研竞争，你们已经证明了自己的优秀。即使未能进入夏令营或面试结果不理想，也不要怀疑自己。要相信每个人都有自己的发展节奏，关键是保持积极的心态，坚持到底，不留遗憾，最终我们都能到达理想的学校。

8.2 法学类经验帖

211学姐,英语薄弱,0竞赛,本专业屡屡碰壁,抓住机会跨专业上岸顶尖985

1. 个人基本信息
- 本科学校:北方某211
- 本科专业:园艺专业
- 本科绩点排名:1/50
- 英语成绩:雅思6.0
- 论文情况:植物生理普刊一作
- 科研竞赛情况:两段科研经历、无竞赛
- 入营offer:中国科学院植物所、中国农业大学、中国人民大学、山东大学
- 录取offer:中国人民大学法学院、山东大学法学院
- 最终去向:中国人民大学法学院

2. 前期准备

(1) 大一、大二:注重学业成绩和英语成绩的提升 实际上,在大一和大二期间,同学们应将更多精力投入到提高绩点和专业排名上。这段时间会有不少学分较高的基础课程,在这些课程上取得高分是获得高绩点的重要途径之一。好学校通常更青睐专业排名靠前的学生,因此,优异的专业排名和绩点是保研的关键敲门砖。此外,在这一阶段,取得良好的英语成绩也非常重要,尤其是六级成绩。同学们在通过六级的基础上,应尽量提高分数。如果来不及刷六级成绩,可以考虑考雅思,基本上雅思6.0分就能满足绝大多数院校的英语要求。某些顶尖院校和热门专业可能要求6.5分及以上,但要注意,考一次雅思的费用在2000元以上,因此同学们应量力而行。

(2) 大三上:参与科研竞赛,丰富简历 实际上,不少同学在大一大二阶段就已经参与了科研和竞赛。由于大创立项、结项和科研出成果是一个持续的过程,可能会占用大量时间,因此建议同学们尽早参与。大三上是保研前获取科研经验的最后机会。除了参与科研,同学们还应关注竞赛信息(如竞赛官网、各类竞赛公众号、询问有经验的学长学姐)。在这一阶段,同学们要在保持绩点和专业排名的基础上,积极参加科研和竞赛,丰富自己的简历。由于夏令营和预推免中优秀竞争者众多,没有相关经验可能会面临较大困难。

(3) 大三下、大四上：保研开始这一阶段，同学们将逐渐面临夏令营和预推免的挑战。以下是一些经验分享：

1) 参营论文准备。关于论文，同学们不必过于焦虑。一般情况下，本科生在顶级期刊发表论文较为困难，大家不一定有机会接触到高质量论文的发表。如果有机会参与教授的课题并发表文章，这将是保研的一大助力。但大部分同学可能没有这样的机会，此时可以充分利用课程论文和实践论文。这种方法的优势在于：首先，同学们通常都有撰写课程论文和社会实践结项报告的经验；其次，对论文内容较为熟悉，更容易把握论文逻辑；再者，有些院校对参营论文是否发表没有要求，甚至对论文内容和方向也没有具体要求，只要能展示个人的科研能力和逻辑能力即可。这大大减少了同学们准备论文的时间和精力。在调整课程论文和实践论文时，除了修改格式，同学们还需注意论文的逻辑性，确保逻辑通畅、自洽，同时不要为了追求内容的丰富性而随意增改，确保内容的真实性和准确性也是个人能力的体现。

2) 申请投递策略。同学们可以根据自己的专业和未来发展需求筛选院校，并利用 Excel 制作清晰的表格，确定冲刺、保守和稳妥的院校及专业。表格内容大致包括院校名称、专业名称、专业代码、报名开始时间、报名截止时间、是否报名成功、是否入营、是否获得优秀营员等。在此阶段，建议同学们查阅目标院校过往的招生通知，一方面，评估自己入营的可能性；另一方面，每年所需提交的材料通常不会有太大变动，可以提前准备。

3) 个人材料准备：夏令营招生通常在 5 月—6 月进行，因此保研文书可以在 3 月—4 月准备，包括个人简历、个人自述、专业排名证明、科研证明等。

4) 个人自述、个人简历：撰写这些材料时，同学们应突出重点，将自己的优势内容加粗加大，让人一眼就能看到。同时，要学会精炼、准确的表述，避免使用模糊的表达，如"获得了一定锻炼""提升了相关经验"，而应清晰地表明自己在项目、科研等方面的具体贡献。在撰写个人简历时也应如此。此外，漂亮的格式也很重要，网上有许多模板可供选择。同学们可以准备中英文两版的简历，个人自述也可以准备不同字数的版本。

5) 专业排名证明：通常，同学们只需提供学校出具的加盖公章的排名证明即可，但部分院校可能提供专门的模板，需要特别注意。专家推荐信：院校可能提供专门的推荐信模板，有些院校还要求推荐人发送回复邮件。同学们应关注这些要求，并及时向老师表达需求、说明环节，请求推荐时要注意礼貌和真诚。

6) 材料盖章：特别提醒，需要盖章的材料，同学们应提前了解盖章的具体要求、找谁盖章、盖章流程等，避免在报名前一天才发现需要盖章的情况。

7) 面试准备：大多数面试都会要求自我介绍，因此可以准备不同时长的自我介绍，包括英文版本。在介绍时一定要流畅、通顺，如果出现卡壳要及时调整，保持淡定自然的表现。

3. 夏令营参营情况（中国人民大学法学院）

中国人民大学面试同样分为两场，考核成绩计算标准如下：总成绩＝面试总成绩（英语面试30分、综合面试70分）＋笔试总成绩（（综合能力考核笔试100分＋英语笔试100分）/2）。

首先进行的是英语面试，面试前，同学们会在一个大教室候场，由学长学姐带领前往考场，面试结束后直接离开，无须返回候场室。英语面试通常安排在笔试当天的下午，采用一对多的群面形式。面试流程如下：进行一句自我介绍，然后盲抽题目交给考官，听题后，有1~2分钟时间打草稿，接着用3~5分钟全英文回答。

对于大多数学生来说，由于长期学习"哑巴英语"，英语口语表达是一个薄弱环节。因此，建议同学们提前做好准备。首先，可以使用背单词软件来纠正自己的单词发音，正确的发音不仅能使英语口语更加地道，也有助于提高英语听力；其次，可以在B站等网站寻找资源，进行影子跟读练习，学习英语的停顿、语气以及本土化表达。这个过程可能较为艰辛，但坚持下去，口语的流利度和准确性将显著提升。

英语面试结束后的第二天，将进行综合面试，非法学专业的面试形式为3V3辩论赛。面试流程为：考生抽取辩题和辩位，入座后进行限时自我介绍，有1-2分钟时间打草稿，然后按照顺序进行立论，按照相反的顺序对其他同学进行评价，最后由老师对学生进行提问。建议同学们观看一些经典辩论赛，学习辩手的立论逻辑和论证方法，并可以找伙伴进行实际练习，积累更多案例，以避免无话可说的情况。

4. 预推免考核情况（山东大学法学院法律（非法学）专业）

面试的顺序需要通过抽取决定，且一旦确定便不能更改，这可能导致同学们遇到两个面试时间冲突而需要做出选择的情况。建议同学们仔细考虑，尽量避免做出让自己后悔的决定。首先，在面试流程上，山东大学的考核环节较为简单，采用群面形式，流程为：向考官老师们提交纸质简历，接着是考官提问，考生思考并回答。

考核内容：对于法律（非法本）专业的考核内容，主要涉及法学基础知识。虽然题目不会过分难为同学们，但要想回答得体，仍需同学们学习相关知识。这里建议完全没有准备的同学们观看一些速成课程，以构建基本的法学知识框架。当然，逻辑性也非常重要，答题时应注重逻辑性，回答内容尽量全面，并清晰表达自己对问题的独特见解。

5. 最终选择

选择中国人民大学的原因有很多。首先，这是我的梦想学校。高中时，我梦想着能进入这所学校学习，虽然最终未能如愿，但我一直保持着对法学的关注，一有机会我便毫不犹豫地选择了它。其次，客观来说，人大在法律领域的实力非常强劲，学科评估为A+，资源丰富，我相信自己能够在这里接受全面且高质量的教育。最后，这所院校也符合我对未来发展的规划。

6. 写给学弟学妹的话

关于夏令营：夏令营基本上都是线下考核，这意味着你们将面临预订酒店、车票等成本问题。建议大家认真考虑每个营的招生情况，评估自己获得offer的机会，并做出合理的选择，因为沉没成本相对较大。由于夏令营是线下与老师面对面交流，你们一定要注意面试礼仪和着装，同时要表现得大方得体、礼貌。同时，也不必过于焦虑。客观来说，线下考核导致了一些人频繁改变主意，这反而增加了大家入营或候补的机会，所以保持乐观心态。

最重要的一点是，同学们千万不要害怕挑战，不要认为夏令营只是顶尖学生的战场。这样的想法很容易让你错失投递和入营的机会，因为有些院校和专业只在夏令营招生，不会另外开启预推免。此外，这也会让你失去自我定位的机会。参加了夏令营，你们可以在暑假期间进行复盘，对自己的投递策略和文书材料进行调整，从而增加预推免获得offer的机会。如果没有夏令营经验，可能会导致预推免时因自我定位不准确而被迫降低期望，或者高估自己而最终没有offer，不得不转战九推或十推。

关于预推免：首先，预推免通常集中在九月的上中旬，整体开展时间比夏令营短，节奏更快，不同营之间的时间冲突几率也更大。这就需要你们具备较强的时间规划能力，做出取舍。其次，与夏令营相比，预推免的考核形式、时间和难度相对较低，因为各大院校的招生节奏加快，需要迅速确定录取名单。因此，建议同学们做好复习，保持冷静、自信。

关于英语：建议同学们尽量提高六级成绩。如果来不及刷分或者成绩不理想，也可以尝试雅思、托福等英语考试。

关于保研辅助工具：建议同学们关注一些保研公众号。根据个人使用体验，我比较推荐保研岛的小程序，它汇总了各大院校各专业的招生信息，使用起来快捷方便。当然，请大家根据自己的实际情况进行选择。

最后，保研实际上是一场考验心理素质、身体素质和综合能力的博弈，它会给每个人带来不同程度的焦虑和迷茫。但是，当保研成功的那一刻，你会由衷地感谢不断努力的自己。回顾三年，保研确实给了我一段充实的时光。在这里，我也希望大家不要胆怯，勇敢地去投递、去尝试，并且相信自己，相信自己的努力和一步步取得的成就。祝愿大家都能实现自己的愿望。

8.3 计算机类经验帖

理工科 211 学姐,夏令营六连拒到清北华五收割机,最终抓住价值洼地直博清华

1. 个人基本信息
- 本科学校:江苏某 211
- 本科专业:信息工程(卓越计划)
- 本科绩点排名:6/166
- 英语成绩:六级 604
- 论文情况:2 篇 EI 会议论文(均非一作)
- 科研情况:3 项大学生创新训练项目(包含 2 项国家级)
- 竞赛情况:美赛 H 奖、大英赛国家级二等奖、"互联网+"省决赛二等奖、全国大学生数学竞赛预赛三等奖等(共计国家级奖项 3 项、省级奖项 7 项、校级奖项 10 余项)
- 入营 offer:

夏令营:北京大学、南京大学、北京交通大学、东南大学(夏令营暨预推免)(除北京大学外均拿到 offer)

预推免:北京航空航天大学(候补成功)、清华大学
- 录取 offer:南京大学、北京交通大学、中国科学院信息工程研究所、东南大学、北京航空航天大学、清华大学
- 最终去向:清华大学深圳国际研究院

2. 前期准备

(1) 大一学年

高绩点、高排名是一切的基础,而大一是学分最多的一年,往往决定了我们的绩点起点。因此,建议学弟学妹们首先专注于通识课程和专业基础课的学习。可以向学长了解大学的学习策略,有的放矢地进行学习。

(2) 大二至大三上学期

除了学业之外,建议学弟学妹们参与大学生创新训练项目等科研活动,或者加入老师的实验室以培养科研能力。如果条件允许,应争取担任项目负责人,因为这类项目为本科生提供了接触科研的最低门槛机会。不必担忧缺乏基础,勇敢地申请即可。部分项目可能会产出论文或专利,作为负责人的你自然成为第一作者,这在保研面试中极具分量。

根据我参与保研面试的经验,竞赛的重要性远小于科研。若参加竞赛,建议理工科同学选择一两个认可度高的比赛,如全国大学生数学建模竞赛、电子设计大赛、美国大学生数学建模竞赛、"互联网+"创新创业大赛等。

(3) 大三下学期

从这时开始,准备保研的同学应逐步整理文书材料。建议制作一个清单,包括学生证/身份证复印件、学信网验证报告、科研论文、竞赛获奖证书等。随后,根据不同学校的要求准备 PDF 文档(建议为材料添加封面和超链接跳转,方便评审查看)。

此外,推荐信也可以提前与熟悉的老师沟通。注意不同推荐信的内容不要过于相似,要突出老师对你认知的深度和你的优势。

在申请投递方面,如果时间允许,建议广泛投递。但对于信心十足的同学,建议采用"冲刺、稳妥、保底"的三级投递策略,这样不仅节省时间,还能有针对性地复习。同时,也可以咨询保研岛的学长获取定位建议,再结合个人喜好和判断进行申请。

3. 夏令营参营情况

(1) 北京大学

面试总时长为 20 分钟,包括 5 分钟自我介绍(用 PPT 形式,中英文均可)和老师自由提问。

(2) 南京大学

面试总时长为 20 分钟,包括 1~2 分钟英文自我介绍、专业课提问、综合问题和思政考核。

(3) 北京交通大学

双重考核分两阶段:一是学院面试,有 4~5 位老师进行提问;二是自行联系导师或课题组进行面试。面试总时长为 15~20 分钟,包括 1 分钟英文自我介绍和老师自由提问。

(4) 东南大学

面试总时长为 15 分钟,包括自我介绍、英文问答、数学题和老师自由提问。抽题并以 PPT 形式展示(英文题和数学题是从同一套题中抽出来的)。

4. 预推免考核情况

(1) 北京航空航天大学

面试包括思政考核、英语口语、数理基础和专业课。考核难度极大,基本可以与清华大学电子工程系持平,在 20 分钟的面试中主要针对专业课进行提问。

(2) 清华大学

面试包括思政考核、英语口语、数理基础和专业课考核。

5. 最终选择

清华大学的录取电话在 9 月 27 日姗姗来迟，彼时我经历了南京大学双选导师的失约，基本上已经决定在东南大学和北京航空航天大学之间作出选择。清华大学提供的是直博的机会，且拟录取的院校为深圳国际研究生院。虽然我个人并不倾向于直博，但清华大学深圳校区的学生在深圳的学历层次几乎是最高级别，并且深圳的气候以及发展前景都符合我的预期。此外，清华大学也是我曾经的梦校，是无数学子向往的顶尖学府。因此，经过一个晚上的深思熟虑，我最终决定跟随自己的内心，选择了清华大学。

6. 写给学弟学妹的话

夏令营是战线较长的一个环节，也是二八定律体现得较为明显的时期。如果你在前期没有入营，不必过于焦虑。这段时间内，你可以整理自己的各科复习笔记和科研项目等资料。机会总是留给有准备的人，不要等到入营梦校后，才后悔自己没有做好充分的复习。由于夏令营是第一批考核，其涵盖的内容可能会比较广泛，你需要对各方面都做好准备，尤其是科研经历。有些学校甚至会要求你在限定时间内完成项目，因此提前准备是非常必要的。

与夏令营相比，预推免的时间线会更加紧凑，因此考核的重点主要放在专业课上。同时，不同学校的时间安排可能会产生冲突，同学们需要做好协调并合理安排面试时间。

我想告诉学弟学妹们，保研并不是那么可怕的一件事。它和高考、中考一样，只是你人生道路上的一个岔口。能够达到保研的条件，就已经证明了你的优秀，不必过于焦虑或自我消耗。在夏令营期间，我也经历了同样的焦虑，担心自己是否会失去读书的机会，担心是否能找到愿意指导我的老师。其实，这些焦虑正是我们需要首先克服的障碍。专注于准备好自己的材料，做好自己该做的事情，学好应该掌握的专业知识。从夏令营接连六次被拒到最终成功入营清华大学、北京大学及其他顶尖学校，相信自己一直以来的付出一定会得到回报。就像滂沱大雨过后的彩虹格外美丽，请相信我们都会有光明的未来！

8.4 公共管理类经验帖

985 冷门社科，夏令营陪跑，预推免满载而归

1. 个人基本信息
- 本科学校：985
- 本科专业：文科试验班（分流至社会学）
- 本科绩点排名：专业第一
- 英语成绩：六级 542，雅思 6.5
- 论文情况：一篇会议论文
- 科研竞赛情况：省级大创负责人
- 入营 offer：中国人民大学、复旦大学、浙江大学、中山大学、华东师范大学
- 录取 offer：复旦大学、浙江大学
- 最终去向：浙江大学

2. 前期准备

（1）绩点排名

了解保研的同学都知道，获得本校保研资格是保研的第一步。保研细则中明确指出，"本科阶段学业综合成绩作为推免工作最基础的遴选指标，不得专门组织遴选推免生的考试（包括笔试、面试等）"。也就是说，除了支教保研和行政保研等特殊类型，一般保研最看重的是学业成绩。因此，对于有意保研的同学来说，从大一开始，就应重视每一门课程的考核。不建议盲目选择给分高的课程，因为任何选择都有利有弊，关键是自己不后悔。强烈建议向学长学姐索取本院的推免细则，了解规章制度和各项要求，尤其是关于挂科、补考、重修的规定，以免努力三年后发现其实没资格。如果学院有特殊的加分奖励等，可以考虑在不会影响学业的前提下尽力争取。

绩点不仅关系到保研人能否获得本校保研资格，还在初审中起着决定性作用。院校背景和专业排名是审核时特别关注的两个要素。院校背景无法改变，但专业排名是我们可以控制的。尤其是对于院校背景不占优势的同学，高绩点和高排名可以在一定程度上弥补这一劣势。同时，保研院校一般不会同时招收同一学校同一专业的多名学生，因此更高的排名意味着更大的优势，进入面试的可能性也更大。

(2) 专业实力

保研过程中最让人遗憾的是不是"夏0营",而是"夏0优"。你的背景可以帮你入营,但后续考核还得看你对基础知识的掌握程度。如果因为掌握不扎实而表现不佳,错失机会,那才是最痛苦的。因此,不如提前准备,在理论知识和研究方法上下功夫,尽量在参加线下营前充实自己的知识储备,打有准备的仗。建议从大三下学期初就开始复习专业课,核心策略是整理知识框架,建立思维导图,尽量融会贯通,理解性记忆,而不仅仅是死记硬背。如果能结合自己的理解进行复述,效果会更佳。

(3) 科研竞赛

真正踏上参加推免面试的道路后,我无数次庆幸自己有科研竞赛的经历。大二时参加全国大学生创新创业训练项目,虽然起初没有多想,但项目进行得很顺利,自己也因此有了一些成果。在初筛通过后,绩点的重要性就降低了,因为能进入面试的都是专业前几名,这时,你其他方面的优势就显得尤为重要。研究生阶段不像本科那么看重绩点,更希望招收有志于学术和科研的人才。本科阶段参与的科研竞赛是你科研实力的良好证明,面试时老师通常会围绕这一经历提问。作为文科和社科类学生,能参加的项目和竞赛其实不多(特别推荐大创,容易上手,获奖也不难,只要顺利完成,至少有校级奖项),所以如果能在简历中展示一两个经历,不仅能在面试中脱颖而出,复习时也会更有重点,掌握的也更多。

(4) 英语水平

到大三上学期为止,我只考过一次六级,因为分数只有五百分出头,所以一直不太满意,担心会在申请过程中拖后腿。于是在四月份紧急考了雅思,虽然分数也不高,但觉得应该勉强够用。后来在面试中发现,老师更在意的是你当下的表现,而非申请材料上的数字。关于英语口语面试,小红书上说是关于日常话题,比如兴趣爱好、本科最难忘的经历、为什么要读研等,但根据我五次参营的经验,我没有遇到任何一个学校在英语环节提问日常问题,几乎都是专业问题。如果你不提前储备并熟练掌握相关词汇,很难在紧张状态下反应过来老师在问什么,所以建议尽可能多看一些英文文献,提前背诵一些高频词汇。

(5) 申请投递

填写系统和提交附件材料非常耗时,而且需要海投。建议提前准备好所需材料,等每个院校信息出来后,可以修改格式直接使用,这样可以节省很多时间(报名一般是填写系统+发送邮件,邮件内容通常是所有材料整合成一个附件,网上都有相关教程,建议加上封面并放上对方院校的校徽)。

院校的投递时间通常为半个月到一个月,但各学校发布通知的时间不同,所以从五月初到六月底,都会不停地投递;各学校的截止时间不同,建议不要等到最后期限,能早投就早投。每天到各院校官网查看是否有夏令营和预推免的消息更新并不实际,各大保研公众号都有汇总信息,比如保研岛、公管保研岛等,只要关注公众号的每一期推送,就能不错过任何消息,还可能了解到一些新开的项目或不太熟悉的院校。

(6) 面试准备

自我介绍环节大致相同,准备好中英文 1 分钟和 3 分钟两个版本的自我介绍即可,必须练习到非常熟练,并且在自我介绍时不要给自己设置陷阱(老师可能会根据你的自我介绍进行提问,例如深入询问你的项目经历和认识)。网上有许多关于面试技巧的视频,你可以根据自己的需求选择观看,也可以找往届的学长学姐进行模拟面试,提前练习可以帮助你在真正的面试中更加镇定。在回答问题前,先在脑中梳理好语言逻辑,然后在回答问题时,与面试官保持眼神交流,可以适当使用手势,但避免过多肢体语言和表现出怯场。遇到难题时,可以大胆地请求一些思考时间。

不要过分谦卑,要自信大方地展示自己的优点。或许你不是全能的"六边形战士",但你一定有自己的长处。要扬长避短,重点向面试官展示你的亮点。即使被问及不擅长的领域,也可以如实回答,并尝试将话题引导到你擅长的领域。保研是一个双向选择的过程,在面试官考察你的同时,你也有选择的权利。因此,不必过分紧张或害怕,一切都是最好的安排。

3. 夏令营参营情况

浙江大学实行线下参营,面试每人约 20 分钟。主要是简历面和英文面,老师会根据你的简历挖掘信息进行提问,英文部分包括自我介绍和一个问题。不过,每年的形势都有所不同。我曾经向学姐了解过前一年的英文面是五分钟的 PPT 自我介绍,因此我特地准备了 PPT 和讲稿,但今年考核形式发生了变化,所以没有用上。因此,大家不要过分依赖往年的经验,可能会有一定程度的调整。

4. 预推免考核情况

(1) 中国人民大学

笔试满分为 150 分,包括专业综合课笔试和外语笔试两部分。笔试采用分研究方向闭卷考试的形式,考察不同研究方向的基础理论知识、基本概念以及应用所学的基本理论分析当前专业领域内的难点、热点问题的能力。专业综合课笔试满分为 100 分,考试时间为 60 分钟,60 分合格;外语笔试满分为 50 分,考试时间为 30 分钟,30 分合格。面试满分为 150 分,包括专业综合课面试和外语面试两部分。专业综合课面试满分为 100 分,60 分合格,考查专业素质和综合能力,主要测试本学科专业知识,以及拟在学院攻读学位的学习科研计划、综合运用所学知识的能力、科研创新能力以及对本学科前沿领域及最新研究动态的掌握情况等,考察考生德智体美劳全面发展能力;外语面试满分为50分,30分合格,包括外语应用能力测试。面试真题及经验:主要是专业面试和英文面试,中国人民大学非常注重专业知识的掌握,复习一定要全面细致。

(2) 复旦大学

复旦在面试时比其他院校多了一个群面环节。考核时会先进行个人面试,仍然是专业、简历、英语三个方面的考查。等所有个人面试结束后,会组织最后一小时的团体面试。在群体面试时,一定要积极发言,尽量承担起协调和汇报的工作,增加发言机会。

(3) 浙江大学

与夏令营相比,预推免少了第一天的讲座,但面试内容和问法基本一致。因此,很推荐两次都参加。有了夏令营的经验后,预推免的准备会更有针对性。此外,参加过夏令营的同学在预推免考核中具有一定优势。

5. 最终选择

浙江大学是我一开始的梦想学校,我非常喜欢这里的学术氛围、校园环境、人文关怀。在推免期间,我在这里投入了最多的心血,也待了最长的时间。尽管后来出乎意料地收获了两个offer,但在综合考虑各方面因素后,我还是坚定了最初的选择。

6. 写给学弟学妹的话

实际上,保研面试能否获得老师的青睐,并不完全取决于你的实力,还有很多不确定性因素在起作用。有的人没有通过复旦的面试,却拿到了北大的offer。可能你并不适合这个学校,可能你今天太紧张而发挥不佳,可能你前面的同学表现得太完美,可能你抽到的签是最后一个……有很多事情是你无法预料和准备的。不要因为一两个学校的结果而过分自责,也不要因为被拒绝而失去信心。我曾经因为被拒绝而焦虑到想要放弃所有后续的面试,甚至通过算塔罗牌和求签来了解自己保外上岸的概率,结果并不理想。但幸运的是,身边的朋友和老师给了我很多鼓励,所以我重新振作起来,没有放弃,坚持到了最后一刻。也许老天就是会眷顾努力的人,在离9月28日只剩7天时,我手中只有本校的保底offer,但在9月26日一天内拿到了两个offer。保研之战至此完美收官。如果要问我成功的原因是什么,我会回答——坚持。

最后,我想和大家分享一位高校送给保研同学的话:"在每位同学漫长的人生里,会经历很多这样的时刻,我们有时做自己的分子,有时做别人的分母。但无论如何,都需要以做分母的心态,尽做分子的努力。从研究方法的角度来讲,我们抽取了一个很小样本:从诸位21年的生活里面抽取了3天,从你所有的知识库里面抽取了几个问题,从你无数侧面里抽取了一面。这里无法测量你的curiosity,personality等宝贵的品质。我们只能在此公布一个结果,但任何一个结果都不能最终定义你。能定义你的,只有你自己。"

8.5 新闻传播类经验帖

从班级垫底到名列前茅,峰回路转的新传保研之路!

1. 个人基本信息

➢ 本科学校:211

➢ 本科专业:新闻传播学

➢ 本科绩点排名:3/55

➢ 英语成绩:四级 485

➢ 科研情况:国家级大创项目优秀结项,发表学术论文一篇

➢ 竞赛情况:获得国家级奖项6项,省级奖项24项,作品涵盖H5、短视频、文案、广播等多模态内容。

➢ 保研offer:南京师范大学(新闻与传播)、电子科技大学(新闻传播学)、中国传媒大学(新闻与传播)

➢ 最终去向:中国传媒大学(新闻与传播)

2. 我的保研之路:从迷茫到峰回路转的成长篇章

(1)迷雾笼罩的起点

初入大学,我满怀期待与憧憬,以为这里是自由与梦想的乐园。然而,现实却像一记重锤,将我击入深深的迷茫之中。没有了高中时老师的耳提面命,没有了固定的座位和严格的时间表,我突然发现自己迷失了方向。课程安排松散,时间管理成了大问题;专业知识的深度和广度远超我的想象,让我倍感压力;社交活动繁多,却找不到真正属于自己的位置。

成绩,成了我最不愿意面对的痛。第一学期的考试,我几乎是班级垫底。我开始质疑自己的能力,甚至考虑是否应该放弃升学这条看似并不适合我的道路。

(2) 从自我反思到行动

迷茫的日子持续了整整一个学年,直到我找到了搭档,找到了鼓励和支持,让我第一次意识到,或许取得好成绩并不是特别困难,或许保研并不是遥不可及,这让我看到了希望的曙光,踏出了前进的第一步。

我开始反思,制定了详细的学习计划,并主动寻求学长学姐的帮助。大二开学,我带着全新的态度和决心回到了校园。我开始主动与老师沟通,积极参与课堂讨论,利用一切可以利用的资源充实自己。我还养成了定期复习的习惯,确保知识点的掌握。最重要的是,我学会了如何管理自己的时间和情绪,确保每一天都能充实而高效。

(3) 从自信到焦虑,再到成长

经过一年的努力,我的成绩有了显著的提升,但距离保研的标准还有一定的差距。大二学年结束时,我虽然已经跃升至班级中游,在学科竞赛方面,也初步尝试,获得了一些省级奖项。但保研的竞争异常激烈,我深知自己还需要更多的努力。

于是,我更加积极地参与各类活动和竞赛,希望能在这些方面有所突破。大三上学期,我不仅在学习上取得了进步,还在团队协作和沟通技巧上得到了锻炼。我担任了一些课程作业的小组负责人,组织参与一些活动,这些经历让我学会了如何在压力下保持冷静,如何协调各方资源,以及如何激励团队成员。

尽管我付出了很多努力,大三学期结束时,我的成绩依然不足以保研。我开始感到焦虑,担心自己的努力是否白费。暑假期间,我获得了两个国家级奖项,这无疑是对我努力的肯定,也给了我一丝希望。根据前几次参赛经验,我选择了竞争较少的数字读物赛道,并且召集了经常合作创作的伙伴。我们集中力量进行创作,从选题确定到实施方案,我们不厌其烦地开会,在校园各个地方聚在一起进行设计创作,确保内容质量的稳定在线。与以往参赛作品不同,我们不仅以创意为卖点,更细致地研究参赛要求,紧贴需求去创作,每一页都倾注了心血。完成的那一刻,我们组的每个成员都胸有成竹。当然,结果也令人满意。

然而,命运似乎总爱捉弄人。正当我以为凭借这两个奖项可以稳稳保研时,保研政策却在保研前夕,也就是9月份,突然发生了变化。新的政策限制了加分的数量,这意味着即使我获得了这些奖项,也可能无法达到预期的加分效果。我的心情再次跌入谷底,感到前所未有的迷茫和挫败。面对突如其来的变故,我意识到,保研只是我成长道路上的一个目标,而不是终点。我回顾自己过去几年的努力,发现自己不仅在学习上取得了进步,更重要的是在个人能力、团队合作和学术能力等方面都有了显著的提升。

(4) 从绝望到坚持,再到收获

每次学期结束时,我都会计算自己与保研资格的距离,每次面对难以逾越的鸿沟,我次次选择继续坚持。最终,在前几学期不懈的努力下,当成绩公布时,我发现自己的排名已经跃升至班级第四,成功达到了保研的标准。尽管保研政策发生了变化,我最终还是实现了自己的目标,同时我也珍视这段经历给我带来的成长。我学会了如何在困难面前保持坚韧不拔的精神,如何在失败中寻找成长的机会,以及如何与他人建立积极的合作关系。这些经验和技能不仅对我保研之路至关重要,更将成为我未来人生道路上的宝贵财富。

(5) 真题

由于在大三下学期我的重心是稳定绩点,争取获得保研名额,因此在夏令营和期末考试时间冲突的情况下,我选择了不参加夏令营,专心准备期末考试。在九月获得保研名额后,我一度感到后悔,觉得自己应该提前投递一些院校,因为直到9月20号,我还没有收到任何offer。在这种情况下,我首先根据往届学长学姐的保研去向和自己的排名确定了可以投递的院校范围,并选择了冲刺、稳妥和保底三档院校分别进行投递。预推免面试的时间只有一周,因此很多入营的学校我并没有参加面试,而是根据往年考核的难度以及自己对学校的兴趣选择了三所院校参加面试。

1) 中国传媒大学

专业能力考核是通过抽题进行的,学硕和专硕的考察重点不同。学硕重点考察对报考专业基础理论和专业知识的掌握,以及分析问题和解决问题的能力。专硕则重点考查专业实践能力和创作实践能力。直博生则重点考查学术能力和创新潜质,考生需要以学术答辩的形式介绍自己独立完成的研究或博士阶段的研究计划,并回答考核小组的提问。综合素质考核部分,学弟学妹需要充分掌握自己提交的材料,老师会侧重提问科研和实践经历,综合考察思想品德、专业素养、科研能力、心理素质和沟通表达能力等。中传的整体考核难度适中,老师的提问是随机抽题,需要对专业课知识有扎实的掌握。面试节奏较快,每个人只有5~10分钟时间,面试氛围较为轻松,遇到不会的问题老师会引导学生多维度作答。英文面试较难,包含很多专业课的高难度词汇,需要提前准备。

2) 电子科技大学

电子科技大学主要考察学生的专业知识、专业素质和能力,考试题目难度较大,需要对新闻学概论、传播学概论和中外新闻史等基本专业知识、基础理论、前沿动态有扎实的掌握,并在回答问题时体现自己利用理论发现、分析和解决问题的能力,以及自己的思考和体会。

3) 南京师范大学

自我介绍不需要准备 PPT,但需要提前背熟中文自我介绍。问答环节老师会针对自我介绍中的内容进行提问,主要考察科研成果部分。预推免考核时间紧凑,考核形式灵活,更多的是随机的交流提问互动,展现自己的思考即可。

3. 结语

回顾我的保研历程,我深感迷茫并不可怕,可怕的是在迷茫中失去方向和动力。只要我们愿意面对自己的不足,勇于改变,通过有效的行动和坚持,就一定能够实现自我蜕变和超越。最终获得保研资格时,我想感谢一直不曾松懈的自己以及那些督促鼓励我的人。从迷茫到绝处逢生的峰回路转,我在这个过程中收获了成长和自信。这段经历将成为我人生中最宝贵的记忆之一,激励我在未来的道路上继续前行。

这是我保研的故事,也希望能够鼓励正在为保研努力的学弟学妹们,不要害怕迷茫和挑战,相信自己的能力和潜力,什么时候开始都不晚。祝愿学弟学妹们能够斩获自己心仪的 offer,成功上岸,一路生花!

8.6 外语类经验帖

"双非"学姐,排名第三,无论文,逆袭上岸顶尖985

1. 个人基本信息

➢ 本科院校:某"双非"外语院校

➢ 本科专业:英语翻译

➢ 成绩排名:3/110

➢ 英语成绩:专四良好、CATTI 三级笔译

➢ 科创论文:无

➢ 获奖情况:国家级奖项 8 项,省级奖项 2 项,校级奖项及奖学金 6 项(大多含金量不高)

➢ 入营 offer：广东外语外贸大学、电子科技大学、北京外国语大学、香港中文大学（深圳）、上海外国语大学、中国人民大学

➢ 录取 offer：除了北京外国语大学，其余院校均拿到 offer；主动放弃香港中文大学（深圳）复试资格

➢ 最终去向：中国人民大学

2. 前期准备

我从大一开始就有继续读研深造的打算，考虑到不想给家里增加负担，我首选的是保研，如果保研不成功再考虑出国留学。因此，我一直保持着良好的绩点，并且积极参加了自己感兴趣的比赛，获得了一些奖项。到了大三，发现自己有机会保研，便开始准备夏令营的院校投递。我的劣势在于专四成绩没有达到优秀；优势则在于文书的质量和丰富的奖项经历。在夏令营的投递过程中，我尽量发挥自己的优势，避免暴露劣势，最终获得了一些宝贵的机会。

大三的寒假就可以开始准备夏令营了，这样到了 5 月、6 月的后期投递时，会显得更加从容。前期需要准备的是各类证书的 PDF 扫描件、中英双语的个人陈述和个人简历（后期根据不同院系的要求进行修改），以及目标院校往年的夏令营招生简章、录取情况和经验贴（了解录取难度和考核方式）；中期在学期内要注意保持甚至提升专业课成绩，如果语言成绩不足，可以考一个雅思或托福来弥补，同时还需要向老师索要推荐信（两封），推荐信最好由熟悉自己的老师撰写，通常要求老师具有副教授及以上职称；后期在夏令营高峰期，要密切关注目标院校的夏令营招生简章发布，建议制作一个 Excel 表格，整理各院校专业的材料要求、投递截止日期等信息，每天查看表格以提醒自己不要错过重要的时间节点。需要注意的是，2022 年的夏令营大多采用线上面试，很多学校（如北京外国语大学、上海外国语大学、中国人民大学等）都要求双机位，因此建议同学们提前准备好三角支架和额外的电子设备。

准备夏令营期间可能会感到疲惫，需要经常找辅导员开具排名证明、为申请表签字等，同时可能会陷入自我怀疑和内耗。保持良好的心态是很重要的，要相信自己一定会收到入营通知。夏令营的选拔过程是严格的，但只要收到入营通知并拿到"优秀营员"称号，接下来的过程就不会太困难。

3. 夏令营参营情况

（1）广东外语外贸大学

广东外语外贸大学是我参加的第一个夏令营，也是第一个授予我"优秀营员"称号的院校。广东外语外贸大学的 offer 被称为"铁 offer"，意味着如果获得优营，9月份不需要参加其他考核，可以直接在系统上被录取。因此，我非常感谢广东外语外贸

大学给予我的信心。

高级翻译学院的老师们的讲座非常用心，线上考核形式也不复杂。所有专业（笔译、口译、翻译学）的考核形式都相同，只有面试没有笔试。面试题型是抽题即兴演讲。允许自带一张白纸和笔，有一分钟左右的准备时间，可以在纸上写一些要点。演讲结束后，老师根据我的演讲内容提出了两个问题，然后面试就结束了，整个过程不超过10分钟。我参加的多个院校的面试都有即兴演讲这一题型，总体上来说，即兴演讲的题目不会太难，大家都有话可说。需要注意的是，一定要在短时间内把自己的想法梳理成至少三个不同的观点，让面试官看到我们的思路清晰、论点明确。建议平时可以多做英语辩题的练习，锻炼短时间内形成观点并叙述的核心能力。

总体来说，广东外语外贸大学的夏令营相对容易，入营不难，即使是"双非"院校的学生也有很多机会；可能是因为很多人将广东外语外贸大学作为保底选择，后面可能会放弃，所以学校发出的优营数量也很多。对于背景不是特别强的同学来说，广东外语外贸大学高级翻译其实是一个不错的选择。

(2) 电子科技大学

电子科技大学位于成都，是一所理工科类的985院校。由于其外院相对小众，因此入营实际上并不难，性价比很高。电大外院走的是小而精的路线，学硕外国语言文学专业下开设了6个学科方向，包括认知神经语言学等厉害的方向，还有外应、比较文学、翻译学、国别区域研究等，为外语专业的同学提供了丰富的选择；翻译专硕下面包括口笔译。

我报考的是学硕翻译学方向，考核全程用英文进行，分为三个部分：第一部分是三分钟的自我介绍，介绍本人的学习、科研、实践情况；第二部分是专业知识考查，抽题回答，有两分钟准备时间，学硕考核内容包括语言学、文学各一题，综合题一题；翻译专硕则是中英互译各一题，翻译理论一题。总之，电大外院的老师们都非常和善，没有敷衍学生，面试长达半个小时，聊得很开心。效率也很高，7月7日面试，8日就出结果了，我也顺利拿到了优秀营员。

电子科技大学最终是按照排名从高到低录取优秀营员，且夏令营批次优于预推免。理论上并非每位优营都能被录取，但由于前面放弃的同学很多，因此拿到优营基本上就可以确定录取了。

(3) 北京外国语大学

广东外语外贸大学为外语专业的同学提供了众多可选的院系。我报考的是难度较大的国际组织学院，该学院只在夏令营招生且只招收推免生，是我最想去的项目。该项目采用英法双语教学，是3年的学硕项目，其中需要赴境外留学一年。入营门槛较高,广东外语外贸大学本校和外交学院的学生入营最多,最终的优营也大多来自这两所学校;其他则大多来自985、211院校和其他外语院校。我能有幸入营可能是因为我有两项国家级的模联奖项、专业课排名较高以及相关的实习经历。

夏令营时间为7月6日至7月10日,最后两天进行笔试和面试,期间活动非常丰富,包括小组破冰、相互学习、国际组织官员的讲座、学长学姐分享等。考核形式也很复杂,包括笔试和面试。笔试分为外语笔试(可选英语或法语)和中文笔试,英文笔试参考专八难度,题型较常规,包括阅读、完型、写作等;中文笔试是国际政治、国际经济或国际法相关题目,六选二写作。面试也很复杂,包括英文抽题即兴演讲;需要注意的是,我的二外是法语,因此还有法语面试,我的法语口语较弱是一个很大的扣分点;此外还有与国际政治经济相关的热点知识问答。

总之,这个项目的要求非常高,非常考验平时的积累和外语能力。很遗憾,我没有拿到优秀营员。北京外国语大学夏令营可以同时报考两个不同院系,但由于精力有限,我只报了这一个。建议有北京外国语大学情结的同学避开这个难度较大的项目,可以考虑报考英院、外语教研中心等难度相对较小的院系。当然,对这个项目感兴趣的同学也可以大胆尝试。

(4) 香港中文大学(深圳)

香港中文大学(深圳)的翻译硕士项目分为一年制的口笔译和两年制的同声传译,我报名的是一年制项目。该项目师资力量雄厚,地理位置优越,实习机会丰富,是一个非常不错的项目。总体来说,入营难度不大,据我所知,仅我们专业就有七八名同学入营。即使条件不够,提交申请后也有机会收到自费入营的邀请(需支付1000元)。

与其他夏令营不同的是,建议考一个雅思成绩,并且需要准备一份英文的个人陈述。个人建议是,写好个人陈述后可以找自己熟悉的老师帮忙修改润色,这样语言会更加地道。其他材料都大同小异,可以直接在系统内提交。

港中深的夏令营活动也很丰富,包括老师授课、分组游戏、院长夜谈等,而且每位营员都会收到营服和纪念品(如雨伞、风扇、玩偶),所有入营的同学都会收到优秀营员证书。考核形式分为两轮,第一轮是口笔译测试,通过后进行面试。

值得一提的是,港中深的这个项目类似于留学申请,不占用保研名额,直接录取。因此,保研边缘的同学可以考虑将这个项目作为一个很好的保底选择。如果9月初没有获得保研名额,再接受这个offer也是一个不错的选择。

(5) 上海外国语大学

上海外国语大学的高级翻译专业是许多外语学子的梦想院校,也是我的梦校。该专业只开放夏令营,没有预推免,竞争非常激烈。因此,想要保研到上外高级翻译的同学必须抓住这次机会。

上海外国语大学的夏令营于7月18日—7月22日举行,主要内容包括专家讲座和面试考核两部分。值得一提的是,上外的讲座都有老师通过Zoom平台进行同声传译,同学们可以选择双语收听,这体现了上外的专业水平非常高。

上海外国语大学笔译专业的考核形式并不复杂,老师会在屏幕上展示一段英译汉和一段汉译英的内容,考生可以在白纸上写下译文,时间充裕。准备好后,直接念出自己的译文,念完后老师会根据译文提问,逐步引导考生如何改进翻译。总之,笔译专业的考核难度不大,关键是在短时间内尽量完善自己的译文,并与考官进行有效讨论,以展现自己对译文的思考。

此外,上海外国语大学对优质生源的争夺较为激烈。在填报系统时需要上传承诺书,承诺被录取后会将上外作为第一志愿填报;在政审环节还会询问考生是否报考了其他学校,以及上海外国语大学高级翻译是否是第一选择。建议考生提前准备好回答的话术;如果确实不打算去,也最好尽早发邮件放弃优营名额,以免影响后续招生和本科学校的声誉。获得优营后,我给自己放了个假,将上海外国语大学高级翻译视为我的最终选择,没有再准备参加预推免。后来在写邮件放弃名额时,其实还是有些舍不得。

(6) 中国人民大学

中国人民大学外国语学院的夏令营也只有一个轮次,没有预推免。7月宣布入营名单,9月9日至9月10日开营。我报考时并没有抱太大希望,没想到最终入营了。这表明人大在审核入营材料时,并不是单纯地只看排名和院校背景,而是会从多方面进行考量,因此软背景较强的同学也可以大胆尝试。

中国人民大学的考核方式也非常严格,英语笔译专业的考核包括抽题进行英汉视译、口译和随机问答,难度较大,非常考验平时的语言功底积累。我面试完感觉不太好,但没想到最终获得了优营,这可能意味着人大采取了压力面试的形式,面试时需要具备较强的心理素质。此外,报考学硕的同学还需要接受第二外语的考查,有意报考人大的同学需要提前做好准备。

4. 最终选择:中国人民大学

考虑到院校层次和地理位置,我最终选择了人大外院的笔译专业。在最后的选择阶段,虽然上外的专业能力优于人大,但它并非985高校,且我个人并不打算从事翻译工作,因此我放弃了梦校上外,选择了人大,希望未来的道路能够越走越宽广。

5. 写给学弟学妹的话

第一,保研是一段漫长的旅程,个人认为最重要的是提前做好规划,这样到时候才不会手忙脚乱。以我为例,我一直朝着 MTI 的方向准备,直到大三下学期才有了跨专业的想法。但由于缺乏相关领域的经验积累,很难成功,即使入营也难以获得优营。因此,建议大家一定要提前考虑好自己未来的发展方向。另外,我前期的准备工作做得不够充分,到了 6 月份投递时精力有限,比如我一开始就错过了几所心仪院校的投递,后期因为各种考试和作业,精力更加不足,投递的院校数量也不多。

第二,大学与高中不同,不是埋头苦学就能成功的。建议学弟学妹们要提高信息检索能力,学会打信息战,积极寻找和利用各种信息渠道。比如,我们可以从目标院校官网了解招生人数、往届招录学生的生源学校,向学长学姐询问各类保研认可的竞赛,还可以在小红书、知乎、保研岛公众号等平台上搜索到很多经验贴,借鉴学长学姐的经验,提前对目标院校的考核方式做针对性练习。

第三,建议排名不是第一的同学在夏令营阶段尽量采取"海投"策略,无论是顶尖院校还是保底院校,都应该尝试投递,而不是像我一样在择校阶段就先自行筛选,这样最后的选择会有限。增加投递量可以提升入营几率,即使时间冲突也可以协调或选择;另一方面,通过多次面试可以积累经验,锻炼心理素质。

另外,建议学弟学妹们在投递材料时注意细节,给老师留下好印象。例如,发送邮件时使用礼貌用语,打包材料时制作带有对方院校校徽的封面和便于检索的页码目录,如需邮寄材料,尽量使用彩印,并用燕尾夹提前装订好材料,避免订书针划伤等。这些细节也可能成为我们入营的加分项。

最后但同样重要的是,一定要避免精神焦虑和自我内耗,保持心理健康。能够争取保研的同学本身已经很优秀了,保研不是唯一的出路,最好不要把所有希望都寄托在保研上。建议提前考虑好备选计划,比如出国、考研、工作等。例如,我在最初不确定是保研还是留学时,就在大三下学期准备好了雅思成绩和简历、个人陈述等英文文书,甚至确定了准备申请的院校,一旦 9 月没有拿到保研名额,我可以直接开始申请国外院校。幸运的是,我最终保研成功。

对于像我一样对保研和留学都有想法的同学,我的亲身经历告诉大家这是可行的。最重要的是想清楚这两条路的优先级:如果重心在保研,那么专业排名至关重要,可能需要比别人更努力才能拿到保研名额;如果重心是留学,专业绩点也很重要,还需要挖掘自己的经历来打磨文书,吸引招生官的注意。然后就是提前准备好语言成绩、文书等材料,这样在面对选择时才能从容不迫。总之,人生是旷野而非轨道,我们可以有很多选择,找到一条适合自己的路走下去就是最棒的。

8.7 汉语言文学类经验帖

"四非"边缘人,无科研,无竞赛,无论文,没投递夏令营,预推免最终上岸985

1. 个人基本信息

➤ 本科学校:四非

➤ 本科专业:汉语言文学

➤ 本科绩点排名:3.9/5

➤ 英语成绩:四级571;六级549

➤ 科研竞赛情况:第十届"挑战杯"大学生课外学术科技作品竞赛校级一等奖、第八届"互联网+"大学生创新创业大赛校级二等奖

➤ 其他获奖经历:连续两年获得国家励志奖学金;连续两年获得全国大学生英语竞赛国家级三等奖;连续三年获得校级"三好学生"荣誉称号;东南十一省(区、市)省属重点师范大学信息素养挑战赛校级二等奖;心理健康教育月活动校级一等奖;"踏寻史迹"优秀成果汇报评比大赛校级一等奖。

➤ 入营offer:兰州大学、华中师范大学、南京师范大学(放弃面试)、苏州大学(放弃面试)、上海大学(放弃面试)、上海外国语大学(放弃面试)、暨南大学(放弃面试)、华南师范大学、湖南师范大学、西北大学(放弃面试)、南昌大学(放弃面试)、辽宁大学、郑州大学、安徽大学、海南大学(放弃面试)、首都师范大学(放弃面试)、江苏大学

➤ 录取offer:兰州大学、华中师范大学(候补)、华南师范大学、辽宁大学、郑州大学、安徽大学、江苏大学

➤ 最终去向:兰州大学

2. 前期准备

(1) 报名材料准备

准备好以下材料:身份证复印件、学生证复印件、证件照排名证明、本科成绩单、外语水平证明、教育部学籍在线验证报告(PDF文件,极少数院校会要求提交,去学信网下载即可)、获奖证明/专利/论文扫描件、专家推荐信(非必需,2~3份)。

(2) 个人简历

切忌花里胡哨,但也要讲求排版美观,不可全篇皆为文字。同时,切忌一份简历

走遍天下,而应该针对每个院校在基础版上进行相应修改。

(3) 个人陈述

针对不同字数要求(500/1000/1500/2000字),避免一刀切的方法。在提交材料时,强化与目标院校的特定情感联结,这有助于你在许多能力相近的申请者中获得入营机会。适当使用大小标题,可以使得个人陈述有重点、简洁明了。

注意:需要盖章的材料应提前准备,以协调本校工作日时间和院校申请的截止日期。否则可能会因学校周末不上班盖章而刚好错过目标院校的申请截止时间。在投递文书时,精心设计页面排版并加入院校校徽,将提升整体效果。切记要体现稳重的学术风格和风范,并且保持正式。

(4) 科研竞赛准备

关于科研竞赛,一定要积极参与并提前准备。确保所参与的比赛被学校认可,避免做无用功。含金量高的全国性比赛周期较长,通常持续半年以上。大一和大二正是参加科研竞赛的黄金时期,务必把握机会。例如,大学生创新创业训练计划、"挑战杯"全国大学生课外学术科技作品竞赛和全国大学生英语竞赛。不应盲目选择参赛项目,而应尽量选择与专业相关、能够丰富个人经验的主题。在比赛中承担的角色要能体现自己的优势,同时锻炼能力。这样做,将有助于突显你的长处并提升你的能力。

(5) 面试准备

预推免面试大致分为自我介绍、专业课、英文和科研四部分。

① 要准备1分钟、2分钟、3分钟的自我介绍,中英文都要准备,内容包括本科信息、成绩优势、科研竞赛经历和未来规划等。适当的眼神沟通和表情管理更为重要。(可以准备1.5分钟左右的自我介绍,要求1分钟的时候可以删去一些语句,要求2~3分钟的时候可以语速放缓,适当增加一些语句。英文自我介绍一定要简单,能记得住。自我介绍一定要熟练,最好每天都练习。)

② 在专业课的准备上,我采取了几个步骤来确保全面复习。首先,我将专业课程的教材,包括《古代汉语》《现代汉语》《语言学纲要》,彻底复习了几遍,并从中整理出了重要的笔记。接着,我购买了考研的专业课程资料书,通过查看历年的考研真题,挑选了一些重点内容进行记忆。最后,针对我已经确定的研究兴趣和方向,我阅读了相关的学术论文和专业书籍,以加深对该领域的了解。例如,为了准备汉语言文字学方向,我研读了唐兰的《古文字学导论》和裘锡圭的《文字学概要》等书;为了准备中国古代古典文献学方向,我则查阅了杜泽逊的《文献学概要》和余嘉锡的《目录学发微》等书。

③ 对于英文部分,我通过参考一些公众号和 APP 中的经验,提前准备了 1 分钟、2 分钟、3 分钟的英文自我介绍,并针对可能会被提到的问题也做了准备。这些问题包括介绍自己的本科院校、说一说研究生阶段的未来规划等。我还会根据背诵的实际情况对准备的内容进行修改,力求简单易记。

(6) 申请投递策略

第一,通过参考历届和自己情况相近的学长们的参营经验和最终去向,结合自己的实际情况来设定目标。建议将目标院校分为冲刺、稳定、保底三个层次。

第二,如果自己的学术背景或成绩不是特别突出,那么采取海投的策略会更为明智,这样能增加录取机会。

第三,对于坚定想要转专业的同学来说,了解不同专业对于本科专业背景的偏好是非常重要的。

3. 夏令营参营情况

由于身体不适以及本身的绩点、排名并不高,我没有投递参加夏令营的申请。然而,我建议有条件参加夏令营的同学应该积极参加。在我的周围,有不少同学通过参加夏令营获得了录取通知书。

4. 预推免考核情况

(1) 辽宁大学

辽宁大学是我第一个面试的学校,也是第一个给我发 offer 的学校。该校的面试通过线上方式进行。面试的内容包括自我介绍、政治审查以及专业课知识问答,整个面试时间较短,不超过 10 分钟。结果会在面试结束三四天之后由老师通过电话形式通知,通知的效力很高。

(2) 兰州大学

进入兰州大学的复试前,会有老师通过电话联系你,告知面试的具体时间和方式,并询问你是否愿意参加。如果你确认参加,他们会给你发送一封电子邮件,里面包含了面试的相关信息。我在面试前一天下午接到电话,当天白天收到了邮件,并在晚上进行了线上面试。

关于兰州大学的面试结果,可以通过拨打招生办公室的电话进行询问。面试结束几天后,兰州大学的预推免服务系统上也会公布面试分数。

事实上,我原本没有想到能够进入兰州大学的面试,因为我觉得在辽宁大学的面试中表现并不理想,而兰州大学的面试就在辽宁大学的后一天,所以在参加兰州大学面试时,我采取了一种相对放松的态度,面对老师的提问也是坦诚以对。最终,我取得了不错的成绩。这次经历告诉我,保持良好的心态真的非常重要。

(3) 华中师范大学

你可以从华中师范大学文学院的官网上查看进入复试的名单,该名单会分两三批进行公布。需要注意的是,华中师范大学的预推免要求通过邮寄方式提交材料。面试是通过线上形式进行的,采用双机位系统,且在面试前一天会进行模拟机位测试。

华中师范大学的面试对我来说是最艰难的一次,因为老师的提问非常深入且具有挑战性。此外,中国古典文献学专业在上一年只录取了一人,而在 2022 年也只计划录取两人,因此我对于能否被华中师范大学录取并没有抱持太大希望。然而,在 9 月 29 日填报系统的那天下午 2 点多,我接到了华中师范大学的电话,通知我说已经候补到我了。遗憾的是,那时我已经接受了兰州大学的待录取通知。

(4) 江苏大学

江苏大学复试的通知是通过电话进行的。在接到通知后的第二天,我便参加了线上面试。面试主要包括两分钟内的中文自我介绍、研究方向的探讨、英文问答和综合素质问答。其中,英文问题是要求介绍本科学校所在城市;综合素质问题是谈论参加社会实践活动的收获。

(5) 郑州大学

郑州大学文学院的复试通知是通过微信群发布的,群内公布了面试相关信息。面试主要包括中文自我介绍、自由问答和英文问答。老师的提问比较随意,例如让我介绍我的母校中研究某位诗人的知名学者。提问的原因是我的母校的学者与河南出版社有着一定的联系。总体上,面试的氛围相对轻松。

(6) 安徽大学

通过安徽大学文学院的官网加入群组后,提交面试意愿。随后,学院会在官网上公布进入复试的名单,并组织线下面试。面试主要包括中文自我介绍、英文问答和专业问答。英文提问的内容较为随机,例如谈谈你的家庭背景。在专业提问环节,安徽大学的老师会关注考生对版本的了解,提出的相关问题很多,如:《四库全书》有哪些版本?有没有收入《红楼梦》?再如:阅读过哪些文献学方面的书?并且会针对书中的具体知识点进行深入提问。

(7) 湖南师范大学

湖南师范大学的复试通知是通过电话进行的,同时会通过发信息告知面试的具体安排。由于湖南师范大学和南京师范大学的面试时间冲突,经过综合考虑,我决定选择更为稳妥的湖南师范大学。当两场面试时间冲突的时候,我们必须要慎重考虑并作出取舍。

湖南师范大学的面试是在线上进行的。面试主要包括中文自我介绍和自由问答。

例如,老师的提问也很随意,如:"教授古代汉语的老师是谁?"然后根据你的回答进一步提问,要求你介绍你的老师以及你对老师的看法。此外,老师还可能询问为什么选择湖南师范大学。

(8)华南师范大学

华南师范大学的复试通知是通过短信进行的。面试采用线上形式,并且在面试之前会核对身份证、检查机位等。

面试的时间为10~20分钟,包括自我介绍和问答互动。中国古典文献学专业和中国古代文学专业的面试是一起进行的,所以提问的老师可能偏向中国古代文学。提出的问题也很随机,如:介绍戴震在文献学上的贡献;谈一谈对初唐四杰的看法;讲一讲读过哪些版本的《全唐诗》。

5. 最终选择:兰州大学

首先,尽管兰州大学离家较远,但它毕竟是985高校,学校的声誉对于文科专业而言至关重要。其次,我对兰州大学文学院老师的印象非常好,很喜欢他们。最后,在9月29日填报志愿的那天,兰州大学最先向我发送了复试通知和待录取通知,于是在当天中午12点多,我接受了他们的待录取通知。之后,我进一步了解了兰州大学的环境,发现榆中校区虽然位置偏远,但环境宜人,而且有空时还可以游览大西北的风光。趁着年轻,我想多看看外面的世界。

总而言之,选择兰州大学虽有遗憾,但我并不后悔。(当时接到华中师范大学的电话确实让我有些犹豫,但我仍然坚定地选择了兰州大学。)

6. 写给学弟学妹的话

① 保持良好的心态,得之我幸,失之我命。无论面对多么重要的考试,平常心对待通常能取得比严阵以待更好的效果。因此,保持良好的心态显得尤为重要。具体而言,适当降低对结果的期待值,并全身心投入过程中,可以有效缓解紧张的心态,反而可能收获意想不到的成绩。

② 勇于打破舒适圈,遇见全新的自己。在许多抉择面前,人们往往会犹豫不决。这种犹豫实际上是自我意识在舒适圈边缘的试探。如果能在此时克服困难,坚定地采取行动,就能打破舒适圈的限制,并在这一过程中发掘自己的更多潜力。

③ 明确目标并为之奋斗。尽早设定一个长远的目标,并为这个目标在大学期间努力;同时,关注当前的具体目标,一点一滴地进行积累,逐步实现最终目标。此外,尽可能多地掌握各种技能,如英语四六级、计算机能力或教师资格证等,这些技能总会在适当的时候发挥作用。即使中途出现新的目标,但实现每个目标所带来的成就感和积累的经验,将成为你大学生涯中最为宝贵的财富。

道阻且长,行则将至。我们终将上岸,前途万里。

8.8　电子信息经验帖

"双非"学长，常规保研，上岸南开梦导

1. 个人基本信息
- 本科学校：山河四省某"双非"
- 本科专业：电子信息科学与技术
- 本科绩点排名：2/77
- 英语成绩：六级 486，四级 555
- 科研竞赛情况：数学建模全国二等奖、"互联网＋"国铜
- 入营 offer：南开大学电子信息与光学工程学院、东南大学集成电路学院、中山大学微电子学院、华东师范大学集成电路学院、中国科学院微电子所、中国科学院集成电路学院、中国科学院声学所东海站、南京理工大学电子工程与光电学院、天津大学精密仪器与光电子工程学院
- 录取 offer：南开大学电子信息与光学工程学院、东南大学集成电路学院、华东师范大学集成电路学院、天津大学精密仪器与光电子工程学院
- 最终去向：南开大学电子信息与光学工程学院电子信息专硕

2. 前期准备

（1）一些术语的解释

rk：指 rank，通常是指你的 GPA 排名。

title：指院校的档次，大致可以分为清北、华五、中九、末九等，南开大学属于中九中的偏上档次，与武汉大学、中山大学属于同一档次。

bg：指 background，即个人的背景信息。

oq：指 over qualified，意味着大佬报考的院校远低于自己的实际水平。

bar：指门槛，如夏令营所需的硬性条件。例如，有些学校会明确要求"92"（985 和 211 高校，武汉大学和哈尔滨工业大学是其中的优秀代表）。

强 com/弱 com：指 committee，即学院教务的决策权。弱 com 的学校可以通过与导师建立联系（套磁），如果导师考核通过，就可以直接入营或者直接获得 offer，如南开大学和电子科技大学。强 com 的学校则需要通过学院的筛选，导师在录取过程中没有决定权，如中山大学。

wl：指 waiting list，即候补名单。如果在夏令营中入营但面试没有通过，通常会进入 wl，如果处于 wl 的前列，基本上相当于获得优秀营员资格。

（2）硬实力准备

1) 成绩

"双非"或"四非"院校的同学应争取获得专业第一的成绩，rank 1 将带来无限可能。

2) 英语

首先，四级是基本要求，对于新工科专业六级 450 分基本够用（部分学校会要求六级成绩），在准备夏令营期间，可以自行收集一些常考的英语面试问题和英文自我介绍模板。

3) 科研与竞赛准备

科研项目经历：首先，建议提前进入实验室以争取科研成果，如果时间不够，可以通过优化课程设计或论文，甚至复现开源项目来丰富自己的科研经历。

竞赛方面：应争取获得与专业相关的国家级奖项（注：含金量不高的奖项作用不大），奖项的质量远比数量重要，在弱 com 的学校中，这些奖项可以用于与导师建立联系（套磁）。

（3）文书材料

材料名称	说明
照片	白底、蓝底都行
个人简历	提前做好，非必需
套磁信	文书，非必需
成绩单	必需
身份证扫描件	正反面放在一张 PDF 里，必需
学生证扫描件	注册页和信息页必需，必需
奖项/论文证明	必需
个人简述	中英文都要准备，非必需
自我介绍 PPT	大多数情况下面试会用到，必需
推荐信（2 份）	自己拟好，然后找老师签字（建议找老师要一份电子签），非必需
电子签名	要求签字并扫描上传的文件，可以直接使用电子签名，必需
学籍在线验证报告	非必需

3. 夏令营参营情况

(1) 华东师范大学集成电路学院(线下)

华东师范大学与南开大学相似,基本没有传统工科,但华东师范大学的新工科实力不错。华东师范大学从事电信研究的有两个学院,分别是通信学院和物理电子学院,相比之下,通信学院的竞争更为激烈。我参加的是通信学院的集成电路科学与工程夏令营。

华东师范大学的夏令营为期两天,第一天是开营仪式和实验室参观,第二天进行线下面试,住宿费用需自理。7月份的上海真的很热。面试结束后,我和朋友去了隔壁的上海交通大学逛了逛,上交的风景非常美丽,非常羡慕上交的学生,能在这样的环境中学习是人生的幸运。

(2) 南开大学电子信息与光学工程学院(线下)

英语面试比较常规,简历部分主要是项目问答,闲聊则涉及日常话题。南开大学是我国著名的985高校之一(也是周总理的母校),是我的目标院校。南开大学虽然没有传统工科,但与理科相关的新工科实力很强。电子信息是南开大学重点发展的新工科之一,目前发展态势良好。

南开大学的电子科学与光信息技术专业(电光)在通信领域相对较弱。每位导师都会在飞书上发布任务,学生完成后提交给老师,如果老师满意,可能会推荐学生参加夏令营。如果想要全力争取南开大学的机会,甚至可以尝试完成多位老师的任务。南开大学夏令营的入营条件之一是英语六级成绩,因为推免生通常会免除英语课程的学习。

南开大学夏令营为期两天,第一天是开营和参观,第二天进行线下面试,住宿安排在南开校内的四星级宾馆,非常舒适。面试时间大约为30分钟,包括自我介绍、英语问答、项目问答、专业课问答、思政问答和闲聊,整体过程循序渐进,相对轻松。我也顺利获得了优秀营员称号并与老师签订了双选表,这也是我最终的归宿(南开优营本身没有效力,签订双选表才有用)。

另外,南开大学专硕与学硕在培养方案上没有区别,只是不提供宿舍(津南租房也便宜,相当于走读),可以在研二转为学博(这样只颁发博士学位,相当于直博,不同之处在于可以体验科研生活后再做选择)。有深造意向但不想直博的学生也可以选择南开专硕。

(3) 东南大学集成电路学院(线下)

东南大学在电子通信领域是顶尖高校,无论是电子领域还是通信领域都位于全国第一梯队。东南大学电气工程学院偏向器件材料,建议大家报名其集成电路学院和信号与信息学院。我参加的是东南大学集成电路学院的夏令营。

东南大学的夏令营只有一天，住宿费用需自理，面试结束后就可以离开。

面试时间大约为20分钟，包括自我介绍、英语问答、项目问答、专业课问答，英语问答是全英文提问，但难度感觉不大，然后老师会根据简历进行专业课和项目竞赛的问答。最终我获得了等待名单的前列位置，并成功候补，由于前期没有联系导师，最终选择了放弃（在与南开的决定中，东南的专业实力较强，但南开的导师更好）。夏令营结束后，我和一起参加的同专业朋友在南京逛了逛，只觉得天气酷热。

4. 预推免考核情况（天津大学精密仪器与光电子工程学院（线下））

作为天津的"双子星"之一，天津大学（天大）非常低调且务实。在低调的外表下，天大拥有强悍的工科实力，不仅传统工科强劲，天大还是新工科的组长单位。在推免生选拔中，天大被誉为"海王"，部分学院入营较为宽松（包括精密仪器学院和微电子学院），并且入营就能获得合格营员称号（可能是为了防止被大量放弃）。如果面试表现良好，天大会发送协议书，签字后相当于获得了offer。我入营的是天大的精仪学院和微电子学院，但只参加了精仪学院的推免面试。

天津大学的预推免活动只有一天，住宿费用需自理，面试结束后就可以离开。

面试时间大约为10分钟，内容包括自我介绍、英语问答、项目问答，英语问题的难度不大，然后老师会根据简历进行项目竞赛的问答。

面试结束后，我和朋友在天津大学校园内逛了逛，这是一所非常美丽的工科学校，我的朋友最终也选择了在天津大学微电子学院深造。

5. 最终选择

在南开大学的专硕和东南大学的学硕之间，我选择了自己心仪的导师所在的南开大学。6. 写给学弟学妹的话

① 想清楚导师招生的本质。

② 未来还很长，局部最优解的累积未必等于全局最优解。

③ 选择越多，可能失去的也就越多。

④ 无论做出什么选择都可能会后悔，不要去美化未选择的路。如果想做，就直接去做，不要等到完全准备好了才开始。

⑤ 提早规划，想清楚自己真正想要的是什么。

⑥ 预祝大家都能够得偿所愿。此心安处是吾乡。

8.9 医学经验帖

"双非"学姐,排名第一,科研竞赛劣势,因太"老实"意外被拒,
最终预推免上岸梦中情校!

1. 个人基本信息

➢ 本科学校:某 b+"双非"医科大学
➢ 本科专业:临床医学
➢ 成绩排名:1/112
➢ 综合排名:2/112
➢ 英语成绩:六级 529
➢ 个人荣誉:国家励志奖学金、校奖学金、校优秀学生、优秀共青团员等
➢ 入营 offer:天津医科大学总医院、北京协和医学院阜外医院、北京协和医学院北京医院(入营后放弃)、中国医科大学附属第一医院、华中科技大学附属协和医院、北京协和医学院北京医院(预推免)
➢ 录取 offer:中国医科大学附属第一医院、北京协和医学院北京医院
➢ 最终去向:北京协和医学院北京医院

2. 前期准备

(1) 找准定位,补齐短板

成绩、英语、科研是保研的三大要素,其中成绩和英语尤为重要,科研则起到锦上添花的作用。对于保研的同学来说,不必三项都做到极致,但一定要打造出自己的亮点,并确保没有明显的短板,以便给招生导师留下深刻印象。

1) 成绩

成绩是重中之重,也是各大院校筛选入营资格的重要标准。良好的成绩不仅是入营的敲门砖,也能确保后期不必担心能否获得本校的保研名额,因此成绩最好能保持在前5%,对于985院校的学生,可以放宽到前10%。

成绩不佳的同学也不必过分担忧,可以在专业问题上多做准备,保证面试时能有良好的表现,这可以在一定程度上弥补成绩的不足。因为成绩往往只是筛选的一个指标,一旦通过入营门槛,后期的面试表现更为关键。

2) 英语

英语是导师非常看重的一个方面,入营后其在一定程度上比成绩更为重要。

对于医学生而言,如果想要冲刺名校,六级 500 分只是基础,550＋才算不拖后腿,600＋才能算作有优势。因此,低年级的同学应该抽出时间,争取早日将六级成绩提升到 550＋,甚至 600＋。

英语成绩不佳的同学也需确保分数在 500 分以上,避免成为明显的短板,并在英语口语和专业英语方面多下功夫,以流利的口语和扎实的专业英语能力来消除导师对英语能力的顾虑。

3) 科研

科研成果与个人、学校、导师、平台等多种因素相关。如果曾经有发表文章、参与大创比赛或实验室经历,保研时会更具优势。如果没有这些经历,也不必气馁,可以从其他方面来弥补这一空白。面试时,导师更看重的是科研思维的培养。

例如,自学一些科研操作技能如 PCR、Western Blot 等,以及学校安排的综述、实验设计等与科研相关的内容都可以写入简历,以展示良好的学习态度。

需要注意的是,所有写入简历的内容,我们都需要认真准备,以防导师提问。

(2) 专业院校选择

1) 专业和院校

由于医学生对于科室专业的了解通常仅限于书本、老师和见习等途径,除非一开始就有明确的偏好,否则很难做出最终的选择。因此,建议在条件允许的情况下,联系老师去临床科室实习几天,以便更好地感受科室氛围和临床工作。其次,可以采用排除法,先排除掉一定不想去的选项,再结合就业前景和个人兴趣进行选择。

如果并不是特别确定想学某一专业,建议至少保留 2 个专业作为备选,这样既不会耗费过多精力,也会拥有更多选择。因为我一开始就对心内专业感兴趣,经过几天的临床实习后依然觉得非常适合,所以只选择了这一个专业。

我个人认为,专业的重要性大于院校。如果仅仅为了追求名校而选择了不喜欢的专业,那么未来的临床或科研道路可能会变得困难。医学生在选择专业和院校时,可以参考复旦排行榜。

2) 专硕、学硕或直博

对于医学生来说,专硕和学硕之间存在较大差异,主要应根据个人的未来规划来选择。

在专硕的培养模式下,研究生三年需要在临床进行规培,毕业后可以获得四证合一,可以直接就业,也可以继续攻读专博或学博(难度有所不同),进可攻退可守。其缺点在于,繁重的临床工作可能没有太多时间进行学术研究,如果想要兼顾,会非常辛苦,同时也缺乏系统的科研思维培养。

在学硕的培养模式下,研究生三年需要在实验室进行科研工作,相比专硕会有更多的科研产出,在攻读博士和职业晋升方面具有更长远的优势。其缺点是毕业后没有规培证,就业时还需要额外进行两年的规培。由于我在本科期间并没有太多的科研经历,所以我更倾向于选择专硕。

此外,地区对于专硕和学硕的培养也有所影响。总体来说,北方更重视专硕的培养,且转博相对容易;南方则更注重学硕的培养,整体的科研氛围也会更好。

(3) 材料准备

各高校的入营所需材料基本相同,部分学校可能会要求使用规定的模板,但总体上与历年要求的材料基本保持一致。医学生可以在大四的寒假开始准备这些材料,先完成初稿,然后进行后续的修改。以下是需要准备的基本材料列表:

> 个人简历;
> 个人陈述;
> 自我介绍(中英文版,1分钟、3分钟、5分钟不同版本);
> 自我介绍PPT(建议在简历制作完成后、夏令营开始前准备PPT。最好制作1分钟、3分钟、5分钟的不同版本,一个出色的PPT也能给导师留下良好的印象);
> 推荐信2封(推荐人一般为副教授以上职称,北医、天医、首医的部分医院有固定的模板);
> 一寸证件照(红、蓝、白底都要);
> 一个正式的邮箱及联系导师的邮件模板;
> 各类证明材料,如身份证及学生证复印件、学信网学籍在线报告、成绩单及成绩排名证明、英语成绩单、各类获奖证书(包括奖学金、荣誉称号、比赛等)、科研证明(发表的文章、大创项目等)。

可以将以上资料整理到一个文件夹中,以便需要时随时取用。另外,在提交材料时,可以制作一个首页目录,这样既方便导师查看,也能给导师留下良好的印象。

3. 夏令营参营情况

(1) 天津医科大学

天津医科大学的夏令营整体面试流程规范、氛围轻松,总体表现也不错,但最后的结果却出人意料。面试结束后大约两天,老师给我打过电话,询问了我的基本情况,以及我还报考了哪些院校。我如实回答了,现在回想起来,觉得自己当时真是太天真了……我回答之后,电话那头的老师说,那这个学校肯定比我们这里要好啊。因此,当被问到还报考了哪些院校时,可以选择告知一些档次低于该院校的学校,表现出你真的很想去该院校。真诚不等于完全的诚实,过于诚实反而可能适得其反,毕竟每个院校都不想被当作备选。

(2) 北京协和医学院北京医院

考核内容为自我介绍和自由提问。自我介绍(PPT 非必需)要求 3 分钟,内容包括个人学习和工作经历(用英语表述)、科研或临床实践心得、意向专业、自我评价(性格倾向、心理素质、团队合作、特长等)等。结果:顺利入营线下活动,但是与阜外医院的夏令营时间冲突,无奈放弃。

(3) 北京协和医学院阜外医院

采用线下面试方式,不同导师组的要求不同。我所在的导师组要求 3 分钟的中文自我介绍,需要结合 PPT,然后是随机提问。7 月 19 日,导师已经进行了一场线上的面试,面试内容与第二天相同。

面试比较随意,只要求自我介绍,没有其他考核形式。当然,有的导师组会有文献翻译和专业问题等考核。可能因为我的条件确实不够突出,导师对我也不太感兴趣,两次面试都只是做了自我介绍就结束了。感觉导师在面试之前就已经大致确定了人选,面试只是走个形式。虽然能参加阜外的夏令营很开心,待遇也很好,但面试的经历确实让我感到受伤。

回来后,我深刻反思,对 PPT 进行了精修,并加强了英语口语的练习。我之前认为 PPT 只要内容正确就可以,不需要做得太精致。但通过这次夏令营的经历,我意识到如果一开始就不占优势,其他方面又表现平平,那么导师为什么会选择你。因此,我们要尽可能做到最好,才有可能成为导师的选择的对象。

(4) 中国医科大学

采用线上面试方式,每个人的面试时间不超过 20 分钟。

考核内容:自我介绍,中英文结合 PPT,要求都不超过 2 分钟,且内容要互相补充;专业英语,包括英翻中、中翻英,以及用英文介绍高血压的定义;专业知识、科研相关内容。

面试非常正规,考核全面,整体节奏紧凑。由于之前做了充分的准备,从 20 人中脱颖而出,成功获得优营,收获了第一个 offer。

4. 预推免考核情况(北京协和医学院北京医院)

采用线上面试方式,内容包括 2 分钟的自我介绍(中英文均可,可结合 PPT)和 4 分钟的问答环节。

被问到的问题包括:目前有几个 offer?还参加了哪些夏令营?……

> 整体氛围较为轻松,我个人没有遇到专业知识的考察。由于预推免报考的是与夏令营相同的导师,所以内心还是有些忐忑,担心老师不会选择我,但最终我还是获得了 offer,非常感谢老师。
>
> **5. 最终选择**
>
> 我选择了北京协和医学院,协和是许多医学生的梦想院校,我也一样。虽然前期对于医院、科室、排名等问题有所纠结,但最后还是想通了,毕竟只有全能的大佬才能拿到完美的 offer! 我的研究生导师和师姐人都很好,而且我是北方人,老师和同学们也很支持,所以最后决定去北京。
>
> **6. 写给学弟学妹的话**
>
> 保研的过程充满了坎坷和奇遇,每一次失败都可能让人陷入自我怀疑。因此,要提前做好准备,占据有利条件,同时保持自信和乐观的心态,不断从挫折中吸取教训,静待花开。

8.10 家 长 专 访

8.10.1 与孩子做朋友,陪她一起经历保研到浙江大学的过程

经过 6 个多月的保研准备,溪溪从 211 高校成功保研至浙江大学,并获得了重庆大学、华东师范大学、南京大学等多个 offer。这一切,离不开溪溪妈妈的辛勤付出。

1. 与孩子并肩作战

全国每年有十多万学生参加保研,他们中的绝大部分都是各自院系的学习科研佼佼者。这些学生一起向顶尖院校发起冲击,内卷程度和压力之大不言而喻。而父母的支持,无论是金钱物质还是精神鼓励,无疑都是支撑孩子走得更远的关键因素。然而,"目前大部分的家长甚至是准备保研的同学,在决定保研前对保研都知之甚少"。溪溪妈妈注意到了这一点,"这是很多准备保研的同学和家长都会面临的问题"。

与传统的家庭不同,溪溪一家并不遵循"父严子孝"的相处模式:"我们一直有一种要和孩子做朋友的心态。"在生活中,溪溪的父母更倾向于以一种平等的姿态与孩子进行沟通。在保研过程中也是如此,"我们更多的是扮演一个倾听者的角色,帮助孩子作出决策"。或许这也是这位母亲与孩子关系比其他母女关系更加亲密的原因。

在保研的过程中,建立这种"朋友"关系离不开充分的了解:"我觉得需要特别注意的是,

首先要了解自己的孩子,因为在整个保研过程中有很多环节都需要我们和孩子相互沟通,所以了解她是非常重要的。"然而,这份了解并不容易。为了更好地了解孩子的情况,溪溪妈妈付出了很多努力,从学习保研知识、关注招生信息,到帮助孩子进行材料投递、咨询各方以确定候补概率。"这个过程很漫长,我们和孩子在不同程度上都有焦虑的心态。"

对于辅导老师,她也持有同样的理念:"我们与保研岛的老师、班主任都是以交朋友的心态相处,这样交流起来就没有障碍。保研岛辅导的学生也很多,相对而言,我们家长可能更了解孩子的情况,有时候需要帮助孩子向辅导老师说明和反馈一些情况,这样就能在孩子和保研岛之间起到桥梁的作用。"

2. 每个人站在自己的角度,做好自己分内的事情

在"与孩子做朋友"的模式下,溪溪也更加自信、独立和优秀。"报名保研岛全程班是孩子自己提出来的,其实一直是她自己在主导保研过程。我们的教育理念是:每个人站在自己的角度,做好自己分内的事情。比起孩子,家长能够掌握的信息和资源有限,所以很多事情还是依靠孩子自己来判断。"

当孩子提出报班的想法后,溪溪妈妈给予了大力支持。"很多家长不够了解保研和孩子的优势,可能会导致信息差,从而错过适合孩子的院校。"这不是溪溪妈妈愿意看到的结果。

关于选择保研岛的理由,溪溪妈妈进一步解释说:"我们家长面对的只是一个孩子的保研,而保研岛服务于成千上万的孩子。我们只了解自己的孩子,但是不了解其他孩子或与我们孩子水平相当的孩子是如何准备的,以及他们最终取得了怎样的成绩。保研岛能提供丰富的经验和参考案例,帮助我们最大限度地减少信息差,做出更明智的决策。这是保研岛的魅力所在,也是我们选择它的理由。这样一来,我们家长的任务就相对较少,主要承担辅助工作,而孩子本身和保研岛提供的帮助则成为主力。"

3. 搭把手,适当减轻孩子负担

在溪溪报名保研岛之后,老师们为她制定了详细的定位规划,并制定了院校投递计划表,对文书材料进行了修改和润色,并安排了每周的真题模拟演练……这样,忙碌而充实的保研之旅就此展开。

在这个过程中,溪溪妈妈逐渐熟悉了许多保研的技巧和流程,并开始承担起越来越多的申请工作:"最初孩子几乎是独立负责所有事宜,但随着申请的院校增多,时间变得紧迫,我们家长开始参与一些申报工作,包括准备申报材料、资料的排版和打印等,尽可能地帮助孩子节省准备和复习的时间。"

随着对保研流程的深入了解,溪溪妈妈更加感受到孩子心中的压力和焦虑。"我们在保研过程中遇到的最大挑战是整个流程的漫长,从申请院校到准备面试,一直到最终的结果出炉,这个过程让我们和孩子都感到焦虑。"

面对这种情况,溪溪妈妈积极寻找解决方法:"一方面,我们家长之间相互沟通,认为必

须做好辅助工作;另一方面,作为家长,最重要的是陪伴和鼓励孩子,与孩子多沟通。同时,保研岛的顾问老师也非常关心孩子的情绪,遇到挫折时,老师们都会给予安慰,并根据实际情况调整任务,以增强孩子的信心。"

最后,溪溪妈妈再次强调:"我们应该相信自己,同时也要相信保研岛的老师们能够为孩子提供妥善的安排和专业的支持。"

4. 写在最后

保研,被许多家长和学生视为不亚于另一次高考的挑战。无论是家长还是孩子,想要深入了解保研流程,都需要进行大量的信息搜集。在很多时候,保研的过程就像是"大海捞针",孩子们不仅要搜寻全国各地多个学校的相关信息,还需要根据多方面的信息制定出科学合理的投递方案,更要投入大量时间和精力准备各种考核;每一步都充满了挑战。

溪溪是幸运的。在保研这一关键阶段,她的父母积极参与进来,全力支持她,帮助她从211高校成功逆袭到浙江大学。还有更多的父母,他们即将目睹自己的孩子踏上保研的竞技场。希望每一位家长都能像溪溪妈妈一样,所有的关心和努力都不会白费;也希望每一位孩子的保研梦想都能实现,结出丰硕的果实!

8.10.2 从未了解过的中国科学院,孩子居然上岸了

超出预期地进入中国科学院,小龙以及他的父母都感到如释重负。

1. 帮助孩子上岸的三个阶段

小龙爸爸将帮助孩子保研的过程分为了三个阶段。

(1) 尽早树立目标,提前站上起跑线

"第一个阶段就是他刚上大学的时候,我们跟他就商量了保研这件事,及早地确立了保研的目标,我觉得这是很关键的一步。因为孩子们在高考之后往往就会放松。刚上大一,学习方面也会比较松懈。而我们作为家长,也作为成人,对于社会的趋势和发展,考虑得比孩子要多一些,所以就跟他共同商量大学的长期规划,一起去树立保研的目标。"

所以,大学刚开始,当大家都在享受大学生活,认为已经从高考的樊笼中挣脱出来时,小龙依旧没有放松,保持着认真学习的态度,努力提高各科的成绩。

小龙爸爸也认为,大学一开始就不松懈,那竞争的优势在头一年就能够体现出来了。

(2) 处理信息量过载

小龙爸爸相较于其他家长有其独特的优势,孩子主修的是计算机专业,而他本人也从事相关行业。因此,他能够帮助孩子将自己了解的学校和学科进行排名,以减少孩子在选择时所需的筛选时间:"我对该行业有较为深入的了解,因此在保研初期,我并没有考虑寻求外部帮助,而是打算自己来协助完成这一过程。"

但即便是作为拥有专业优势的家长,他也承认个人的能力是有限的:"人在未知面前往往无畏。经过深入分析,我意识到信息量不断增加,许多内容超出了我的知识范围。例如,涉及计算机专业的学院众多,如网络学院、软件学院、人工智能学院、科技学院等,数量繁多,更不用说每个学院内部还有细分的专业方向。另一方面,除了大学及其学院,还有许多大学附属的研究机构,包括那些不属于大学的研究所。对这些,我在初期是完全没有了解的。"

小龙爸爸因此事连续两晚都未能安睡,一直思考着如何处理这个问题:"我希望通过自己的努力为孩子取得一个好结果,或者为他提供更多的机会,但我个人的力量有限,无法完全胜任。因此,我认为专业的事情应该交给专业的人来做。我了解到有专门提供保研咨询服务的机构,将这一任务委托给他们,可能会比我自己做得更好。"

(3) 不一味地顺从孩子的意愿,而是以过来人的经验做出明智的决定

在一般情况下,孩子们会提前去考察选择机构,而父母通常要么同意孩子的决定,要么帮助孩子作出选择。但小龙爸爸的做法却与这种普遍情况相反。

他在聊到第三个阶段的时候说:"我想这最后一步应该是我做出的最正确的一个决定。随着我对保研情况的深入了解,我意识到有专门提供保研咨询服务的机构存在。最初,我也向其他机构进行了咨询,但在交流过程中发现,他们无法清晰地回答我的许多问题,或者不能提供我期望的解决方案。在与保研岛的学长沟通时,我直观地感受到保研岛团队提供的信息既系统又全面,正好能够解决我所面临的难题。经过比较,我最终选择保研岛咨询团队为我们提供帮助。"

"然而,当我和孩子商量此事时,他其实并不太赞同,认为没有必要进行这样的投资。但我考虑得更周全,再三与他讨论并劝说他。我深信,在孩子人生中的这个关键时期,如果有可利用的资源,就必须充分利用,以免错过任何可能让自己后悔的机会。经过深思熟虑,我们最终决定将此事定下来。"

2. 无法与孩子感同身受,如何解决?

(1) 压力不可避免

保研的学生们普遍处于焦虑中。尤其是在大三这个阶段,他们不仅要应对本科的各项考试,保持优秀的成绩排名,同时还要分配精力准备保研相关事宜。他们既担心成绩被其他同学超越,又忧虑心仪的院校无法入营,还害怕错过学校各种重要的时间节点。这样的压力可想而知。

面对小龙承受的这些压力,小龙爸爸也细心地察觉到了:"我是在与孩子通电话的过程中发现的。首先是我孩子的排名并不突出,他担心其他同学在最后阶段发力超过自己,这给他带来了巨大的心理压力。其次,为了完善自己的简历,他还要参加各种竞赛,同时还要撰写论文和进行科研工作。这样一来,所有的任务都堆积到一起,使他的压力变得特别大。"

自己能否帮到孩子? 如何帮助? 小龙爸爸对此有着明确的认识:"作为家长,我们在许

多具体事务上无法提供实质性的帮助。面对孩子的心理状况,我们所能做的就是倾听。通过倾听,为孩子提供一个倾诉的渠道,这样他在情绪上可能会得到一定的宣泄,从而缓解精神上的紧张。"

由于没有与其他家长交流过,不清楚他们是如何处理的。但就自己而言,小龙爸爸表示:"时间管理是另一个可以帮助孩子的方面。当孩子面临多重任务时,如果能够更科学地安排时间,就能有效地分散压力。考虑到孩子本身经验有限,作为家长,我想知道我能如何帮助我的孩子。最终,我决定将这个任务交给保研岛。因为这不是我的专长,还是那句话,专业的事务应该由专业人士来做,这是最佳的选择。"

(2) 注意和孩子沟通的方式

对于处在相同困境的其他家长,小龙爸爸提出建议:"首先,由于家长们在这段时间也可能处于情绪紧张的状态,重要的是避免将自己的压力传递给孩子。其次,如同之前提到的,关键是帮助孩子找到解决问题的方法。例如,孩子可能会担心如何选择合适的夏令营,学校的面试有哪些特点,是否需要主动联系心仪学校的导师等问题。这些正是像保研岛这样的专业咨询机构可以提供帮助的地方。一旦这些问题得到妥善解决,孩子的实际压力自然就会减轻。"

3. 家长对保研的盲区

在讨论家长对保研可能存在的误区时,小龙爸爸深有感触地说:"我最初对保研的理解就是认为只要学习成绩好、排名靠前就能顺利保研。所以,在前期与孩子沟通时,我主要强调了绩点的重要性。至于竞赛和科研,我当时并没有意识到它们的重要性。然而,真正开始投递申请时,我发现原来绩点只是最基本的要求,尤其是顶尖学校,同样会重视学生的竞赛成果和科研潜力,考查你是否具备从事科研工作的潜质。"

小龙爸爸还提到:"像中国科学院这样的机构,尽管没有985、211的名号,但其科研实力却不容小觑,而我们之前对此了解甚少。比如我的孩子,虽然在绩点和排名上并不突出,但他最大的优势是拥有一篇SCI论文。保研岛团队发现了这一点,并成功对接上了中国科学院所重视的科研方面。最终取得了一个令人满意的结果,这真是一个扭转局面的过程。如果只依靠我自己,可能就会让孩子错过这个宝贵的机会。"

4. 保研中,孩子最缺的是什么?

聊到对保研岛全程班的评价时,小龙爸爸言简意赅地用四个字概括:"信息、信心。"这也正是保研过程中孩子最需要的两个方面。

(1) 信息的全面掌握,使得在保研竞争中领先一步

小龙爸爸提到了之前的讨论,对于一些知名度不高但非常适合孩子的院校,家长很难了解到,而专业机构则不同:"保研岛整合了国内当前的保研形势和院校信息,包括学校新开设的专业方向、新成立的研究机构等,这些对于孩子来说都至关重要。因为在现今社会,信息

就是竞争力,一条及时的信息往往能减轻孩子的竞争压力。就像我们之前谈到的中国科学院体系,实际上一些顶尖的研究所录取难度不亚于清华大学、北京大学。这是我们获得的一个非常关键的信息。在整个保研过程中,老师也会及时提醒各个院校的重要时间节点。由于许多学校的通知都发布在官网上,除非一直盯着,否则我们很难第一时间获取到这些信息。"

"我觉得保研岛的资源真的很丰富,基本上我们想要获取的资料,这里都能提供。由于资料太多,我们没有时间去仔细研究,保研岛能够精准地提炼出我们需要的内容,信息非常全面。"

谈到细节,小龙爸爸举了一个简单的例子:"在保研过程中,即便是填写一张表格,如果遇到不懂的地方,我们可以随时在群里与学长沟通,他们也会及时给予反馈。包括在最后阶段,我们对一位中国科学院导师的专业方向不太确定,而且需要立即通过微信回复该导师。我们就迅速咨询了全程班的班主任,很快得到了反馈,确认该专业方向是不错的,可以去联系。这样我们才及时与这位导师取得了联系。"

(2)拥有信心就成功了一大半

小龙自己也感觉到,在保研岛精心安排的课程任务下,他的信心得到了显著提升。尽管他的成绩排名稍有落后,但通过保研岛制定的应对策略,他学会了如何取长补短。

"保研岛能够提供的专业咨询服务得益于那些经历过相同过程的学长。例如,当我们去参加某个学校的面试时,他们就会利用这些资源,安排小龙进行反复的模拟面试。这让孩子感到最大的收获就是每次面试都充满信心。因为在此之前他已经经历了无数次这样的模拟面试,这使他在正式面试前就熟悉了整个流程,心理上做好了充分准备。而且,通过这些模拟面试,他能发现自己的弱点并加以改进。即使遇到答不上的问题,他也不会因紧张而影响自己的正常表现。"

5. 写在最后

在讨论教育孩子的话题时,小龙爸爸虽未展开太多,但他向其他处于相似境况的家长提出了建议:"对于正在准备保研的孩子来说,信息和信心至关重要。如果能够掌握这两点,许多事情自然而然就不需过度担忧了。保研过程是一个环环相扣的连续体,缺少任何一个环节都不可行,因此每一环都应该给予足够的重视。"

附录 A 《全国普通高等学校推荐优秀应届本科毕业生免试攻读硕士学位研究生工作管理办法(试行)》

全国普通高等学校推荐优秀应届本科毕业生
免试攻读硕士学位研究生工作管理办法(试行)

教学〔2006〕14号

各省、自治区、直辖市教育厅(教委)、高等学校招生委员会,有关高等学校,有关研究生招生单位:

普通高等学校推荐优秀应届本科毕业生免试攻读硕士学位研究生(以下简称推免生)制度,是我国硕士研究生招生制度的重要组成部分,是激励广大在校学生勤奋学习、全面发展的有效措施。做好这项工作对于深化研究生招生制度改革,加大拔尖创新人才选拔培养力度,推动高等学校全面实施素质教育具有重要的意义。为加强对推免生工作的管理,促进推免生工作的规范化和制度化,维护全国硕士研究生招生工作秩序,特制定《全国普通高等学校推荐优秀应届本科毕业生免试攻读硕士学位研究生工作管理办法(试行)》(以下简称《办法》),现印发给你们,并就有关事项通知如下:

一、加强对推免生工作的领导和管理。进行推免生工作的高等学校,要成立由校领导牵头的推免生遴选工作领导小组,除教务部门、研究生招生部门外,还应有公正、廉洁并有一定学术水平的教师代表参加。要定期检查、监督和指导推免生工作,并加强对推免生工作所涉及的各个职能部门的协调,保证推免生工作的顺利进行。各招生单位研究生招生领导小组也要加强对接收推免生工作的领导和统筹管理。

二、建立、健全推免生工作规章制度。各招生单位要按照《办法》的规定,在充分研究、集体决策的基础上,制订本单位具体实施办法。实施办法中应包括科学、全面、严谨的推免生评价体系,严格的工作程序和细致的工作方案。所有办法、标准、程序和结果都要公开透明,严防不正之风对推免生工作的干扰。

三、坚持公平公正,加强对特殊才能人才的选拔。推免生工作要坚持公开、公平、公正原则,在对考生进行全面考查的基础上,实行择优选拔。同时对有特殊学术专长者或具有突出培养潜质者,可不拘一格加以选拔,但必须严格做到程序透明,操作规范,结果公开。

四、实行有进有出的动态管理机制。高等学校可否进行推免生工作直接取决于高等学校研究生招生管理水平、本科教学质量以及办学行为是否规范。对管理不力、工作薄弱,甚至有违规违纪行为的学校,将予以通报,并视情况减少名额甚至暂停其开展推免生工作。

实施中如有问题或建议,请及时反馈我部高校学生司。

附件:全国普通高等学校推荐优秀应届本科毕业生免试攻读硕士学位研究生工作管理办法(试行)

中华人民共和国教育部
二〇〇六年七月十二日

全国普通高等学校推荐优秀应届本科毕业生免试攻读硕士学位研究生工作管理办法(试行)

第一章 总 则

第一条 为促进普通高等学校推荐优秀应届本科毕业生免试攻读硕士学位研究生(以下简称推免生)工作的健康发展,进一步提高招生工作质量,加大拔尖创新人才选拔培养力度,引导高等学校全面实施素质教育,制定本办法。

第二条 全国普通高等学校和研究机构(以下统称为招生单位)进行推荐、接收推免生的工作,均适用本办法。

第三条 本办法所称免试,是指普通高校应届本科毕业生不必经过全国硕士研究生入学统一考试的初试,直接进入复试;本办法所称推荐是指普通高等学校按规定对本校优秀应届本科毕业生进行遴选,确认其免初试资格并向招生单位推荐;本办法所称接收,是指招生单位对报考本单位的具有免初试资格的考生进行的复试和录取。

第四条 推免生工作是全国硕士研究生招生工作的重要组成部分,是研究生招生制度改革的重要内容,是激励高校在校学生勤奋学习、积极创新、全面发展的有效措施,是提高研究生选拔质量,培养拔尖创新人才的重要保证。

第五条 推免生工作应做到公开、公正、公平。推荐学校和接收单位均应制订科学、规范、明确的推荐标准、接收标准及公开透明的工作程序。

第六条 进行推荐和接收工作,应坚持德、智、体全面衡量、择优选拔。在对考生平时学习和科研能力综合测评基础上,突出对考生创新精神、创新能力和专业能力倾向等的考查。

第七条 提倡优势互补、加强交流,鼓励推免生在不同地区间、招生单位间及不同学科间的交流。

第八条 教育部负责全国高等学校推免生工作的宏观管理,制订全国普通高等学校推免生工作管理办法,规定开展推荐工作的高等学校的标准和条件;遴选专家组成推免生工作专家委员会,对高等学校是否可以开展推荐工作进行评议;公布可开展推荐工作的学校名单和年度推荐名额。

省、自治区、直辖市研究生招生工作部门具体负责本行政区域内高等学校推免生的管理和监督工作。

开展推荐工作的高等学校,应成立由校领导牵头,各有关职能部门负责人及专家教授代表等组成的推免生遴选工作领导小组,负责本校推荐工作;校内院(系)应成立由有关负责人和教师代表组成的推荐工作小组,具体实施本单位推荐工作。

各招生单位的招生领导小组负责推免生的接收工作。

第九条 教育部对年度推免生规模实行总量控制。

第二章 推 荐

第十条 开展推荐工作的高等学校应具备以下条件:

(一) 教学质量优秀。

(二) 具有经国务院学位委员会批准的博士学位授予权;或具有经国务院学位委员会批准的硕士学位授予权,且独立招收硕士研究生连续15年(体育、艺术院校连续6年)以上。

(三) 招生工作秩序良好。

(四) 办学行为规范。

第十一条 高等学校认为本校符合第十条规定的条件,可以向学校所在地省级研究生招生主管部门提出进行推免生工作的申请。省级主管部门核实并遴选后转报教育部,教育部组织推免生工作专家委员会评议后,向社会公示。公示后无异议的,由教育部通知并公布开展推荐工作的高等学校名单。

第十二条 教育部按照以下原则确定高等学校推免生名额:

(一) 教育部批准设立研究生院的高等学校一般按应届本科毕业生数的15%左右确定。

（二）未设立研究生院的"211工程"建设高等学校一般按应届本科毕业生数的5%左右确定。

（三）其他高等学校一般按应届本科毕业生数的2%确定，其中初次开展推荐工作的高等学校，前3年每年一般按应届本科毕业生数的1%确定。

（四）经教育部确定的人文、理科等人才培养基地的高等学校，按教育部批准的基地班招生人数的50%左右，单独增加推免生名额，由学校统筹安排。

（五）对国家发展急需的专业适当增加推免生名额。

教育部可根据研究生教育改革与发展的形势，对上述比例做适当调整。

第十三条 高等学校不得将推免生名额跨学校使用，不得以推免生工作为由进行本硕连读培养和宣传。截至教育部规定时间后，被确定的推免生如果无招生单位接收或本人放弃，则该生推免生资格作废，名额不得转让。

第十四条 高等学校从具备下列条件的学生中择优遴选推免生：

（一）纳入国家普通本科招生计划录取的应届毕业生（不含专升本、第二学士学位、独立学院学生）。

（二）具有高尚的爱国主义情操和集体主义精神，社会主义信念坚定，社会责任感强，遵纪守法，积极向上，身心健康。

（三）勤奋学习，刻苦钻研，成绩优秀；学术研究兴趣浓厚，有较强的创新意识、创新能力和专业能力倾向。

（四）诚实守信，学风端正，无任何考试作弊和剽窃他人学术成果记录。

（五）品行表现优良，无任何违法违纪受处分记录。

（六）对有特殊学术专长或具有突出培养潜质者，经三名以上本校本专业教授联名推荐，经学校推免生遴选工作领导小组严格审查，可不受综合排名限制，但学生有关说明材料和教授推荐信要进行公示。

（七）在制定综合评价体系时，可对文艺、体育及社会工作特长等因素予以适当考虑。但具备这些特长者必须参加综合排名，不得单列。

高等学校可按上述要求制订推免生的具体条件，但应符合法律、行政法规、规章和国家政策。

第十五条 推荐工作须完成以下程序：

（一）学校按照本办法的原则和规定，制订年度推荐工作实施办法，于推荐工作启动前在校内各院（系）公布。

（二）符合申请条件的学生，可向学校提交申请，填写《普通高等学校推荐免试攻读硕士学位研究生资格申请表》，并提交相应证明材料。

(三) 学校按照规定进行综合测评,择优确定初选名单。

(四) 通过初选的学生,要填写教育部统一制定格式的《全国推荐免试攻读硕士学位研究生登记表》(见附表,以下简称《推免生登记表》),经院(系)推荐工作小组审核盖章后,报本校推免生遴选工作领导小组审定。

(五) 学校将审定的名单在各院(系)和校内网站公示,公示期不少于7天。对有异议的学生,学校要查明情况,公布处理结果。如无异议,由学校报省级招办备案。未经公示的推免生资格无效。

(六) 省级招办按照有关规定核查《推免生登记表》,并加盖公章。

通过上述程序的学生即取得推免生的资格。

第三章 接 收

第十六条 招生单位拟接收推免生数量应通过专业目录向社会公布,各招生专业一般均应留出一定名额招收统考生。

第十七条 设有研究生院的高等学校接收本校推免生的人数,不得超过本校推免生总数的65%,其中地处西部省份或军工、矿业、石油、地质、农林等特殊类型的高等学校,上述比例可适当放宽,但不得超过75%。

第十八条 招生单位接收推免生按照以下程序进行:

(一) 招生单位在网上公布接收推免生的具体要求和预计人数。

(二) 具有推免生资格的考生,向报考的招生单位提交《推免生登记表》及有关材料。

(三) 招生单位对推免生申请者的材料进行审查、评议,确定复试名单,在招生单位规定时间内,向申请者发出复试或不予接收复试的通知。

(四) 招生单位对推免生申请者进行复试。经复试后确定拟录取名单,并公示7天以上,无异议的由招生单位通知该考生。

招生单位应制订对推免生申请者的复试办法,规范程序和复试内容。

第十九条 具有推免生资格的考生被录取后仍须参加全国硕士研究生招生考试网上报名,并按规定及时到指定报考点予以现场确认。

第二十条 超过教育部规定时限接收推免生的无效。

没有《推免生登记表》的申请者不得受理其申请。未经复试的申请者不得录取。

入学前未取得学士学位或本科毕业证书,或受到处分的,取消录取资格。

第四章 管理与监督

第二十一条 推荐及接收单位应加强管理,完善监督制度。涉及推免生工作的原则、方法、程序和结果等重要事项都应认真研究,集体决策。

第二十二条 推荐及接收单位应将推免生政策规定、有关推免生资格、招收推免生名额、录取信息、考生咨询及申诉渠道等进行公开。

第二十三条 高等学校应当将推免生工作中学生的申诉,纳入校内申诉渠道。

第二十四条 有关主管部门应当加强对高等学校推免生工作的管理与监督。

第二十五条 对在申请推免生过程中弄虚作假的学生,一经发现,即取消推免生资格,对已录取者取消录取资格和学籍,由推荐单位按学生管理规定进行相应处理。

第二十六条 推荐及接收单位未按本办法实施的,由有关主管部门给予通报批评、减少推免生名额处理;情节严重者,给予停止该单位进行推免生工作的处理,并对直接主管人员和直接责任人员追究责任。违反《教育法》、《高等教育法》、《中华人民共和国学位条例》等以及其他法律法规的,依法严肃处理。

第二十七条 本办法自公布之日起试行。此前教育部印发的有关推荐和招收免试攻读硕士学位研究生的文件,与本办法不一致的,以本办法为准。

附录 B 《教育部办公厅关于进一步完善推荐优秀应届本科毕业生免试攻读研究生工作办法的通知》

教育部办公厅关于进一步完善推荐优秀应届本科毕业生
免试攻读研究生工作办法的通知

教学厅〔2014〕5 号

各省、自治区、直辖市教育厅（教委）、高等学校招生委员会，有关部门（单位）教育司（局），各研究生招生单位：

推荐优秀应届本科毕业生免试攻读研究生（以下简称推免）是研究生多元招生体系的重要组成部分，是加强拔尖创新人才选拔、提高研究生招生质量的重要举措。2006 年以来，教育部先后印发了《全国普通高等学校推荐优秀应届本科毕业生免试攻读硕士学位研究生工作管理办法（试行）》和《教育部办公厅关于进一步加强推荐优秀应届本科毕业生免试攻读研究生工作的通知》（教学厅〔2013〕8 号），推动相关工作制度化、规范化和科学化。为进一步推动招生单位（推荐高校）科学规范选拔、择优录取，保障考生自主报考权利，维护公平竞争环境，促进招生单位提高招生质量和办学水平，现就推免工作有关要求通知如下：

一、进一步加强推免生遴选工作

各推荐高校要坚持以提高选拔质量为核心，完善全面考查、综合评价、择优选拔的推免生评价体系和工作机制，突出能力考查，注重一贯表现，强化对考生科研创新潜质和专业能力倾向的考核。要进一步规范推免生遴选工作，相关工作要在学校推免生遴选工作领导小组的统一领导下进行，院系要成立推免生遴选工作小组，落实集体议事和集体决策制度。学校和院系推免生遴选办法均要严格遵守本通知及其他相关文件确定的推免政策和管理规定，广泛征求师生意见，与推免名额一并提前公布并严格执行。

二、切实保障考生自主报考

所有推免生均享有依据招生政策自主选择报考招生单位和专业的权利，所有推免名额(除有特殊政策要求的专项计划外),均可向其他招生单位推荐。推荐高校要充分尊重并维护考生自主选择志愿的权利,不得将报考本校作为遴选推免生的条件,也不得以任何其他形式限制推免生自主报考。

三、维护招生单位公平竞争、科学选拔

2014年起,教育部下达推免名额时不再区分学术学位和专业学位,不再设置留校限额。推荐高校也不得对本校推免名额限制学术学位与专业学位报考类型,不得自行设置留校限额或名额。

四、大力推进信息公开

各有关单位要认真落实《教育部关于进一步推进高校招生信息公开工作的通知》(教学函〔2013〕9号)和年度研究生招生文件精神,做好推免名额、推荐办法、推免生名单(含姓名、院系、综合测评成绩等)、复试录取办法、拟录取推免生名单(含姓名、复试成绩等)、咨询申诉渠道等推免招生重要信息的公示公开工作。省级教育行政部门、教育招生考试管理机构要加强对本地区推荐高校和接收单位推免信息公开工作的指导和监督。

五、调整优化工作程序

2014年起,推荐、接收工作在时间上分为互不交叉的两个阶段。推荐工作统一于每年的9月25日前结束,推荐工作结束后启动接收录取工作,接收录取工作统一于每年的10月25日前结束。推荐阶段招生单位不得进行与考生签订接收录取协议等接收阶段工作,接收阶段不得开展推荐工作。

六、健全运行机制和管理模式

教育部建立"全国推荐优秀应届本科毕业生免试攻读研究生信息公开暨管理服务系统"(以下简称"推免服务系统",网址:http://yz.chsi.com.cn/tm,开通时间另行公告),作为推免工作统一的信息备案公开平台和网上报考录取系统。推免生(含推免硕士生和直博生)资格审核确认、报考、录取以及备案公开等相关工作均须通过"推免服务系统"进行。

各推荐高校应在推荐阶段通过"推免服务系统",将推荐办法,以及按照推免名额遴选并公示的推免生名单,报省级教育招生考试管理机构进行政策审核,并按要求向教育部备案。备案截止后,不再进行补充备案。最终推免生名单以"推免服务系统"备案信息为准,未经推荐高校公示及"推免服务系统"备案的推免生无效。

各招生单位应通过"推免服务系统"向社会公开招收推免生章程和专业目录,并在接收阶段发放复试及待录取通知。招生单位要将招收推免生章程、专业目录以及经过公示的拟录取推免生名单报省级教育招生考试管理机构进行政策审核后,按要求向教育部备案。最终推免生录取名单及新生学籍注册均以"推免服务系统"备案信息为准。未经招生单位公示及"推免服务系统"备案的考生不得录取。

推免生可通过"推免服务系统"查询招生单位的招收推免生章程和专业目录，填写报考志愿，接收并确认招生单位的复试及待录取通知。"推免服务系统"保障推免生自主报考，考生在规定时间内可自主多次平行报考多个招生单位及专业。

七、加强规范管理

推荐高校和招生单位分别是推荐工作和接收工作的责任主体单位，开展推免工作要切实遵守推免政策，严格按名额推荐，规范工作程序。凡违反政策开展的推荐或录取工作，以及进行的相关承诺，一律无效。

省级教育行政部门、教育招生考试管理机构要切实发挥监管职能，加强对本地区推免工作及信息公开工作的指导和监督，推动相关单位进一步规范推免工作，提高推免招生选拔质量。

严格贯彻落实《普通高等学校招生违规行为处理暂行办法》（教育部令第36号），对未按相关政策要求开展推免工作的，按照招生违规行为的相关处理规定对招生单位进行严肃处理，并追究直接责任人员的责任，造成严重后果和恶劣影响的，还将按规定对有关责任人实行问责。

教育部办公厅
2014年7月25日

附录 C 985、211 高校以及"双一流"建设高校与学科名单

985、211 高校一览

北京市

985 大学(8 所):北京大学、清华大学、北京师范大学、中国人民大学、北京航空航天大学、北京理工大学、中国农业大学、中央民族大学

211 大学(26 所):北京大学、清华大学、北京师范大学、中国人民大学、北京航空航天大学、北京理工大学、中国农业大学、北京科技大学、北京交通大学、北京邮电大学、北京外国语大学、中国政法大学、北京化工大学、北京工业大学、中国石油大学(北京)、中国传媒大学、中央民族大学、北京林业大学、对外经济贸易大学、北京中医药大学、中央财经大学、北京体育大学、中国矿业大学(北京)、中国地质大学(北京)、华北电力大学(北京)、中央音乐学院

安徽省

985 大学(1 所):中国科学技术大学

211 大学(3 所):中国科学技术大学、合肥工业大学、安徽大学

四川省

985 大学(2 所):四川大学、电子科技大学

211 大学(5 所):四川大学、电子科技大学、西南财经大学、四川农业大学、西南交通大学

福建省

985 大学(1 所):厦门大学

211 大学(2 所):厦门大学、福州大学

甘肃省

985 大学(1 所)：兰州大学

211 大学(1 所)：兰州大学

广东省

985 大学(2 所)：中山大学、华南理工大学

211 大学(4 所)：中山大学、华南理工大学、暨南大学、华南师范大学

广西壮族自治区

985 大学(0 所)

211 大学(1 所)：广西大学

贵州省

985 大学(0 所)

211 大学(1 所)：贵州大学

海南省

985 大学(0 所)

211 大学(1 所)：海南大学

河北省

985 大学(0 所)

211 大学(0 所)

河南省

985 大学(0 所)

211 大学(1 所)：郑州大学

黑龙江省

985 大学(1 所)：哈尔滨工业大学

211 大学(4 所)：哈尔滨工业大学、哈尔滨工程大学、东北林业大学、东北农业大学

湖北省

985 大学(2 所):华中科技大学、武汉大学

211 大学(7 所):华中科技大学、武汉大学、武汉理工大学、华中师范大学、华中农业大学、中南财经政法大学、中国地质大学(武汉)

湖南省

985 大学(3 所):国防科技大学、中南大学、湖南大学

211 大学(4 所):国防科技大学、中南大学、湖南大学、湖南师范大学

吉林省

985 大学(1 所):吉林大学

211 大学(3 所):吉林大学、东北师范大学、延边大学

江苏省

985 大学(2 所):南京大学、东南大学

211 大学(11 所):南京大学、东南大学、河海大学、南京理工大学、南京农业大学、南京师范大学、苏州大学、南京航空航天大学、中国矿业大学(徐州)、江南大学、中国药科大学

江西省

985 大学(0 所)

211 大学(1 所):南昌大学

辽宁省

985 大学(2 所):大连理工大学、东北大学

211 大学(4 所):大连理工大学、东北大学、辽宁大学、大连海事大学

内蒙古自治区

985 大学(0 所)

211 大学(1 所):内蒙古大学

宁夏回族自治区

985 大学(0 所)

211 大学(1 所):宁夏大学

青海省

985 大学(0 所)

211 大学(1 所):青海大学

山东省

985 大学(2 所):山东大学、中国海洋大学

211 大学(3 所):山东大学、中国海洋大学、中国石油大学(华东)

山西省

985 大学(0 所)

211 大学(1 所):太原理工大学

陕西省

985 大学(3 所):西安交通大学、西北工业大学、西北农林科技大学

211 大学(8 所):西安交通大学、西北工业大学、西北农林科技大学、西北大学、西安电子科技大学、陕西师范大学、空军军医大学、长安大学

上海市

985 大学(4 所):上海交通大学、复旦大学、同济大学、华东师范大学

211 大学(10 所):上海交通大学、复旦大学、同济大学、华东师范大学、华东理工大学、上海财经大学、上海大学、东华大学、海军军医大学、上海外国语大学

天津市

985 大学(1 所):天津大学、南开大学

211 大学(4 所):天津大学、南开大学、天津医科大学、河北工业大学

西藏自治区

985大学(0所)

211大学(1所):西藏大学

云南省

985大学(0所)

211大学(1所):云南大学

新疆维吾尔自治区

985大学(0所)

211大学(2所):新疆大学、石河子大学

浙江省

985大学(1所):浙江大学

211大学(1所):浙江大学

重庆市

985大学(1所):重庆大学

211大学(2所):重庆大学、西南大学

注:高校分校区未列入各省份。如东北大学秦皇岛分校、华北电力大学(保定)为分校区,暂未列入河北省。

第二轮"双一流"建设高校及建设学科

(按学校代码排序)

北京大学:(自主确定建设学科并自行公布)

中国人民大学:哲学、理论经济学、应用经济学、法学、政治学、社会学、马克思主义理论、新闻传播学、中国史、统计学、工商管理、农林经济管理、公共管理、图书情报与档案管理

清华大学:(自主确定建设学科并自行公布)

北京交通大学:系统科学

北京工业大学:土木工程

北京航空航天大学：力学、仪器科学与技术、材料科学与工程、控制科学与工程、计算机科学与技术、交通运输工程、航空宇航科学与技术、软件工程

北京理工大学：物理学、材料科学与工程、控制科学与工程、兵器科学与技术

北京科技大学：科学技术史、材料科学与工程、冶金工程、矿业工程

北京化工大学：化学工程与技术

北京邮电大学：信息与通信工程、计算机科学与技术

中国农业大学：生物学、农业工程、食品科学与工程、作物学、农业资源与环境、植物保护、畜牧学、兽医学、草学

北京林业大学：风景园林学、林学

北京协和医学院：生物学、生物医学工程、临床医学、公共卫生与预防医学、药学

北京中医药大学：中医学、中西医结合、中药学

北京师范大学：哲学、教育学、心理学、中国语言文学、外国语言文学、中国史、数学、地理学、系统科学、生态学、环境科学与工程、戏剧与影视学

首都师范大学：数学

北京外国语大学：外国语言文学

中国传媒大学：新闻传播学、戏剧与影视学

中央财经大学：应用经济学

对外经济贸易大学：应用经济学

外交学院：政治学

中国人民公安大学：公安学

北京体育大学：体育学

中央音乐学院：音乐与舞蹈学

中国音乐学院：音乐与舞蹈学

中央美术学院：美术学、设计学

中央戏剧学院：戏剧与影视学

中央民族大学：民族学

中国政法大学：法学

南开大学：应用经济学、世界史、数学、化学、统计学、材料科学与工程

天津大学：化学、材料科学与工程、动力工程及工程热物理、化学工程与技术、管理科学与工程

天津工业大学：纺织科学与工程

天津医科大学：临床医学

天津中医药大学：中药学

华北电力大学：电气工程

河北工业大学：电气工程

山西大学：哲学、物理学

太原理工大学：化学工程与技术

内蒙古大学：生物学

辽宁大学：应用经济学

大连理工大学：力学、机械工程、化学工程与技术

东北大学：冶金工程、控制科学与工程

大连海事大学：交通运输工程

吉林大学：考古学、数学、物理学、化学、生物学、材料科学与工程

延边大学：外国语言文学

东北师范大学：马克思主义理论、教育学、世界史、化学、统计学、材料科学与工程

哈尔滨工业大学：力学、机械工程、材料科学与工程、控制科学与工程、计算机科学与技术、土木工程、航空宇航科学与技术、环境科学与工程

哈尔滨工程大学：船舶与海洋工程

东北农业大学：畜牧学

东北林业大学：林业工程、林学

复旦大学：哲学、应用经济学、政治学、马克思主义理论、中国语言文学、外国语言文学、中国史、数学、物理学、化学、生物学、生态学、材料科学与工程、环境科学与工程、基础医学、临床医学、公共卫生与预防医学、中西医结合、药学、集成电路科学与工程

同济大学：生物学、建筑学、土木工程、测绘科学与技术、环境科学与工程、城乡规划学、风景园林学、设计学

上海交通大学：数学、物理学、化学、生物学、机械工程、材料科学与工程、电子科学与技术、信息与通信工程、控制科学与工程、计算机科学与技术、土木工程、化学工程与技术、船舶与海洋工程、基础医学、临床医学、口腔医学、药学、工商管理

华东理工大学：化学、材料科学与工程、化学工程与技术

东华大学：材料科学与工程、纺织科学与工程

上海海洋大学：水产

上海中医药大学：中医学、中药学

华东师范大学：教育学、生态学、统计学

上海外国语大学：外国语言文学

上海财经大学：应用经济学

上海体育学院：体育学

上海音乐学院：音乐与舞蹈学

上海大学：机械工程

南京大学：哲学、理论经济学、中国语言文学、外国语言文学、物理学、化学、天文学、大气科学、地质学、生物学、材料科学与工程、计算机科学与技术、化学工程与技术、矿业工程、环境科学与工程、图书情报与档案管理

苏州大学：材料科学与工程

东南大学：机械工程、材料科学与工程、电子科学与技术、信息与通信工程、控制科学与工程、计算机科学与技术、建筑学、土木工程、交通运输工程、生物医学工程、风景园林学、艺术学理论

南京航空航天大学：力学、控制科学与工程、航空宇航科学与技术

南京理工大学：兵器科学与技术

中国矿业大学：矿业工程、安全科学与工程

南京邮电大学：电子科学与技术

河海大学：水利工程、环境科学与工程

江南大学：轻工技术与工程、食品科学与工程

南京林业大学：林业工程

南京信息工程大学：大气科学

南京农业大学：作物学、农业资源与环境

南京医科大学：公共卫生与预防医学

南京中医药大学：中药学

中国药科大学：中药学

南京师范大学：地理学

浙江大学：化学、生物学、生态学、机械工程、光学工程、材料科学与工程、动力工程及工程热物理、电气工程、控制科学与工程、计算机科学与技术、土木工程、农业工程、环境科学与工程、软件工程、园艺学、植物保护、基础医学、临床医学、药学、管理科学与工程、农林经济管理

中国美术学院：美术学

安徽大学：材料科学与工程

中国科学技术大学：数学、物理学、化学、天文学、地球物理学、生物学、科学技术史、材料科学与工程、计算机科学与技术、核科学与技术、安全科学与工程

合肥工业大学：管理科学与工程

厦门大学：教育学、化学、海洋科学、生物学、生态学、统计学

福州大学：化学

南昌大学：材料科学与工程

山东大学：中国语言文学、数学、化学、临床医学

中国海洋大学：海洋科学、水产

中国石油大学（华东）：地质资源与地质工程、石油与天然气工程

郑州大学：化学、材料科学与工程、临床医学

河南大学：生物学

武汉大学：理论经济学、法学、马克思主义理论、化学、地球物理学、生物学、土木工程、水利工程、测绘科学与技术、口腔医学、图书情报与档案管理

华中科技大学：机械工程、光学工程、材料科学与工程、动力工程及工程热物理、电气工程、计算机科学与技术、基础医学、临床医学、公共卫生与预防医学中国地质大学（武汉）：地质学、地质资源与地质工程

武汉理工大学：材料科学与工程

华中农业大学：生物学、园艺学、畜牧学、兽医学、农林经济管理

华中师范大学：政治学、教育学、中国语言文学

中南财经政法大学：法学

湘潭大学：数学

湖南大学：化学、机械工程、电气工程

中南大学：数学、材料科学与工程、冶金工程、矿业工程、交通运输工程

湖南师范大学：外国语言文学

中山大学：哲学、数学、化学、生物学、生态学、材料科学与工程、电子科学与技术、基础医学、临床医学、药学、工商管理

暨南大学：药学

华南理工大学：化学、材料科学与工程、轻工技术与工程、食品科学与工程

华南农业大学：作物学

广州医科大学：临床医学

广州中医药大学：中医学

华南师范大学：物理学

海南大学:作物学

广西大学:土木工程

四川大学:数学、化学、材料科学与工程、基础医学、口腔医学、护理学

重庆大学:机械工程、电气工程、土木工程

西南交通大学:交通运输工程

电子科技大学:电子科学与技术、信息与通信工程

西南石油大学:石油与天然气工程

成都理工大学:地质资源与地质工程

四川农业大学:作物学

成都中医药大学:中药学

西南大学:教育学、生物学

西南财经大学:应用经济学

贵州大学:植物保护

云南大学:民族学、生态学

西藏大学:生态学

西北大学:考古学、地质学

西安交通大学:力学、机械工程、材料科学与工程、动力工程及工程热物理、电气工程、控制科学与工程、管理科学与工程、工商管理

西北工业大学:机械工程、材料科学与工程、航空宇航科学与技术

西安电子科技大学:信息与通信工程、计算机科学与技术

长安大学:交通运输工程

西北农林科技大学:植物保护、畜牧学

陕西师范大学:中国语言文学

兰州大学:化学、大气科学、生态学、草学

青海大学:生态学

宁夏大学:化学工程与技术

新疆大学:马克思主义理论、化学、计算机科学与技术

石河子大学:化学工程与技术

中国矿业大学(北京):矿业工程、安全科学与工程

中国石油大学(北京):地质资源与地质工程、石油与天然气工程

中国地质大学(北京):地质学、地质资源与地质工程

宁波大学:力学

南方科技大学:数学

上海科技大学:材料科学与工程

中国科学院大学:化学、材料科学与工程

国防科技大学:信息与通信工程、计算机科学与技术、航空宇航科学与技术、软件工程、管理科学与工程

海军军医大学:基础医学

空军军医大学:临床医学

附录 D　研究生教育学科专业目录(2022 年)

01 哲学

0101 哲学

0151 应用伦理 *

02 经济学

0201 理论经济学

0202 应用经济学

0251 金融 *

0252 应用统计 *

0253 税务 *

0254 国际商务 *

0255 保险 *

0256 资产评估 *

0258 数字经济 *

03 法学

0301 法学

0302 政治学

0303 社会学

0304 民族学

0305 马克思主义理论

0306 公安学

0307 中共党史党建学

0308 纪检监察学

0351 法律

0352 社会工作

0353 警务 *

0354 知识产权 *

0355 国际事务 *

04 教育学

0401 教育学

0402 心理学（可授教育学、理学学位）

0403 体育学

0451 教育

0452 体育

0453 国际中文教育

0454 应用心理

05 文学

0501 中国语言文学

0502 外国语言文学

0503 新闻传播学

0551 翻译

0552 新闻与传播 *

0553 出版

06 历史学

0601 考古学

0602 中国史

0603 世界史

0651 博物馆 *

07 理学

0701 数学

0702 物理学

0703 化学

0704 天文学

0705 地理学

0706 大气科学

0707 海洋科学

0708 地球物理学

0709 地质学

0710 生物学

0711 系统科学

0712 科学技术史(可授理学、工学、农学、医学学位)

0713 生态学

0714 统计学(可授理学、经济学学位)

0751 气象

08 工学

0801 力学(可授工学、理学学位)

0802 机械工程

0803 光学工程

0804 仪器科学与技术

0805 材料科学与工程(可授工学、理学学位)

0806 冶金工程

0807 动力工程及工程热物理

0808 电气工程

0809 电子科学与技术(可授工学、理学学位)

0810 信息与通信工程

0811 控制科学与工程

0812 计算机科学与技术(可授工学、理学学位)

0813 建筑学

0814 土木工程

0815 水利工程

0816 测绘科学与技术

0817 化学工程与技术

0818 地质资源与地质工程

0819 矿业工程

0820 石油与天然气工程

0821 纺织科学与工程

0822 轻工技术与工程

0823 交通运输工程

0824 船舶与海洋工程

0825 航空宇航科学与技术

0826 兵器科学与技术

0827 核科学与技术

0828 农业工程

0829 林业工程

0830 环境科学与工程(可授工学、理学、农学学位)

0831 生物医学工程(可授工学、理学、医学学位)

0832 食品科学与工程(可授工学、农学学位)

0833 城乡规划学

0835 软件工程

0836 生物工程

0837 安全科学与工程(可授工学、管理学学位)

0838 公安技术

0839 网络空间安全

0851 建筑 *

0853 城乡规划 *

0854 电子信息

0855 机械

0856 材料与化工

0857 资源与环境

0858 能源动力

0859 土木水利

0860 生物与医药

0861 交通运输

0862 风景园林

09 农学

0901 作物学

0902 园艺学

0903 农业资源与环境

0904 植物保护

0905 畜牧学

0906 兽医学

0907 林学

0908 水产

0909 草学

0910 水土保持与荒漠化防治学

0951 农业

0952 兽医

0954 林业

0955 食品与营养*

10 医学

1001 基础医学（可授医学、理学学位）

1002 临床医学（同时设专业学位类别，代码为1051）

1003 口腔医学（同时设专业学位类别，代码为1052）

1004 公共卫生与预防医学（可授医学、理学学位）

1005 中医学

1006 中西医结合

1007 药学（可授医学、理学学位，同时设专业学位类别，代码为1055）

1008 中药学（可授医学、理学学位）

1009 特种医学

1011 护理学（可授医学、理学学位）

1012 法医学

1053 公共卫生

1054 护理*

1056 中药*

1057 中医

1058 医学技术

1059 针灸*

11 军事学

1101 军事思想与军事历史

1102 战略学

1103 联合作战学

1104 军兵种作战学

1105 军队指挥学

1106 军队政治工作学

1107 军事后勤学

1108 军事装备学

1109 军事管理学

1110 军事训练学

1111 军事智能

1152 联合作战指挥*

1153 军兵种作战指挥*

1154 作战指挥保障*

1155 战时政治工作*

1156 后勤与装备保障*

1157 军事训练与管理*

12 管理学

1201 管理科学与工程（可授管理学、工学学位）

1202 工商管理学

1203 农林经济管理

1204 公共管理学

1205 信息资源管理

1251 工商管理*

1252 公共管理*

1253 会计

1254 旅游管理*

1255 图书情报*

1256 工程管理*

1257 审计

13 艺术学

1301 艺术学（含音乐、舞蹈、戏剧与影视、戏曲与曲艺、美术与书法、设计等历史、理论和评论研究）

1352 音乐

1353 舞蹈

1354 戏剧与影视

1355 戏曲与曲艺

1356 美术与书法

1357 设计

14 交叉学科

1401 集成电路科学与工程（可授理学、工学学位）

1402 国家安全学（可授法学、工学、管理学、军事学学位）

1403 设计学（可授工学、艺术学学位）

1404 遥感科学与技术（可授理学、工学学位）

1405 智能科学与技术（可授理学、工学学位）

1406 纳米科学与工程（可授理学、工学学位）

1407 区域国别学（可授经济学、法学、文学、历史学学位）

1451 文物

1452 密码＊

说明

一、《研究生教育学科专业目录》分为学科门类、一级学科和专业学位类别，是国家进行学位授权审核与学科专业管理、学位授予单位开展学位授予与人才培养工作的基本依据，适用于硕士博士学位授予、招生培养，学科专业建设和教育统计、就业指导服务等工作。

二、本目录是在原《学位授予和人才培养学科目录》（2011年颁布，2018年修订）基础上编制形成的。

三、本目录中学科门类代码为两位阿拉伯数字，一级学科和专业学位类别代码为四位阿拉伯数字，其中代码第三位从"5"开始的为专业学位类别。

四、除交叉学科门类外，各一级学科按所属学科门类授予学位。

五、专业学位类别按其名称授予学位。名称后加"＊"的仅可授硕士专业学位，其他可授硕士、博士专业学位。

六、本目录注明可授不同学科门类学位的一级学科，可分属不同学科门类，此类一级学科授予学位的学科门类由学位授予单位学位评定委员会决定。

附录 E 成 功 案 例

E.1 文商科保研案例

案例 1 东北林业上岸中国人民大学英语语言文学

本科院校专业：东北林业大学英语专业

成绩排名：6/87（保研边缘）

英语：专四优秀；二外法语

科研竞赛实习经历：校级"外研社"、"普译奖"、三笔、国家级大创成员

offer 情况：中国人民大学英语、天津大学外国语言学、北京航空航天大学外国语言学、外国语言学及应用语言学

前期准备：努力提高个人成绩，尽早为参加夏令营做准备（包括了解院校通知、准备文书、研究往年的录取情况）。

参营经验：确认参加各项活动的时间是否冲突，并与组织方及时沟通；专业课考核主要针对平时的知识积累、对材料的分析和语言运用能力，题量较大；在综合问答环节，可能会涉及自我介绍、未来规划、所报名的专业方向、读过的书籍以及与时事相关的问题。

总结：多阅读与专业相关的文献和代表性理论；遇到不会回答的问题时，应学会巧妙地进行迂回作答；重视课外知识的拓展，如关注热点时事等；在面试中，要注意礼仪，保持自信且不傲慢。

案例2 延边大学上岸复旦大学韩语

本科院校专业:延边大学朝鲜语专业

成绩排名:1/65

留学情况:韩国庆熙大学(国家公派留学)

offer情况:中国海洋大学、南京大学、复旦大学

前期准备:结合自己报名的专业方向和距离夏令营的时间,每天有针对性地复习专业课内容并掌握面试技巧。

参营经验:小语种的夏令营机会较少;中国海洋大学的小语种测试也统一考英语;南京大学的暑期班仅提供结业证书,而预推免阶段才会有考核与录取;确认参加各项活动的时间是否冲突,并及时与组织方沟通;几所学校的专业课考试主要考查阅读理解、概括和翻译能力;面试则根据提供的材料和研究方向进行,包括自我介绍、报名方向、读过的书籍、兴趣、留学情况等。

总结:保研既是一场信息战,也是一场心理战,选择的重要性不言而喻。

案例3 上海大学上岸中国人民大学

本科院校专业:上海大学汉语言文学专业

成绩排名:4/80

英语:六级587

offer情况:中国人民大学;四川大学(入营无offer)

前期准备:认真复习专业课,掌握知识框架与重点;提前从关键词和逻辑两方面准备英语口语;及时关注最新的保研政策。

参营经验:个人陈述应简洁直观、主次分明、扬长避短;做好面对难题的心理准备,并进行面试模拟练习,尽量引导问题走向自己熟悉的领域。

总结:保持平稳的心态,表现得落落大方。

案例4 四非文化产业管理跨保重庆大学新闻传播

本科院校专业:湖南省四非院校文化产业管理

成绩排名:1/66

英语:六级440;四级528

科研竞赛实习经历：一篇省级普刊；"三创赛"省级一等奖、校二等奖；两段实习

offer 情况：中国传媒大学、重庆大学、暨南大学、深圳大学、安徽大学、苏州大学、湖南大学、郑州大学、首都经济贸易大学（中国传媒大学的 offer 为文化产业管理专业，其余 offer 均为新闻传播专业）

前期准备：对于小众专业的学生，应尽早决定是选择继续深造本专业还是跨专业保研；针对自身背景不足和容易紧张的问题，可以提前对多个常见话题进行模拟训练；跨保的学生要多了解对应专业的前沿热点，并对目标专业的框架体系有清晰的认识。

参营经验：在笔试中不要机械地应用知识，而要思考题目的深层含义；简历上的任何一项内容都可能成为面试提问的点；预推免的流程较快，重视英语能力，并要求基础知识扎实，简历的重要性不如夏令营阶段，但同样会被提问。

总结：经得起考验，耐得住寂寞。

案例 5　211 行政管理跨保浙江大学马克思主义学院

本科院校专业：211 行政管理

成绩排名：1/21

英语：六级 530+

科研竞赛实习经历：一项校级科研、两项助研项目

offer 情况：浙江大学、同济大学、华中科技大学、天津大学、吉林大学（行政管理）、重庆大学（行政管理）、中南大学、中央财经大学

前期准备：有针对性地进行海投，并考虑跨专业申请；保持稳定的学习成绩和排名；提升科研能力和英语水平。

参营经验：大多数院校重视科研能力，所以你需要熟悉自己科研项目的细节；多练习口语并积累相关的专业词汇。

总结：努力打破信息壁垒，掌握正确的申请策略；保持稳定的心态，相信自己，并挖掘和展现自己的优势。

案例 6　211 汉语言跨保复旦大学教育学

本科院校专业：江苏省某 211 汉语言文学（辅修会计学、教育学）

成绩排名：3/160

英语：六级 633；国家翻译资格证；上海中级口译证

科研竞赛实习经历:三篇普刊(一篇国家级,二篇省级);主持省级大创,参与校级大创

offer 情况:同济大学、上海交通大学、复旦大学

前期准备:保持成绩排名稳定;根据个人兴趣选择未来的发展方向;提升科研和英语能力;尽早准备文书材料;做好全面的准备,包括刷真题;及时有效地获取相关信息。

参营经验:像北师大这样的学校安排紧凑且富有挑战性,需要认真准备以便从中学习,这些收获也可以应用到其他夏令营中;面试题目通常相似,可以提前进行准备。

总结:认真学习英语;认真从事科研工作、撰写论文;广泛收集并利用信息。

案例 7 武汉大学到浙江大学金融专硕

本科院校专业:武汉大学经管学院金融学

成绩排名:综合排名 3/119,夏令营排名 29/119

英语:六级 606;托福 94

科研竞赛实习经历:一篇保研论文;两年校级奖学金;一些基本的证券、银行从业证书;"挑战杯"湖北省一等奖;一校级科研立项;三段一个月左右实习

offer 情况:上海财经大学经济学硕博连读、香港中文大学(深圳)经济学、南京大学金融硕士、浙江大学金融专硕

参营经验:笔试题目不会很难,但仍然需要有扎实的基础知识;论文中不严谨的地方会在面试中被重点提问;深圳高等金融学院的申请批次多、开始时间早,对英语水平要求较高;面试会考验你的反应能力,可以通过练习来提高。

总结:对于专业排名不是很好的同学,不要轻言放弃,可以考虑避开热门专业进行报名,先获得保底的 offer,然后再尝试申请竞争激烈的方向,如金融硕士等。

案例 8 北京邮电大学上岸北师大情报学

本科院校专业:北京邮电大学信息管理专业

成绩排名:4/30

英语:六级 528

科研竞赛实习经历:一篇 EI 会议论文;北大核心论文(一作);主持一项北京市大创项目;两段互联网实习

offer 情况:北京师范大学法律硕士、中央财经大学金融科技、南京大学信息管理

前期准备:前期保证成绩,大二参加实习,大三发力冲刺,软背景提升。

参营经验:先海投后精准。

总结:大胆多投、海投,从而积累经验,并了解新项目(北京师范大学法学院第一次开夏令营),同时提前演练。

案例 9 "双非"保险学跨保北京外国语大学金融

本科院校专业:哈尔滨"双非"院校保险学专业

成绩排名:1/34

英语:六级 441;四级 493

科研竞赛实习经历:国家级大创(未结项);省级大创二等奖;非一作一篇;三年奖学金;MathorCup 建模竞赛国三

offer 情况:北京工商大学保险学、首都经济贸易大学保险专硕、湖南大学保险专硕、东北大学金融学、北京外国语大学国际商学院金融专硕、山东大学保险学、吉林大学保险专硕

前期准备:即使在不确定是否有保研名额的情况下,也应积极报名参加各类活动,以争取免去考研的复试环节。

参营经验:面对开放性或不熟悉的问题时不要慌张;要关注时事热点;对于自己简历上的细节内容要非常熟悉;如果遇到题量大的笔试,要掌握答题节奏。

总结:大胆尝试海投,从而积累经验,并对自身的专业知识、文书材料以及英语能力有一个更全面的认识。

案例 10 985 到中国人民大学诉讼法

本科院校:某 985 法学院

成绩排名:5/312(夏令营时排名)

英语:六级 613;四级 672;雅思 7.5

科研竞赛实习经历:国家级大创;国家奖学金两次;全国大学生英语竞赛二等奖

offer 情况:中国人民大学诉讼法、浙江大学光华法学院

前期准备：结合自己的排名、英语水平、科研成果和竞赛经历等因素来确定目标院校；根据自身实际情况确定申请学硕还是专硕以及具体的研究方向，不要一味地追求那些所谓的"热门专业"。

参营经验：要练习提高口语的流畅度和熟练度，并锻炼思维敏捷性；在表达时注意逻辑性；对于小组活动，可以提前与未来可能合作的队友建立联系，以便在实际的小组面试中更加从容和睦；此外，一定要掌握当年的热点话题。

总结：保研＝实力＋运气＋心态。

E.2 理工科保研案例

案例1 985 到北京大学化学

本科院校专业：华北地区某985应用化学（本校强势学科）

成绩排名：6/61

英语：六级517；四级543

科研竞赛实习经历：省级大创组员；中国科学院长春应化所实习；校级暑期科研；国家励志奖学金两次；省级大学生化学竞赛理论知识个人赛一等奖；社会实践、勤工助学、志愿服务先进个人

offer情况：浙江大学化学系、北京大学化学与分子工程学院直博

前期准备：根据本校的保研政策，从大一开始就要做好相关准备；多搜集和学习经验帖、资料；海投相对稳妥；文书材料需要有针对性。

参营经验：及时调整心态，不要一蹶不振，也不要沾沾自喜；对于参与过的科研项目，要熟练掌握其原理、步骤、意义及注意事项，不要试图掩饰自己不懂。

总结：积极获取各种信息；保持稳定的心态；平时要多积累知识和练习口语；面试时要展现出诚恳礼貌的态度。

案例 2 211 到中国科学技术大学微尺度中心

本科院校:211 化学学院

成绩排名:2/135

英语:六级 446;四级 463

科研竞赛实习经历:国家励志奖学金;学校特等奖学金

offer 情况:中国科学技术大学微尺度国家研究中心

参营经验:对于背景相对欠缺的同学,可以关注那些研究条件较好的非 985/211 院校;面试时要积极回答问题,抓住每一个表现自己的机会;部分学校除了要求面试通过,还需要获得导师接收才能被拟录取,因此在联系导师时要注意书信的篇幅和礼仪。

总结:提前了解保研的整体流程;准备好保研所需的文书;专业课学习和科研工作都不能忽视;提前与导师建立联系非常重要。

案例 3 "双非"到上海交通大学交通运输

本科院校:浙江某"双非"交通运输(全英文授课)

成绩排名:1/29

英语:六级 562;四级 579

科研竞赛实习经历:一篇 EI 一作;两篇国家级普刊;若干校级竞赛

夏令营 offer 情况:上海交通大学交通运输专硕、华南理工大学交通运输专硕、山东大学交通运输学硕、中南大学交通运输专硕、南方科技大学电工电子学硕

预推免 offer 情况:重庆大学管工直博、厦门大学城市与区域规划学硕、华东师范大学人文地理学硕、北京理工大学生物医学学硕、东华大学管理科学与工程学硕

前期准备:要有计划地进行各项准备工作;主动联系导师非常重要;对于跨专业的学生,若在专业课上存在劣势,应通过科研成果和英语能力为自己争取加分。

参营经验:熟悉参与过的科研项目,引导面试官提问你擅长的领域,掌握面试的节奏。

总结:如果时间和精力允许,不必局限于自己目前的专业,可以多尝试其他领域;在填报推免服务系统时,要仔细考虑志愿的先后顺序。

案例 4　211 航空类到清华能源与动力

本科院校专业：军工类 211 航空航天大类

成绩排名：1/75

英语：六级 521

科研竞赛实习经历：两篇 SCI（推免时收录一篇二区，另一篇一区二次小修，均为控制方向；一篇二作，一篇一作）；三项课题（两项国家自然科学基金，一项航空五院卫星项目）；天津水运工程科学院某海事工程物理模型的波浪数据测量与分析实习；美国数学建模大赛 M 奖；全国大学生数学建模竞赛二等奖；东三省数学建模大赛一等奖；全国大学生数学竞赛三等奖

offer 情况：清华大学机械学院能动系、浙江大学控制学院、上海交通大学自动化、哈尔滨工业大学自动化

参营经验：对于科研竞赛项目，需要展现出这些成就是你自己亲自取得的，而非仅仅挂名或参与度不高的项目。在文书中也应详细描述相关内容，以展示自己的优势；同时，确保对专业课内容复习透彻。

总结：丰富科研经历；发表高水平论文。

案例 5　末流 985 到上海交通大学自动化

本科院校专业：偏远地区末流 985 电气工程及其自动化

成绩排名：1/91

英语：六级 603

科研竞赛实习经历：国家奖学金；国家级科创项目负责人（未结题，一篇 SCI 在投）；美国数学建模大赛 H 奖；全国大学生数学建模竞赛省一；全国大学生数学竞赛省一；中国工程机器人大赛三等奖

offer 情况：华中科技大学科学装置、同济大学电信学院、哈尔滨工业大学（深圳）机电工程与自动化学院、浙江大学电气工程学院、上海交通大学自动化系

前期准备：争取获得保研资格，积极积累加分项，提高英语能力；尽早确定未来研究领域；及时整理和收集相关信息；根据个人需求，合理选择专业和学校。

参营经验：特别是对于直博项目，一定要及时与导师建立联系，因为在某些院校，导师的决定权可能超过面试本身；扎实掌握专业课的基本知识；关注各院校专业的历年招生和录取情况，明确了解不同专业所属的类别和学院，不要对"热门"或"冷门"有先入为主的判断。

总结：保持平稳的心态；整个过程中都要认真对待。

案例6　211到中国科学院计算技术研究所

本科院校专业：北京某211计算机科学与技术

成绩排名：4/10

英语：六级582

科研竞赛实习经历：一篇北大核心；全国大学生数学建模竞赛国二；全国大学生数学竞赛国一；"蓝桥杯"北京市二等奖；全国大学生英语竞赛三等奖

offer情况：中国科学院信息工程研究所、计算技术研究所、吉林大学人工智能

前期准备：保持高学分绩点；多参加含金量高的竞赛，如计算机类的ACM、数学建模、数学竞赛、"蓝桥杯"和Kaggle等算法比赛；努力发表高质量的学术论文。

参营经验：要有扎实的基础知识；在面试中，简历会被详细询问；多与老师进行沟通，这不仅可以提高获得offer的概率，还能收获丰富的经验。

总结：前期的准备非常关键，想要冲刺顶尖院校，科研和竞赛都不可忽视；可以尝试通过本校老师的引荐来创造更多的机会；保持稳定的心态尤为重要，特别是在9月28日这样的关键时刻，要密切关注各种信息渠道。

案例7　"双非"到同济大学环境科学

本科院校专业：湖南某"双非"环境科学

成绩排名：1/33

英语：六级543

科研竞赛实习经历：一篇SCI二区二作；全国大学生生命科学创新创业大赛特等奖；校级大学生生命科学创新创业大赛一等奖

offer情况：同济大学、中国海洋大学、重庆大学、华中农业大学

前期准备：提前规划保研，多去实验室实践，努力提升成绩和英语水平；及早准备保研相关的文书。

参营经验：重视专业基础知识的积累和科研成果的表达方式；提前练习英语口语技巧；尽早与导师建立联系。

总结：提早与导师进行沟通，注意语言的艺术性；不参与无准备的竞争；关注学院的保研政策；坚守自我、不断积累个人能力。

案例8　东北大学到清华大学材料

本科院校专业：东北大学材料

成绩排名：6/115

英语：六级560；四级604

科研竞赛实习经历：两次全国大学生英语竞赛三等奖；参与大创但无论文

offer情况：西安交大材料学院、清华大学材料学院、上海交通大学、国防科技大学、中国科学院沈阳金属所

前期准备：提前了解保研的流程，制定短期和长期的目标；对于已有的科研项目，一定要清楚理解实验的原理、流程以及已取得的成果。

参营经验：尽早准备好个人简历、个人陈述和自我介绍，学会展示自己，突出自己的优势；提前联系导师会有很大的优势；英语能力非常重要，可以提前复习专业词汇并练习口语。

案例9　末流211到上海交大

本科院校专业：云南省某二流211材料物理

成绩排名：2/30

英语：六级543；四级550

科研竞赛实习经历：五篇SCI二作；一项校级大创；计算机二级；若干体育竞技类奖项

offer情况：上海交通大学、西北工业大学、中山大学

前期准备：持续收集并更新信息；根据自己的实力，划分院校档次；仔细检查文件材料；遇到问题时积极向学长请教。

参营经验：熟练掌握科研项目和实验的具体细节；面试过程中要展现出良好的英语素养。

总结:必须弥补英语的不足;保研是一场持久的信息战;奖学金的级别会影响你在导师心目中的地位;与导师达成一致后,要踏实做事,不要"过河拆桥"。

案例 10 "双非"医学院到上海交通大学

本科院校专业:某"双非"医学院校康复治疗学

成绩排名:1/39

英语:六级 550;雅思 6.5

科研竞赛实习经历:一篇核心;六篇国家级期刊一作;四项实用新型专利第一发明人;三项大创;"互联网＋"金奖、"挑战杯"特等奖

夏令营 offer 情况:复旦大学、山东大学、北京体育大学、中南大学湘雅二医院、浙江大学

预推免 offer 情况:上海交通大学

前期准备:关注自己感兴趣的领域,将想法转变为成果;主动寻求指导,组建团队以积累更多领域的经验;积极关注保研岛公众号矩阵提供的各种信息。

参营经验:英文面试的随机性较大,流利的口语能力能使你脱颖而出,增加优势;提前充分准备材料,细节决定成败。

总结:除了自身的成绩、英语和科创等硬实力,良好的语言表达能力和状态等软实力同样重要;细微的改变和积累会使得你的努力带来更大的幸运。

附录 F 保研岛公众号矩阵

"保研"是专注于保研信息的公众号,你想要了解的所有与保研有关的信息都可以在这里找到;而"保研岛"则是保研生的家园,这里汇集了来自各地成功保研的学生无私分享的经验心得,每篇文章都旨在提供有价值的指导,帮助你更全面地理解保研过程。

"保研"公众号

"保研岛"公众号

那些想要参加科研竞赛却犹豫不决,或者认为比赛难度较大而不太愿意参与的同学,可以在"大学生科研竞赛"公众号中查阅详尽的保研竞赛获奖攻略。掌握这些攻略后,你将更有信心在比赛中取得好成绩,向获奖迈进。

"大学生科研竞赛"公众号

对于经济管理、计算机、新闻传播等保研热门专业,推荐更专注的公众号,包括"经管保研岛""计算机保研岛""电子电气自动化保研岛""新传保研岛""公管保研岛""外语保研岛""汉语言保研岛""法学保研岛""医学保研岛"。

"经管保研岛"公众号

"计算机保研岛"公众号

"新传保研岛"公众号

 "公管保研岛"公众号
 "外语保研岛"公众号
 "汉语言保研岛"公众号

 "法学保研岛"公众号
 "电子电气自动化保研岛"公众号
 "医学保研岛"公众号

另外,保研岛小程序作为公众号信息缩略版,查找方便,使用效果非常好。公众号信息展示方式类似于穷举法,而小程序则是筛选,各有各的优势。

保研岛小程序